교장의 질 관리 장학

교장의 질 관리 장학

충남대학교 교수

주 삼 환 저

머리말

지식정보사회 새로운 세기의 장이 열렸다. 세기가 달라진다고 해서 수천 년 동안 해 오던 교육이 갑자기 바뀔 수는 없다. 그러나 이러한 시간의 변화와 함께 몇 가지 강조점은 달라져야 하리라고 본다.

필자는 이 시점에서 "바탕을 다지는 교육"과 "우수성 추구의 교육"을 강조하고자 한다. 밑바탕이 없이 잔재주나 부리고 암기나 시키는 교육을 해가지고는 새로운 세기를 주도하는 민족이 되기 어렵다.

"바탕을 다지는 교육" 중에서도 우선 윤리·도덕의 바탕을 다져야겠는데, 그중에서 생명존중교육, 인권존중교육부터 다시 시작해야 할 판이라고 생각한다. 현재 너무나 많은 사람이 죽고, 다치고, 인권이 유린당하여 사람대접을 못 받고 있다. 결국 우리가 하고 있는 것도 살자고 하는 일이며, 기왕이면 인간답게 살자고 하는 일이 아닌가? 사람의 생명뿐만 아니라 자연의 생명까지도 보호하고 존중하는 바탕교육을 처음부터 다시 시작해야 할 것 같다.

둘째, 읽고 쓰고 말하고 셈하는 기초교육을 충실히 하고, 물리·화학·생물·지구과학 등 기초과학과, 외국어·컴퓨터 등 기초를 튼튼히 다져야 한다. 고등학교를 졸업하고도 자기 나라의 대중신문도 못 읽어 국민노릇을 제대로 할 수 없다면 학교교육은 무엇인가 잘못된 것이다.

셋째, 바탕 중에서 문화·예술·체육의 바탕은 초기에서부터 지속적으로 다져 주어야 한다. 이것이야말로 철지난 다음에 중간에서 시작하기 어려운 교육이다. 아름다움을 보거나 듣고도 이를 느끼지 못하고 알지 못한다면 우리는 학교교육에서 병신을 길러 내는 병신교육을 하고 있는 셈이다. 우리는 병신을 길러 내는 학교교육을 하지 않기 위하여 문화·예술의 바탕을 길러 주는 교육에 철저해야 하리라고 본다.

"우수성 추구의 교육"은 앞의 바탕교육을 전제로 한다. 최저 수준에서 적당히 기간만 채워서 졸업하는 것이 아니라, 학생들이 가지고 있는 능력을 최고 수준으로 발휘하게 하자는 것이다. 마찬가지로 앞으로는 학교효과성, 교수효과성에 대하여도 심각하게 따져 보아야 할 시기이다. 교육의 우수성 보장을 위해서는 인적 자원을 개발하고 획기적인 교육투자를 해야 한다.

이제는 바탕으로부터 최고 수준의 우수성을 추구하는 양면작전을 해야 할 전기라고 본다. 우리의 교육은 양적으로는 세계에서 유례를 찾아보기 어려울 정도로 성공적이었으나 근본적인 바탕교육·인간교육에는 철저하지 못했고, 질적 우수성을 추구하는 데에는 실패했다.

이러한 교육의 질 관리를 책임지고 있는 것이 바로 장학론이고 교육의 질을 책임지고 있는 책임자인 교장직에 관한 것이 바로 교장론이라고 본다. 학생과 교사를 바쁘게 만들고 학부모로 하여금 교육을 위하여 열성을 다하게 하더라도 이러한 바탕교육과 우수성 추구의 방향으로 가도록 방향을 제시하고 방법을 강구해야 할 분야가 장학론과 교장론이다.

이 책은 〈교장의 질 관리 장학〉에 염두를 두고 여기저기의 요청에 의하여 글을 썼거나 강연하였던 20편의 글을 모아 놓은 것이다. 그러다 보니 체계성이 부족하고, 좀 시의에 뒤진 글이 있고, 특히 비슷한 필체에다 중복되는 내용이 많아 싫증을 일으키기 쉬운 약점을 지니고 있다. 그러나 필자의 글을 일부만 읽고 일부는 빠뜨렸던 분들과 필자의 과거의 생각을 알고자 하는 분들을 위하여 하나의 책으로 묶어 놓기로 한 것이다. 따라서 이 책은 필자의 교육행정과 장학에 관한 시리즈의 하나에 해당된다. 그동안 부족한 글들을 읽고 부족한 책을 아껴 주신 독자 여러분께 이 자리를 빌려 감사드린다.

새로운 세기의 우리나라의 교육은 이를 이끌어갈 교감, 교장, 장학사(관), 교육연구사(관), 교육감과 교육장 등 교육행정가의 손에 달려 있다고 본다. 이 책은 이 분들이 먼저 읽어 주었으면 하고 기다린다. 그리고 교육대학원생과 교육학에 관심을 갖는 분들에게 도움이 되었으면 한다.

그동안 필자로 하여금 계속 생각하고, 글을 쓰고, 강연을 하도록 기회를 주고 초청해 주신 여러분들께도 고마움의 뜻을 전하고 싶다.

2006. 2.

저자 주 삼 환 지

차 례

1.

장학과 교육의 질 관리

제 1 장
장학에 대한 최근의 관심*

　평소 장학의 중요성을 강조해 온 장학론 학도의 한 사람으로서 우리나라 장학과 교육을 이끌어 나가시는 장학의 지도자(supervisory leader)요 교육의 지도자(educational leader)이신 전국의 장학관님들을 모시고 우리나라의 장학의 방향에 대하여 논의하게 된 것을 제 생애의 영광으로 생각합니다.

　또 처음으로 장학에 관한 연구학교와 연구교육청을 지정하여 장학에 대하여 연구적으로 접근해 주신 교육인적자원부에 대하여도 평소에 이를 주장해 온 사람으로서 진심으로 감사드리며, 앞으로도 계속 이러한 노력을 기울여 주실 것을 부탁드립니다.

　동시에 2년간 어려운 여건 속에서 이 연구를 성실히 수행해 오신 연구학교와 연구교육청의 여러 선생님들께도 감사의 말씀을 드리지 않을 수 없습니다. 또 이런 보고회가 저의 고장 충남에서 열리게 된 것을 기쁘게 생각하고, 이 지방의 한 사람으로서 환영하는 바입니다.

---

* 교육인적자원부 지정 장학협의 실험연구기관 합동보고회 특강, 1988(10. 27), 연기군 교육청.

여기 모이신 여러 장학관님들은 우리나라 교육을 이끌어 나가시는 교육지도자이십니다. 우리나라 학생들같이 말 잘 듣고 공부 열심히 하는 학생들이 이 지구상에 별로 없다고 봅니다. 우리나라 학부모와 국민 전체의 교육열은 세계 제일로 이미 정평이 나 있습니다. 그리고 어려운 여건 속에서도 세계에 그리 뒤지지 않는 이런 수준의 교육을 유지할 수 있었던 것은 뭐니 뭐니 해도 우리나라의 전통적인 선비정신에 의하여 희생적으로 헌신해 주신 선배 선생님들의 덕으로 저는 믿고 있습니다. 세계 제일가는 학생들의 "향학열", 학부모와 국민들의 "교육열", 선생님들의 "교육애"라는 이 세 가지 호재를 갖고도 우리의 교육이 더 발전하지 못한다면 이는 너무나 억울한 노릇입니다. 이제 세 호재를 올바른 방향으로 이끌어 나가는 일은 바로 여기 모이신 교육지도자 여러분의 손에 달려 있다고 봅니다. 이런 의미에서 오늘의 모임은 매우 귀중한 모임입니다.

오늘 저는 ① 장학에 대한 최근의 관심 집중에 대하여 잠깐 말씀드리고, ② 장학의 최근의 경향과 흐름에 대하여 몇 가지 항목으로 나누어 살펴보고, ③ 마지막으로 이에 터하여 우리나라 장학의 개선방향 몇 가지를 제시하고자 합니다.

1. 장학에 대한 관심 고조

지난 수년 동안 세계 여러 나라들이 교육개혁에 열을 올려 왔다는 것은 잘 알려진 사실입니다. 우리나라도 예외가 아니어서, 교육개혁심의회를 두어 이에 집중하였던 것입니다. 그러면 왜 거의 모든 나라들이 동시에 교육개혁에 몰두하였으며, 또 무엇을 위해서 교육개혁을 하겠습니까?

얼마 전까지만 해도 지구상의 여러 나라들이 군사력을 가지고 경쟁하였습니다. 군사력이 없으면 당장 국가가 지구상에 살아남을 수 없었기 때문입니다. 국방경쟁은 세계경쟁의 제1라운드라 할 수 있습니다. 정신없이 한참 무기 생산과 수입, 군사력 증강에 열중하다 보니 무기와 군사도 돈이 있어야 한다는 것을 깨닫게 된 것입니다.

따라서 세계경쟁의 제2라운드는 경제경쟁으로 불꽃을 튀기게 되었습니다. 국민 총 생산량과 1인당 국민소득을 높이기 위해서 총력전을 펴고 또한 심각한 수출전쟁을 했던 것입니다. 물건 하나라도 더 세계시장에 내다 팔기 위해서 우리가 얼마나 노력했는가는 여기 계신 선생님들도 잘 알고 계시리라 믿습니다. 우리의 값싼 노동력과 악착같은 해외진출이 먹혀 들어갔던 모양입니다. 제2라운드에서는 국세가 뒤바뀌는 경우가 생겼습니다. 일본과 독일의 국세가 올라가고 신흥공업국들이 상승의 파도를 타게 됩니다. 아마도 제1라운드에서는 북한이 우세했었는지 모르나 제2라운드에서는 남한이 월등하게 앞지르기 시작했을 것입니다.

또다시 돈과 경제를 가지고 한참 경쟁에 휩싸이다 보니 무기와 군사전략도, 상품개발과 수출전략도 모두 고급 두뇌와 고급 인력에 달려 있다는 것을 깨닫게 되었습니다. 싼 노동력에 의한 싼 값의 물건을 가지고는 세계시장에서 고전하지 않을 수 없었던 것입니다. 또 세계인들이 그동안에 양보다는 질을 찾는 수준으로 변했습니다. 양질의 상품생산을 위해서 그리고 각박한 수출전쟁에 이기기 위해서 양질의 인력이 필요했습니다. 양질의 인력은 어디에서 나오는가? 바로 양질의 교육에서 나온다는 사실을 깨닫고 불붙은 소리 없는 전쟁이 바로 제3라운드의 교육의 질 경쟁입니다. 이것은 제2라운드에서 위협을 느낀 나라들에게 더욱 절실했을 것입니다. 오죽하면 미국 같은 선진국이 "미국교육의 위기"라고 했겠습니까? 1957년 스푸트니크 때보다 더 위기라고 온 나라가 또 한 번 발칵 뒤집혔습니다. 지금 미국에서는 전면적인 교육개혁이 진행되고 있습니다. 저력 있는 나라이기 때문에 찢어진 날개를 복구하여 다시 비상하리라 봅니다.

프랑스, 영국, 독일, 일본도 교육개혁에 뒤질세라 총력을 기울이고 있습니다. 질 높은 교육체제를 가지고 있는 나라만이 이 지구상에 살아남을 수 있다는 생각에 의견이 모아진 것입니다.

이제 지상 최고의 가치는 "생존의 가치"가 되었습니다. 우물쭈물하는 사이에 기업도 기관도 국가도 망하는 예가 많습니다. 생존하기 위해서라도 질 높은 교육을 해야 할 절박한 입장이 되었습니다.

제2라운드에서 우리가 어느 정도 선진국과의 거리를 좁힐 수 있었던 것도 그동안 우리가 교육에 힘을 썼었기 때문입니다. 특히 유교사상에 바탕을 둔, 앞에서 언급한 학생들의 향학열과 학부모의 교육열, 선생님들의 교육애가 있었고 또한 인적 축적이 있었기 때문입니다. 그러나 이런 정도의 교육의 질을 가지고는 제3라운드에서는 계속 승리하기는 고사하고 버티며 살아남기조차 어렵게 됩니다.

어쨌든 제3라운드의 교육의 질 경쟁에서 이기기 위하여 질을 높이려다 보니 교육의 핵이라 할 수 있는 수업의 질을 높여야겠다는 데 생각이 미치게 되었습니다. 그러면 어떻게 수업의 질을 향상시킬 것인가? 결국 수업을 구성하는 변인들에 변화를 주어야 할 것이 아니겠습니까? 수업을 담당하는 "교사"를 변화시키고, "교육과정"을 변화시키고, "수업환경"을 변화시켜야 하지 않겠습니까? 이렇게 수업의 질을 높이기 위해서 변화를 시도하는 것이 바로 교육개혁운동이었던 것입니다. 교육의 질, 수업의 질에 변화를 주지 못하는 교육개혁은 무의미합니다.

그러면 수업의 질을 이룩하는 교사와 교육과정, 수업환경 등과 가장 밀접한 교육활동은 무엇입니까? 이것이 바로 장학입니다. 장학 중에서도 특히 수업장학 아니겠습니까? 수업을 담당하는 선생님을 움직여야 할 사람도 장학담당자요, 교육과정을 개발·수정·보완해야 할 사람도 바로 장학담당자요, 수업환경을 개선해 주어야 할 사람도 장학담당자입니다. 그래서 교육의 질 경쟁, 수업의 질 향상이라는 교육의 본질과 핵을 다루려다 보니 자연히 이들과 가장 가까운 장학에 대한 관심이 고조되고 있는 것입니다. 그중에서도 수업장학에 관심이 집중되고 있습니다.

수업과 교사, 학생, 교실, 학교 등과는 멀리 떨어진 커다란 문제, 주변적인 문제만을 다루는 것이 정책이고 행정이라고 생각하여 미친 듯이 주변만 맴돌고 헤매던 교육개혁자들이 미시적인 눈으로 근본적인 문제를 들여다보면서 다시 차차 뒤로 물러나면서 이를 지원해 주는 측면을 생각하는 식으로 교육개혁에 접근하는 것입니다. 결국 제3라운드에서 교육의 질을 올리려면 장학의 질이 높아지지 않으면 안 되겠다는 생각은 쉽게 미루어 짐작할 수 있으리라 믿습니다. 그래서 결국 제3라운드의 게임은 여기 모이신 교육지도자, 장학지도자 여러 어른들의 손에 달려 있다고 봅니다. 교장·교감을 비롯하여 장학사, 연구사, 장학관, 연구관의 자질 향상을 위해서 노력해야 할 것입니다. 논리의 비약이라고 하실지 모르나 그런 책임감을 느끼지 않을 수 없습니다. 물론 여러분을 뒷받침해 주는 행정적·재정적·제도적·정책적 개혁 또한 병행되어야 할 것은 두말 할 나위 없습니다.

지금까지 말씀드린 논리 전개의 연결고리는 〈그림 1-1〉과 같습니다.

그러면 장학에 대한 관심이 집중되는 데 대한 장학의 최근 경향과 강조점은 무엇인가? 이제 이 문제에 대하여 몇 가지 항목으로 묶어 살펴보기로 합니다.

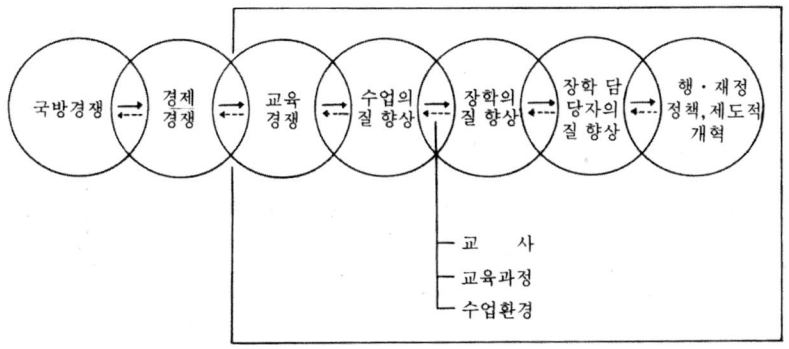

〈그림 1-1〉 장학에 대한 관심 집중

2. 장학의 최근 경향

첫째, 거시로부터 미시로의 접근을 들 수 있습니다.

큰 것, 높은 것, 넓은 것, 먼 것만 붙잡고 떠들어대도 구체적으로 학교와 학급, 교사와 수업, 학생과 학습에 변하지 않으면 아무런 의미가 없습니다. 아무리 멋있는 정책적 표현과 교육방침을 액자에 내걸어 놓아도 교사와 학생의 피부에 와 닿는 것이 없으면 소용이 없습니다.

장학에서도 일반장학에서 수업장학으로, 다시 임상장학으로 강조점이 변해가고 있습니다. 중앙의 장학에서, 지방장학, 교내장학, 구체적인 수업상황으로 초점이 좁혀지고 있습니다. 또한 행정가와 장학자 중심장학으로부터 교사 중심장학을 거쳐, 더 구체적으로는 학습자 중심장학으로 초점이 이동하고 있습니다. 결국 교육은 학생을 움직이려는 것이기 때문입니다(〈그림 1-2〉 참조).

이러한 장학의 흐름에 비추어 볼 때 우리의 장학은 어느 쪽을 향해서 가고 있습니까? 교장의 하는 일이, 장학사가 하는 일이 얼마나 수업과 교사와 학생과 밀접하게 관련되어 있는 일입니까? 학생과 멀리 떨어져 있는 사람일수록 목청이 높아지고 많은 사람의 부러움의 대상이 된다면 비정상이 아닙니까?

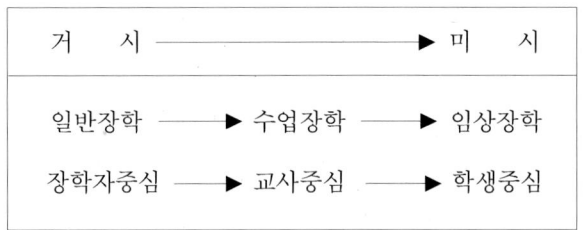

〈그림 1-2〉 장학의 관심이동

둘째, 교사의 능력개발에 대한 강조의 경향입니다.

보통사람은 그가 가지고 있는 능력의 10% 정도밖에 사용하지 못한다고 합니다. 교사도 보통사람이라면 자기 능력의 10% 정도만 발휘하고 있습니다. 나머지 90%의 능력을 개발해 주자는 입장에서 접근하려는 방법이 직원개발(staff development), 교사개발(teacher development)입니다.

인간은 자기가 가지고 있는 능력을 최대한으로 발휘할 때가 가장 행복합니다. 이를 우리는 자아실현이라고 합니다. 학생의 자아실현을 돕는 것이 교육이고, 선생님들이 가지고 있는 능력을 최대한 개발하고 발휘하게 하여 그들을 행복하게 만들어 주자는 장학적 접근이 인간자원장학입니다. 이는 선생님들을 부려먹자는 과거의 접근(인간관계장학)과는 근본적으로 다릅니다. 선생님들도 가치 있는 일이라는 판단만 내려진다면 그들의 일에 최선을 다할 것입니다.

교사들 스스로가 자신의 능력개발과 전문성 개발을 위해 센터를 마련하여 모임을 갖고 자료를 개발하는 운동의 장이 교사센터(teacher center)입니다. 이것은 영국에서 성공을 거두고 전 세계로 퍼져 가고 있습니다.

교사의 발달(전) 정도에 맞는 장학을 하여 다음 발달(전)단계로 올려놓으면서 계속 발전시키자는 데 착안한 장학적 접근이 그리크맨(Glickman)의 발달(전)장학(developmental supervision)입니다(〈그림 1-3〉 참조).

이런 수준의 장학이 되려면 장학담당자의 철학이 바뀌어야 하고, 수준도 높아져야 하며, 교사의 장학에 대한 태도 또한 바뀌어야 합니다. 장학이 교사를 행복하게 해 주려는 것이라는 사실을 확신하게 된다면 틀림없이 교사의 장학에 대한 태도는 바뀔 것입니다.

장학 = 교사의 능력개발 ─────────▶ 교사의 행복

직원개발, 교사개발, 자아실현, 인간자원장학, 교사센터, 발전장학,

〈그림 1-3〉 발달(전)장학

셋째, 장학의 개별화와 다양화의 경향입니다.

학생에게 개별학습, 개별화수업이 바람직하다고 한다면 이와 똑같은 논리로 교사에게도 개별화장학(individualized supervision)이 요구됩니다. 처음 교직에 들어올 때에는 천차만별의 사람이 모여들었으며 1년 내지 2년 동안 교직생활을 하면서 교사들의 수준은 엄청난 차이로 벌어지게 됩니다. 똑같은 교직경력을 가지고 있어도 교사들의 수준 차이는 크게 벌어집니다. 그런데 한 학교 안에서도 경력, 학력, 성별, 출신에 따라 더욱 큰 차를 만들게 됩니다. 선생님이라고 해서 다 똑같은 선생님으로 보는 것은 큰 잘못입니다. 그런데 지금까지 이런 잘못을 저질러 왔습니다.

교사 한 사람 한 사람에게 맞는 장학을 하려는 것이 개별장학입니다. 이는 교사를 집단으로 묶어 다루지 않으려는 민주장학의 정신과도 맥을 같이합니다. 임상장학과, 마이크로티칭도 개별장학의 한 형태입니다.

그런데 특별한 경우, 특별한 사람을 제외하고는 모든 교사를 1 : 1의 개별장학으로 접근하기는 거의 불가능합니다. 그래서 나온 것이 선택적 장학체제입니다. 몇 개의 장학대안 중에서 각 교사에게 맞는 장학대안을 선택하게 하자는 생각입니다. 이는 개별장학의 정신도 어느 정도 살리고, 민주주의에서의 선택의 자유도 줄 수 있다는 강점이 있습니다.

학생과 학부모에게 학교선택의 자유를 주고 그들이 원하는 학교와 교장·교사까지도 선택하게 하는 나라와 지역이 생겨나고 있습니다. 이렇게 되니까 장학이 다양해지지 않을 수 없게 됩니다.

전통적 장학, 동료장학, 임상장학, 자기장학, 자율장학, 각종 현직연수 등 다양한 접근으로 종합적 노력을 기울이고 있습니다(〈그림 1-4〉 참조).

넷째, 지도성(leadership)에 대한 강조 경향입니다.

미국 교육개혁 권고안의 하나가 지도력 개발입니다. 미국의 많은 대학에서는 "교육행정학과"라는 명칭을 "교육지도(성)과(Department of Educational Leadership)"라는, 우리 귀에는 어색하게 들리는 이름으로 바꾸었습니다. 교육행정가 양성이 아니라 교육지도자 양성으로 바꾼 것입니다.

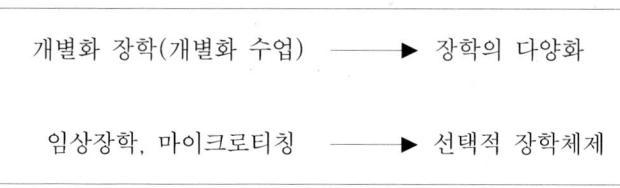

〈그림 1-4〉 장학방법의 변화

　교육지도자, 장학지도자, 수업지도자 그리고 지도력이 최근에 더욱 강조되고 있습니다. 교육개혁의 핵은 수업지도력(instructional leader)에 의한 "효과적인 학교 만들기 운동"에 있다고 합니다. 특히 학교장의 수업지도성이 강조되고 있습니다. 교장의 수업지도력을 기르기 위해 미국의 많은 대학과 각 지역에는 (교사센터와 비슷한 의미의) 교장센터(principal's center)가 설치되어 있습니다.

　1980년대 교육개혁의 중심 초점은 교장의 수업지도 역할에 쏠려 있으며, 어떻게 보다 더 직접적으로 교수장학(teaching supervision)에 접근하느냐에 있다고 봅니다(〈그림 1-5〉 참조).

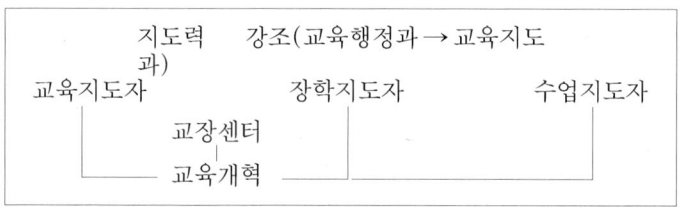

〈그림 1-5〉 장학지도력의 강조

　다섯째, 과학적 장학(scientific supervision)과 함께 기예적 장학(artistic supervision)이 공존하고 있습니다.

　객관적·계량적 수업이론에 터한 과학적 접근이 있는가 하면, 예술적이고 어느 정도 주관적이며 예술비평식 교육비평이라는 접근도 있는데, 이들은 상호보완적입니다. 이러한 현상은 교육에 있어서 획일성, 만병통치식의 위험을 배제하려는 것입니다(〈그림 1-6〉 참조).

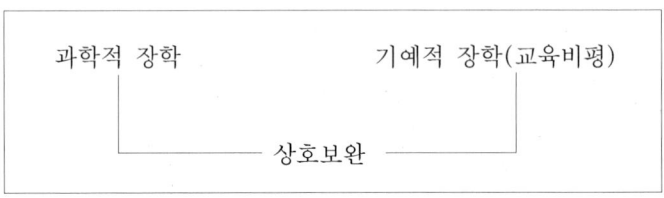

〈그림 1-6〉 장학방법의 상호 보완

여섯째, 책임장학의 경향입니다.

교사가 잘못 가르쳐서 학생들의 성적이 낮아졌으니 교사가 책임져야 한다는 논리가 장학에도 적용됩니다. 교사로 하여금 잘 가르치게 해야 할 책임은 바로 장학자의 책임이기 때문입니다. 학생을 잘못 가르친 것은 교사 본인에게도 책임이 있지만 그를 교사 후보자로 선발한 국가와, 그를 양성하고 자격증을 준 교사양성기관과 국가, 그리고 근무 중의 장학책임자에게 많은 비중의 책임이 있는 것입니다. 따라서 학생의 성취도에 대하여는 장학담당자가 책임을 면할 길이 없습니다〔교사양성도 장학의 측면에서 학생장학(student supervision)으로 다루고 있음〕. 이런 입장에서 장학을 다루는 것이 책임장학입니다(〈그림 1-7〉 참조).

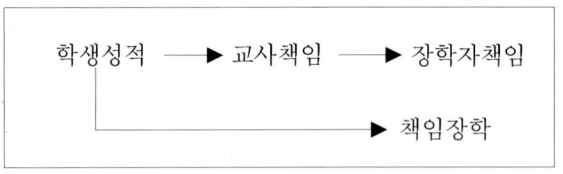

이상 여섯 가지로 장학에 대한 최근의 경향과 강조사항을 제시하고, 이제는 우리나라에서의 장학 개선점에 대하여 생각해 보기로 합니다.

3. 우리나라 장학 개선의 방향

앞에서 제시한 장학에 대한 최근의 관심과 경향이 어떤 면에서는 우리나라 장학이 개선되어야 할 방향이라고도 볼 수 있습니다. 그러나 여기서는 좀 더 구체적인 몇 가지를 지적하고자 합니다. 물론 지금까지 많은 사람들이 지적하였던 것이고 저 자신도 여기저기서 여러 번 제안하였던 것들입니다.

첫째, 장학직과 교장직의 양성체제입니다.

세상의 모든 일이 전문화되고 있다는 사실은 누구도 부인할 수 없습니다. 교직이 전문직이라고 많은 사람들이 주장합니다. 그중에서 장학사와 교육연구사, 장학관과 교육연구관은 교원으로부터 별도로 분리하여 한 단계 더 전문화된 "교육전문직"으로 분류해 놓고 있습니다. 그만한 필요성이 있기 때문이었을 것입니다. 그러나 이러한 전문성을 가질 만한 양성교육 없이 어떻게 전문직이라고 할 수 있습니까? 학생을 가르치는 전문가와 교사를 장학하는 전문가는 엄연히 그 역할과 기능이 다릅니다. 우수한 교사로서 학생들을 잘 가르쳤다고 해서 그 사람이 반드시 교사까지도 잘 장학하리라는 보장이 있습니까? 또 한 학교를 잘 운영하는 교장·교감의 일과 현재 여러 장학관님들이 하는 일이 같을 수는 없습니다. 교장·교감의 일과 장학관, 장학사의 일이 다르다면 별도의 전교육을 받아야 할 것이며, 별도의 자격증을 요구해야 할 것은 당연한 논리의 귀결입니다.

그리고 전문직치고 자격증도 없는 전문직이 세상에 어디 있습니까? 장학사·장학관의 자격증(교사자격증과 다른 별도의)도 없이 어떻게 교육전문직의 자리에서 제 기능을 발휘할 수 있겠습니까? 제대로 장학의 기능을 발휘하자면 교사자격증이나 교감·교장자격증만을 가지고는 장학의 일을 할 수 없다고 봅니다.

하루빨리 가르치는 일과 학교행정 하는 일, 장학하는 일 등 분화·전문화되고, 이것들이 각각 다른 양성체제를 갖추어야 합니다. 몇 개월간의 연수교육만으로는 부족하다고 봅니다. 그 직에 걸맞은 전교육육과 자격증도 없이 그 직에 임하기 때문에 교사로부터 불신을 받을 소지를 만들어 주고 있습니다. 평생을 바쳐 우리나라 장학에 종사할 수 있도록 장학직을 우대해 주어야 교육의 질 경쟁에서 이길 수 있습니다.

교장·교감도 별도의 양성교육을 필요로 합니다. 왜냐하면 앞에서도 말씀 드린 것처럼 학교장직의 수업지도성이 더욱 강조되고 있기 때문입니다. 교육 개혁의 성패, 교육의 질 경쟁의 성패가 학교장의 능력에 달려 있다고 해도 과언이 아닙니다. 이러한 때에 교장 임기제니 보직제니 하는 이야기가 나오는 것은 슬픈 현실입니다. 교장을 오래 하면 전문성이 약해지므로 임기제로 해야 한다는 논리도 맞지 않고, 가르치는 사람은 누구나 교장을 할 수 있으니 돌려가면서 보직제로 하자는 논리 또한 세계적인 교장직 강화 추세에 역행하자는 논리입니다. 무능한 교장, 비민주적 교장이 있어서 우리나라 교육 발전에 저해요인이 된다면 이를 다른 방법으로 처방해야 할 것입니다. 인사적체나 교사의 사기에 문제가 있다면 이것도 다른 방법으로 해결되어야 할 것입니다. 이러한 문제가 대두된 것은 오히려 지금의 교장직에 올바른 지도력, 행정력, 그리고 전문성이 없는 데에 그 원인이 있다고 봅니다.

우리나라의 교장직은 더욱 전문성을 찾고 강화되어야 할 실정입니다. 아마 제 기능을 발휘하지 못하는 교장이 되려면 누구나 돌려가면서 할 수 있겠지요. 그러나 대학총장도 전문성 없이 돌려가면서 하는 것은 비정상입니다. 선진국에서는 총장직까지도 전문총장, 전문행정가로 전문화되고 있습니다.

교사 입장에서도 교장 임기제나 보직제·선출제를 주장할 것이 아니라, 젊은 교사도 교장 양성교육을 받아 공부하고 연구하여 전문성을 기른다면 자격증을 취득하여 교육행정의 길로 빨리 나아갈 수 있도록 길을 터 달라고 요구하는 것이 오히려 더 논리에 맞고 타당하며 세계적인 조류에도 맞을 것입니다.

또한 이런 양성교육을 통하여 교장의 장학능력을 향상시키는 일이 시급합니다. 현재 우리나라 중앙과 지방의 장학능력은 학교 수준의 장학이 제대로 이루어지도록 뒷받침해 주기에도 너무나 바쁠 지경입니다.

둘째, 장학기술과 방법의 개발이 시급합니다.

장학의 중요성, 수업장학과 임상장학의 필요성은 어느 정도 인식된 것 같습니다. 이제는 그 장학기술과 방법을 익히고 장학능력을 기르는 일에 도전해야 할 것입니다. 예를 들면 교사 한 사람 한 사람에게 맞는 수업장학을 위해서는 그 목적에 맞는 수많은 수업관찰법이 개발되어야 할 것입니다. 성공적인 장학협의회를 위해서는 장학사의 의사소통 기술을 길러야 할 것입니다. 지난 몇 년간이 수업장학·임상장학의 중요성과 필요성을 인식하는 도입의 기간이었다면, 이제는 이를 실천에 옮겨야 할 전개의 기간이 되어야 할 것입니다.

셋째, 장학조직 간의 분업의 문제를 생각할 수 있습니다.

이것은 장학조직 간의 전문화라고도 할 수 있습니다. 교육인적자원부는 장학의 정책적인 일을 하고, 시·도교육위원회의 장학은 교과목을 전문으로 다룬다든지, 시·군교육청은 수업장학을 전문으로 하고, 대학은 학생장학과 장학사 양성과 연수를 맡는다든지 하는 조직의 전문화와 유기적인 협조체제가 구축되어야 할 것입니다.

넷째, 장학의 효과에 대한 평가를 해야 할 것입니다.

현재 실시하고 있는 장학이 얼마나 먹혀 들어가고 또 어느 정도 효과를 보고 있는지에 대한 종합적인 엄격한 평가를 실시해야 할 것입니다. 장학에 투입되는 인력과 시간, 금전과 노력이 얼마인데 거기서 얻는 효과는 어느 정도인지를 알아보아야 할 것입니다.

현재 하고 있는 장학을 안 하면 교사는 잘 가르치지 못하고 학교운영은 잘못될 것인가, 현재 장학사가 하고 있는 일이 교육전문직에 얼마나 맞는 일인가 등도 분석·평가해 볼 필요가 있습니다. 즉 장학사들이 얼마나 가치 있는 일에 귀중한 시간을 보내고 있는지와 같이, 장학 자체에 대한 종합적인 평가를 실시하는 연구를 할 필요가 있다고 봅니다.

다섯째, 마지막으로 장학연구회의 설립을 제안합니다.

이제 우리의 장학은 경험과 과거 답습에 의한 장학의 단계를 뛰어넘어야 할 시기에 이르렀습니다. 이론과 논리 그리고 학문에 바탕을 두고 연구적으로 접근해야 할 시기라고 봅니다. 이렇게 될 때 경험도 비로소 빛을 발휘하는 것입니다.

전국의 장학지도자들이 다 모이신 차제에, 우리나라 장학에 대하여 연구적으로 접근하는 학술단체인 장학연구회의 구성을 고려해 보시도록 권고하고 싶습니다. 관제단체가 아니라 개인의 희망에 따라 회비를 내고 가입하여 활동하는 모임이 되어야 할 것입니다. 장학 실무 담당자와 장학론에 관심을 갖는 대학교수로 연구회를 만들어 이론과 실제를 연구와 결합시키면 우리나라 장학에 많은 발전을 가져오리라 믿습니다. 그리고 연구회의 학술지를 발행하여 논문 발표도 하면서 연구적으로 장학에 접근할 때 우리나라 장학의 질은 한층 높아질 것입니다.

우리나라의 초등교장회, 중등교장회도 친목의 수준을 넘어서 학술적인 모임으로 도약해야 할 단계입니다. 우리나라도 언젠가는 교장 선생님들 중 많은 분들이 박사학위를 갖고 연구하지 않으면 안 되는 시기가 올 것입니다. 우리는 현 수준의 교장직·장학직에 만족하고 머물 수는 없는 것입니다.

지금까지 ① 장학직과 교장직의 양성체제에 의한 전문화, ② 장학기술과 방법의 개발, ③ 장학조직 간의 기능분화 및 전문화, ④ 장학에 대한 평가, ⑤ 장학연구회의 발족 등 다섯 가지를 제안하였습니다. 이 다섯을 한마디로 말하면 모두가 다 "전문화"라는 말에 귀착됩니다.

교육의 질이 높아지려면 교사의 질, 장학사의 질이 높아져야 합니다. 질 관리와 질 통제(quality control)는 교육계에서 앞서 나가야 할 텐데 오히려 산업계에서 앞섰습니다. 교육소비자인 학생과 학부모, 사회가 장학의 질을 믿고 협조할 때 우리의 교육은 제 궤도를 달릴 것입니다. 그렇지 않다면 교장을 믿지 못하고, 교장을 선택하겠다는 논리가 교사를 믿지 못하여 이것이 교사를 학생과 학부모가 선택하겠다는 논리로 전개되지 말라는 보장이 없습니다.

언제까지나 교육이 교육자만의 전유물일 수는 없습니다. 정치가 국민의 것이 되고 경제가 자유시장경제체제가 되고 종교가 신앙의 자유로 넘어갔는데 교육만은 교육자 마음대로 전횡해도 될 것으로 생각해서는 안 될 것입니다. 앞으로 교육도 비전문가들로부터의 도전을 받게 될 것으로 예측됩니다. 교육 소비자들이 주문하는 품질 좋은 교육을 생산해 내야 할 것입니다.

우리 교육지도자들은 양질의 교육상품을 만들 수 있도록 지도력을 발휘해야겠습니다. 그러기 위해서는 자신의 자질 향상을 위해서도 부지런해야겠는데, 그런 의미에서 오늘의 모임은 매우 가치 있다고 봅니다.

고맙습니다.

제 2 장
교육의 자율화와 장학의 발전 방향*

1. 서론: 교육상황

학교는 더 이상 시골풍의 고요한 그림 속의 한 장면으로만 남아 있을 수는 없다. 학교를 둘러싸고 있는 상황들이 요동을 치며 바뀌고 있기 때문이다. 국내·외적으로 또 교육 내·외적으로 교육에 유리한 상황이 전개되는가 하면 동시에 갑자기 불리한 상황이 닥쳐오기도 한다.

1) 국제적 상황

국제적으로 냉엄한 교육의 질 경쟁이 계속되고 있다. 국방경쟁·경제경쟁에 이어 나타난 더욱 심각한 경쟁이 교육경쟁이다. 질 높은 교육을 하는 나

---

* 교내 자율장학의 활성화 방안 탐색 워크숍 발제 강연, 1989(9. 25), 한국 교육개발원 연구자료, RM 89-1.

라만이 국방경쟁과 경제경쟁에서 이기고 또 그런 나라만이 지구상에 살아남을 수 있다는 판단하에 세계의 많은 나라들이 교육의 질을 높이는 데 국력을 집중하고 있다. 이러한 교육의 질에 대한 관심이 한쪽으로는 각국의 교육개혁사업으로 나타나고 있다. 미국의 ≪교육의 위기≫라는 보고서에 의하여 점화된 각종 교육개혁, 일본의 임시교육심의회, 영국의 1988년도의 전면적인 "교육개혁법" 제정 등이 그 본보기이다. 우리나라도 이런 유행(?)에 뒤질세라 "교육개혁심의회"를 한시적으로 설치했었으나 그야말로 한때의 유행으로 그치고 말 위험성을 갖고 있다.

다른 한쪽에서는 교육의 질 관리와 밀접한 "장학", "직원개발(staff development)"에 대한 관심이 높아지고 있다. 이에 따라 학교 효과성(school effectiveness)과 교수 효과성(teaching effectiveness)에 대한 논의와 연구가 활발해지고 있다.

우리는 교육의 양적 경쟁에서는 어느 정도 견딜 수 있었으나 교육의 질적 경쟁에 있어서는 단연 열세를 면하기 어렵다. 지금까지 값싼 노동력과 많은 양적인 교육받은 인구를 가지고 경제경쟁에서는 어느 정도 일어설 수 있었으나 이것도 더 이상 지탱하기 어려운 처지에 도달했다. 질적으로 거친 교육을 가지고는 더 이상 선진국을 따라잡을 수 없게 된 것이다.

하여간 세계가 국제적으로 냉엄한 교육의 질 경쟁의 화염에 싸여 있는 것 같은 느낌을 갖게 한다.

2) 국내적 상황

나라 안에서도 모든 상황이 송두리째 바뀌고 있다. 무리한 힘으로 물꼬를 간신히 돌려놓거나 임시방편으로 가려 두었던 질서들이 정치적 해방과 함께 터지거나 넘쳐서 무질서를 연출하고 있다. 정치적 무질서는 사회적·경제적 무질서를 낳고 이어서 마침내는 문화적·교육적 무질서를 일으키고 있다. 그래서 결국 국내의, 교육 내의 상황이 온통 뒤바뀌고 있다. 정치적·사회적 갈등이 교육적·문화적 갈등을 낳고 있는 셈이다.

20여 년 전, 세계의 교사들이 "호전적(militant)"으로 변하고 있다는 보고에 접할 때 우리는 이 용어 자체를 이해할 수 없었다. 우리나라에는 그런 용어가 없었을 뿐만 아니라 그런 현상이 없었기 때문이다. 그러나 이제는 실감나게 되었다.

이런 정도의 경제적 수준에 도달하면 반드시 이러한 혼란을 한차례 경험해야만 하는지도 모른다. 우리가 좀 더 현명했었더라면 선진국들이 경험했던 이런 혼란을 미리 예견하여 이를 막아냈거나 이러한 골목을 피해서 돌아갈 수도 있었을 것이다. 예를 들어 기업에 있어서의 노사문제라든지 교원조합문제만 해도 그렇다. 뻔히 닥쳐올 것으로 예측되었음에도 불구하고 막지 못했던 것은 분명 우리가 현명하지 못했음이다. 우리는 미래를 너무나 안이하게 맞이했고 세계적인 흐름을 너무나 가볍게 다루면서 GNP의 상승만을 즐거워했던 것이다. 교육이 경제건설에 이바지했다면 그 경제가 다시 교육에 재빨리 재투자되었어야 했다.

국제적으로는 냉엄한 교육의 질 경쟁과 안으로는 심각한 정치적·사회적 갈등으로 인해 우리의 교육은 감히 말하건대, "위기"를 맞고 있다. 다른 나라들이 내적인 교육의 질 향상에 모든 국민이 합심단결 하여 총력을 집중하고 있는 이때에 우리는 외적인 영향으로 교육집단 간에 갈등을 야기하고 있는 현실을 가히 "위기"라 부르지 않을 수 없다. 외국에서는 교육의 질이 떨어졌다고 하여 교육의 위기라고 했는데 우리는 교육 내분으로 인하여 위기라고 하게 되었다. 교사와 교사 사이가 갈라지고, 교사와 교육지도자 사이의 의견이 대립되고, 학부모와 교사 사이 그리고 학부모와 학생 사이에서 갈등하고 있는 현상에 대하여 심히 우려하지 않을 수 없다. 한마음이 되어 교육의 질을 높이기 위하여 노력해도 어려운 일인데 하물며 이렇게 교육 내부 집단들이 대립하고서야 어떻게 교육의 수월성을 추구할 수 있겠는가?

이러한 사회현상을 교육의 민주화와 자율화를 위한 하나의 일시적인 진통으로 돌리기에는 너무나 심각한 일이다. 갈등하는 이들 집단들이 언제 다시 하나로 합칠 것인지 예측하기가 어렵다. 어떻게 보면 이를 교육지도력의 부재, 즉 장학부재 현상으로 돌릴 수도 있겠다. 필자는 6·7년 전에 이를 "장학력의 약화", "장학력의 공백"이라고 표현한 적이 있다. 권위적 장학으로부터 민주적 장학으로 전환하는 과정에서 교육의 "리더십"이 교사들에게 미치지 못했던 것으로 해석된다.

유교사상에 바탕을 둔 선비정신, 헌신적인 스승상이 우리의 교육을 이런 정도로 끌어올려 지탱했고 또 이런 교육이 경제건설을 뒷받침해 주었다고 본다. 그렇다면 교육에 의해서 일어선 경제적 발전이 다시 교육을 위하여 재투입되어야 하는데 경제가 교육을 외면하고 뒷받침해 주지 못하자 교육은 후진을 면할 수 없게 되었고, 이것은 오히려 우리의 가치관이 "선비정신"과 "헌신적 스승상"을 물질적 가치 중시로 바꾸어 놓고 말았다. 물질이 선생님들의 과거의 정신적 가치를 대체해 주지 못했기 때문이다. "정신"도 잃고 "물질"도 잃은 교육자들을 영원한 희생양으로 만들기를 기대하는 나라가 그 값비싼 대가를 치르지 않을 수 없는 것은 필연적 귀결이다. 교사들에게 정신적인 존중을 해 주든가 아니면 경제발전 수준에 맞게 물질적 대우를 해 주든가, 더 좋게는 두 가지 대우를 모두 해 주든가 해야 한다.

더구나 정치가들은 교육을 너무나 오랫동안 착한 정치의 시녀로만 생각해 왔다. 교육을 정권유지의 도구로 삼으려 했던 과거에 대하여, 또 이에 장단 맞춰 같이 춤춰 온 교육지도자들에 대한 불신과 부작용은 어떻게 보면 필연적인 일이 아닐 수 없다. 나라를 지켜 달라고 부탁받은 군인들이 20년 이상 정치를 하고 경찰과 판·검사까지도 믿지 못하게 하는 오늘의 상황 속에서, 교육자만이 순한 양으로 머물러 있기에는 너무나 외로웠는지도 모른다. 필자는 15년 전에 "교육자는 국가를 지키는 최후의 보루"라고 말한 적이 있는데, 아직도 이러한 신념에는 변함이 없다. 군인과 경찰이 총을 버리고 판·검사가 양심을 버린다고 해서 천진난만한 어린이들 앞에서는 선생님마저 믿지 못하게 된다면, 국민들은 그 누구에게 마지막 희망을 걸 것인가?

아직도 수많은 교육자들이 흔들리지 않고 밑바닥의 뿌리를 지키고 있기에, 그리고 어린 양심들을 계속 길러내고 있기에 우리는 아직 희망을 버릴 수는 없다. 교육의 위기는 위험한 기회이기도 하지만 발전을 위한 절호의 기회도 된다.

이러한 교육적 상황 하에서 ① 교육의 본질적 속성인 자율에 대하여 살펴보고, ② 이러한 상황적 위기 극복을 위한 지도력에 해당하는 장학에 대하여 살펴보고, 그러고 나서 ③ 그 방향을 모색하는 일은 더욱 의의 있는 일이라고 본다.

2. 교육의 자율화와 장학

나라 안팎의 구석구석에서 민주화·개방화·자율화의 외침이 드높아지고 있다. 얼어붙었던 모스크바와 시베리아가 개방화 바람으로 문을 열고, 동독·체코·폴란드·헝가리의 모습이 바뀌고 있으며, 정치적인 감옥에서 풀려 난 사람들이 국민의 대표로 뽑혀 이제는 큰소리를 치고 있으며, 공장과 산업계에서 억눌렸던 사람들이 대등한 협상 테이블에 앉아 있게 되었다. 교육계도 예외는 아니어서, 여기저기서 자율화의 요구가 너무 심하다고 할 정도이다.

교육은 원래 자율을 바탕으로 하는 것인데 자율화의 요구가 드높다는 것은 아직도 타율과 지시, 권위주의에 의한 교육이 이루어지고 있다는 의미가 된다. 공장에서 물건을 만들어내는 사람들까지도 타율과 지시에 의하여서는 작업을 시키기가 어려운 시기인데 하물며 전문성에 근거하여 인간을 키우는 교육에서 타율과 지시, 통제와 권위주의가 효과를 거둘 수 있을 것인가? 단순히 글을 가르치거나 지식을 전달하는 것이 아니라 인간형성을 위한 교육까지 하려면 교육의 자율성은 더욱더 보장되어야 한다.

1) 자 율

그러면 자율이란 무엇인가? 자율이란 스스로가 규율을 정해 놓고 스스로 그 규율에 따르고 또 스스로의 행동에 대하여 책임을 지는 것을 의미한다. 그래서 자율에는 자기규율, 자기결정의 의미가 내포되어 있다. 자기가 규율을 결정하고, 자기가 어떤 행동을 할 것인가를 결정하고, 자기의 행동에 대하여 어떻게 책임질 것인가를 결정할 수 있어야 한다. 또 자율에는 자기통제(self-control), 자기통치(self-governing)의 의미가 내포되어 있다. 인간의 자기욕구와 방종을 스스로 억제하고, 자신의 이성에 의하여 세워 놓은 보편적 도덕률에 따르는 것이다. 또한 자율에는 자기책임이 수반된다. 우리는 흔히 외적인 권위나 지시에 의한 행동에는 책임을 감해 주거나 면해 주는 경향이 있지만 자기 스스로의 판단에 의한 결정과 행동에는 스스로 책임을 지게 하는 것이다.

2) 교육과 자율

결국 이러한 자율의 성격으로 보아 교육자에게는 자율이 필수적인 요건이라고 볼 수 있다. 그래서 교직은 전문직이고 전문직은 자율성을 필수조건으로 한다. 자기가 결정하고 행동하고 책임질 수 없다면 어떻게 어린이와 학생을 교육할 수 있겠는가?

교육은 그래도 다른 직업에 비하여 많은 자율성이 주어져 있는데도 여전히 교사들은 자율성이 적다고 한다. 미국과 같이 교사에게 많은 자율성을 주고 있는 나라에서조차도 자율성 욕구의 충족에 대한 불만이 많고, 더욱이 교장들까지도 학교지도자로서의 권한과 자율성이 줄어들었다고 불평한다. 그러므로 자율성에 대한 요구와 충족감에는 수준과 정도의 차이가 있게 마련이고, 100%의 자율성 충족이란 있을 수 없다. 어쨌든 가르치는 노예라는, 교복으로부터 출발한 교육이 고도의 자율성을 요구하는 전문직으로 바뀐 것은 대단한 변화라 아니할 수 없다.

이러한 교육의 자율성에 대해서 우리는 두 가지 측면을 생각해 볼 수 있다. 첫째는 수단적 측면이다. 다시 말하면 교육을 하기 위해서 자율성이 보장되어야 한다는 의미이다. 즉 자율성 없이는 제대로 교육을 하기 어렵다는 입장이다. 가르치는 데에서 자율성이 없다면 학생의 창의성 교육을 하기에는 극히 어려울 것이다.

둘째는 목적으로서의 자율성이다. 먼저 교육에서 어린이의 자율성을 길러 주어야 한다는 측면이다. 교육자의 자율성 신장 자체를 교육에서 목적으로 삼을 수 있다. 자율적인 인간을 키우는 것이 교육의 중요한 목적임에 틀림없다.

대체로 "교육의 자율화" 또는 "교육의 자율성"이라고 하면 수단성이 강조되는 경향이지만, 목적성도 간과해서는 안 된다. 교사의 자율성 강조를 수단으로만 삼을 때 교사들은 얼마나 기분 나빠 하겠는가도 생각해야 한다. 교사를 수단으로 보는 데에 대한 불쾌감 때문이다.

자율은 개인에게도 필요하지만 조직에게도 필요하다. 교사의 자율성, 교장의 자율성과 자유재량권이 필요한 것처럼 학급·학교·교육청 수준에서도 각각 다른 자율권을 생각할 수 있다.

3) 장학과 자율

장학은 원래 감독으로부터 출발했기 때문에 자율과는 어울리지 않는 말이다. 감독을 통하여 자율성을 보장하거나 신장시킬 수는 없다. 자율과 감독은 모순을 일으킨다. 그래서 장학에서 조장적 성격이 강해지면서 자율과 어울리기 시작한다. 장학을 "교사의 교수기술을 향상시키고 계속적인 전문적 성장을 도와주는 활동"으로 본다면 자율과 장학은 잘 어울리는 말이 될 수 있다. 이러한 관계는 〈그림 2-1〉과 같이 나타낼 수 있을 것이다.

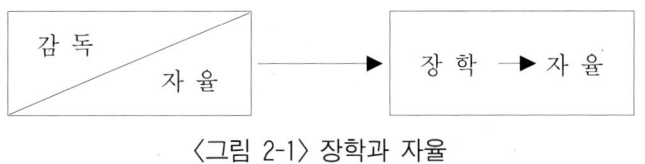

〈그림 2-1〉 장학과 자율

4) 교육의 자율화와 장학

확실히 장학은 수단적이다. 교사로 하여금 교수를 잘 하게 하거나, 교사 자신의 잠재능력을 최대한 발휘하여 행복하게 해 주는 수단적 활동이 바로 장학이기 때문이다. 그래서 교육의 자율화와 장학이라고 하면 교육의 자율화를 위한 장학이라는 암시를 하고 있다. "교육의 자율화와 장학"이라고 하면 앞에서 말한 교육을 위한 자율화라는 수단적 측면을 생각하여 "'교육을 위한 자율화'를 위한 장학"으로서 생각하여 〈그림 2-2〉와 같이 생각할 수 있다.

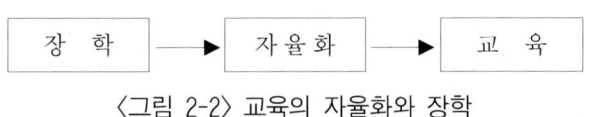

〈그림 2-2〉 교육의 자율화와 장학

교육을 하기 위해서는 자율화가 요구되고, 이러한 자율성을 신장해 주는 것이 장학이어야 한다는 논리를 생각할 수 있다. 또 한편으로는 "자율"과 "장학"을 같은 수준으로 놓아, "스스로 결정하고 통제하고 책임지는 장학"으로서 〈그림 2-3〉과 같이 생각할 수 있다.

여기서는 〈그림 2-3〉과 같이 생각하여 "일정 수준에 있는 개인이나 조직·기관이 스스로 결정한 규율이나 통제에 따라 장학하고 스스로 책임지는 장학을 자율장학"으로 생각할 수 있다.

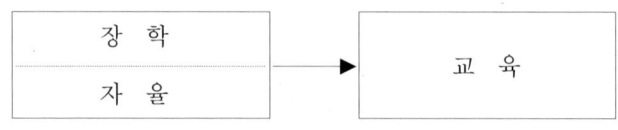

〈그림 2-3〉 자율적인 장학을 통한 교육

3. 자율장학

1) 용　어

장학이 원래 외부의 감독(supervision)으로부터 출발되었기 때문에 자율 그리고 감독의 의미를 갖고 있는 장학이 합쳐진 "자율장학"이라는 용어 자체에는 모순이 있다고 이미 지적한 바 있다. 그러나 ① 교육이 자율화의 방향으로 가고 있고, 또 ② 자율적으로 목적을 달성하는 것이 가장 바람직하며, ③ 장학에서도 자율적인 것이 가능하다고 보며, 누구에 의해서 시작되었는지는 모르지만 ④ 실제 현장에서 이미 통용되고 있기 때문에 "자율장학"이라는 용어를 그대로 사용하기로 한다.

그래서 자율장학이란 "어떤 개인이나 조직이 외부의 통제나 지시에 의하지 않고 스스로 결정한 규율이나 통제에 따라 자발적이고 주도적으로 교사의 교수기술 향상과 계속적인 전문적 성장을 추구하는 교육활동"이라고 정의할 수 있겠다.

2) 종　류

자율장학은 주체가 누구냐에 따라 다양하게 생각할 수 있다. 장학조직 수준별로, 즉 시·도교육위원회 수준, 시·군 교육청 수준, 학교 수준, 지역

수준, 동 학년·동 교과 교사 집단 수준, 개별교사 수준별로 각각 자율장학이라는 말이 성립될 수 있다. 그러나 우리나라에서는 장학을 한다고 하면 전통적으로 ① 교육인적자원부의 장학, ② 시·도교육위원회의 장학, 그리고 ③ 시·군교육청의 장학만을 생각해 왔기 때문에, 이들 조직이 아무리 외부나 상부의 지시나 감독 없이 장학을 실시한다고 해도 이 수준에서는 자율장학이라고 하지는 않는다. 우리나라에서 자율장학으로 이름 붙인 것은 ① 일정 지역의 학교들끼리 협동하여 스스로 장학을 시도한 "지역자율장학협력회"와, ② 단위 학교가 스스로 장학을 시도한 "교내자율장학"의 두 가지로 볼 수 있다. 그러나 ③ 초등학교에서 동 학년 교사끼리, 중등학교(일부 초등학교에서도)에서 동 교과 교사끼리 교수기술 향상과 전문적 성장을 위하여 스스로 노력하는 동료장학을 "동 학년 또는 동 교과 자율장학"이라고 할 수 있을 것이며, ④ 한 교사가 개인적으로 스스로 자기 자신의 교수기술 향상과 전문적 성장을 위하여 계획적으로 노력할 때 장학적인 측면에서 이를 "개인적 수준에서의 자율장학"이라고 부를 수 있을 것이다.

자율장학을 영어로는 어떻게 번역해야 할지 모르겠으나 외국문헌에서는 별로 보지 못했다. 원래 장학이 교사를 위한 것이며 교사에게 초점이 맞추어져 있고 교사를 기준으로 하여 보기 때문에 모든 장학이 다 교사의 입장에서 보면 외적인 것이나, 교사가 스스로 자신의 교수기술 향상과 전문적 성장을 위하여 외부의 간섭 없이 장학적 기능을 할 때 이를 "self-supervision", "self-analysis"라고 하는데, 필자는 이를 "자기장학", "자체(자기)분석"이라고 번역했다.

따라서 앞에서 분류한 ① 지역자율장학협력회, ② 교내자율장학, ③ 동료 자율장학, ④ 교사개별자율장학은 가능한 명칭이라고 본다.

3) 자율학교 운영

학교단위의 교내자율장학은 특히 분권화라는 세계적인 흐름과 일치되는 것으로서 매우 고무적이다. 현재 영국, 캐나다, 오스트레일리아, 스칸디나비아 등 여러 나라와 미국의 플로리다, 캘리포니아 등 일부에서는 "Self-Managing School", "School-Based Management", "School-Site Management", "Collaborative School Management", "Local Financial Management"라고 하여, 학교에 교사·교장·학부모·주민(오스트레일리아에서는 중·고등학교의 경우 학생 대표까지 포함해) 등으로 학교운영위원회(School Council)를 구성하여 지방교육당국으로부터 독립적으로 재정권과 인사권을 행사하면서 운영하도록 하고 있다. 재정도 지방교육당국을 거치지 않고 중앙으로부터 직접 도급으로 받게 되면, 현장을 잘 아는 학교에서는 교육적으로 가장 필요한 곳에 쓰게 되므로 더 효과적이라는 것이다. 명실 공히, 자율학교의 운영이라고 할 수 있다. 심지어는 학교운영위원회가 교장·교사까지도 선발·임명하여, 그들이 원하는 교육을 해달라고 요청하는 것이다. 이것이 영국의 1988년도 "교육개혁법" 중 초·중등분야의 네 가지 개혁 중 하나이다.

　여기서 우리가 시사 받을 수 있는 것은, 장학만 자율에 맡겨서는 실효를 거둘 수 없다는 점이다. 재정·인사까지도 학교단위에 맡겨져야 한다.

　그러기 위해서는 학교장의 자질과 지도력이 중요하다. 올바른 재정권과 인사권, 교육지도력을 발휘할 수 있어야 하기 때문이다. 더욱이 과거와 같이 교장이 권위주의의 상징처럼 비칠 때는 교장의 자율권이 횡포로 변질될 수 있기 때문이다. 교장의 자율권은 바로 교사에게도 위임되어져야 한다. 이것을 교사의 "empowerment"라고 한다. 또 교사와 함께 학교를 운영한다고 하여 "shared-governance"라는 말이 번지고 있다.

　그리고 교사의 자발성과 동기로 연결되어야 학교단위의 자율운영도 성공을 거둘 수 있다. 교내자율장학도 교사의 자율성을 존중해 주는 데서부터 출발해야 한다. 교장에게 자율권을 많이 주면 교사의 자율권이 빼앗긴다고 생각하여 현재 교장과 교사 간 갈등이 야기되고 있는 것은 잘못이다. 교장과 교사가 합심하여, 위로부터 자율권을 많이 따내어 이를 공유해야 한다.

4) 동료 코치

교내자율장학과 교사자율장학에 고무적인 또 하나의 새로운 최근의 경향은 "코치(coach)"라는 개념이다. 과거의 장학이 운동 팀의 "감독"에 비유된다면 최근의 장학의 새로운 개념은 "코치"라는 것이다. "코치"라는 말은 우선 우리에게 동료적인 친근감을 준다.

동료교사들끼리 친근한 분위기 속에서 ① 수업에 대한 사전계획을 같이 세우고 협의하며, ② 계획대로 수업관찰을 하여 증거와 자료를 수집하고, ③ 관찰자료와 증거를 분석하고, ④ 수업 후에 다시 만나서 관찰 후 협의회를 통하여 피드백을 하고 개선방안을 모색하며, ⑤ 이러한 전 과정을 종합·평가·반성하는 과정을 반복하면서 서로가 발전하고자 하는 "동료 코치(peer coach)"의 장면은 상상만 해도 아름답다. 마치 축구 코치가 슈팅 동작을 코치하는 것과 같다.

이러한 동료 코치도 ① 위의 제2단계인 수업관찰을 통하여 단순히 자료만 수집해 주는 자료제공적 코치(mirroring)와, ② 위의 전 과정을 거치면서 동료로서 같이 문제를 해결하려고 노력하는 협동적 코치(collaborative coaching), ③ 전문가로서 도움을 주는 전문적 코치(expert coaching)의 수준으로 나누어 생각할 수 있다. 셋째 수준은 경험 있는 유능한 교사가 초임교사나 수습교사를 코치할 경우이며, 단순한 자료제공적 코치의 경우는 자료수집방법만 정확히 익히면 누구나 동료 코치가 될 수 있다.

동료 코치의 경우에도 물론 행정적·제도적 뒷받침은 있어야 한다. 쉽게 생각할 수 있는 것은, 동료교사의 수업을 관찰하는 동안 관찰자의 수업을 대신 해 줄 수 있는 대체교사(substitute teacher)가 필요하다는 것이다. 이러한 대체교사를 위해서는 행·재정적 뒷받침이 있어야 한다.

동료 코치는 동 학년·동 교과 교사끼리는 물론 학년이나 교과가 다른 교사들끼리도 가능하며, 현재 각급 학교에서 시행되고 있는 수업연구에도 적용할 수 있다. 초임교사와 원로교사를 각각 짝지어 주어 코치하게 할 수도 있을 것이다. 이때 원로교사에게 코치 수당까지 배려해 줄 수 있다면 더욱 좋을 것이다.

동료 코치는 계층적인 수직적 장학으로부터 동료적·수평적 장학으로 옮겨 놓는 데 공헌하였다. 교장·교감도 동료 코치가 될 수 있는데, 이때는 상호간의 동료의식(colleagueship)이 중요하다.

교사들이 "나는 교사교육이라는 전교육육을 받았고 교직은 전문직이기 때문에 코치도 감독도 모두 필요 없다"고 할 수 있을 것인가? 의과대학을 마친 사람은 모든 것을 혼자 마음대로 할 수 있는가? 어디서나 스스로 성장하고자 하는 성장의욕과 자발성 그리고 동기는 중요하다. 동료 코치에서도 교사가 코치 비용은 못 내더라도 최소한 자기발전을 위하여 코치를 받고자 노력은 해야 할 것이며, 따라서 코치를 받으면 성과가 있으리라는 신뢰가 전제되어야 한다.

4. 장학의 발전방향

우리나라 장학의 발전방향으로는 첫째, 장학의 중심이동을 제안한다.

우선 현재의 학교상황을 지적하면서 설명하기로 한다. 교육의 위기상황은 반드시 빠른 시일 내에 극복되지 않으면 안 되고 또 시간의 문제는 있으나 꼭 극복되리라고 본다. 현 상황에서는 교육지도력이나 장학지도력의 부재로 인해 어떤 학교에서는 "장학"의 "장"자도 꺼내지 못하는 실정이다. 그리고 중·고등학교에서는 오래전부터 전공교과가 다르다는 이유로써 학교장의 수업지도력(instructional leadership)을 포기하는 경우가 많다. 이러한 풍토를 극복하는 일이 우리나라 장학발전을 위해서 중요하리라고 보기 때문에, 이에 대하여 우선 언급하고자 한다.

학교교육은 교장이 하고 교장이 책임지게 되어 있다. 그런데 교사들은 이 것을 악법이라 하며, 교사는 전문가이기 때문에 교장의 명을 받아 교육을 할 수 없다고 한다. 여기서 "명"이라는 말이 기분 나쁠는지 모르지만, 이는 "권위(authority)"의 위임을 의미하는 것으로서 그 위임관계를 알게 되면 이해하게 될 것이다. 교육법에 교사는 교장의 명을 받아 교육하게 되어 있다고 해서 교장으로부터 일일이 명령을 받아서 학생을 교육하는 교사는 대한민국에 단 한 사람도 없을 것이다.

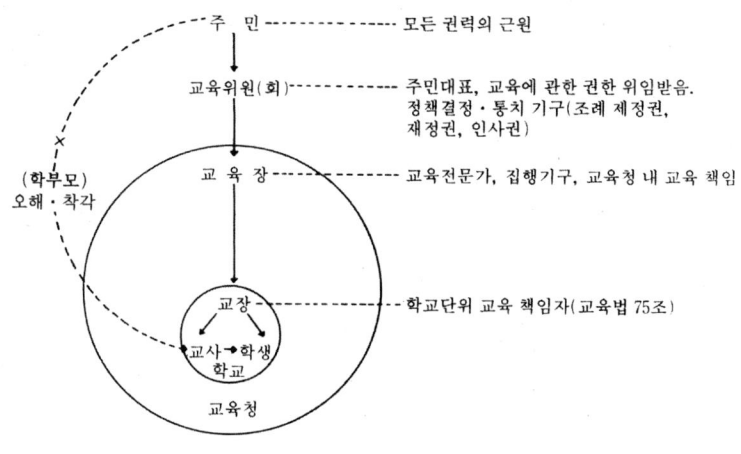

〈그림 2-4〉 교육권위의 위임

권위의 위임관계는 〈그림 2-4〉와 같이 나타낼 수 있다. 민주국가에서 모든 권한은 주민·국민으로부터 나온다. 교육에 관한 권한도 국민에게 있다. 모든 주민이 직접 교육을 담당할 수 없기 때문에 자기들의 의견을 대표하는 교육위원을 뽑아 이들에게 교육을 위임한 것이다. 교육위원들은 주민의 대표이지만 교육에 대한 전문가는 아니기 때문에 기본정책만 정하여 다시 교육전문가인 교육장에게 관내교육을 집행하도록 위임하고, 교육장은 다시 자질과 자격 그리고 능력을 갖춘 교장을 뽑아 한 학교씩 교육을 맡도록 권위를 위임한 것이다. 그래서 한 학교의 교육은 교장이 하게 되어 있다. 교장은 다시 교과별·학급별로 교사를 조직하여 교육을 하게 된다. 그래서 학습지도안도 검토하고, 교육의 결과를 알려 주는 통지표도 교장 명의로 나가는 것이다. 교사는 학생을 직접 가르치고 학부모와 직접 접촉하기 때문에 학부모나 주민이 직접 자신에게 교육권을 위임한 것으로 오해하거나 착각을 일으키기 쉽다. 이렇게 해서 교장의 장학지도력의 근거는 분명해진다.

여기서, 장학의 중심이동 중에서도 앞으로의 장학은 상부의 장학으로부터 교내(학교단위)장학의 발전방향으로의 이동을 강조하게 된다. 그 이유 몇 가지를 생각해 볼 수 있다. 첫째는 소위 상부의 장학이라면 아무리 옳은 장학이라 해도 교사들은 지시·명령·통제로 받아들이기 쉽고, 둘째는 상부의 장학으로는 교사의 피부에 직접 와 닿기 어렵고 또 중간에서 왜곡되거나 변질되기 쉬운 반면에, 셋째는 교내장학은 교사와 수업 그리고 학생과 가까이 있음으로써 실질적인 장학을 할 수 있다는 점이다. 장학의 중심이 위에서부터 밑으로, 거시적인 것에서 미시적인 것으로, 형식적인 것에서 실질적인 것으로 이동해야 함을 기대한다.

교내장학을 발전시키기 위해서는 우선 교장과 교감 그리고 부장교사 등이 장학능력과 함께 기술, 방법, 자질 등을 기르고 장학 전문성을 높여야 한다. 둘째, 교사로 하여금 장학의 도움을 받아 발전하고자 하는 의욕과 동기가 유발되도록 해야 하며, 셋째, 교내장학을 발전시키기 위한 제도적·재정적 지원 체제가 이루어져야 한다. 그래서 교육의 많은 권한이 단위학교로 옮겨져야 한다.

교내장학을 발전시키기 위해서는 ① 복수 교감 중 한 명을 장학사로 대체하는 방안, ② 학교에 주재하면서 몇 학교의 교사를 장학하도록 하는 학교주재장학사 배치 방안, ③ 우수한 교사로 하여금 장학적 기능과 역할을 하도록하는 증치교사 배치 방안 등을 고려할 수 있다.

그리고 현재 각 학교에서 실시 중인 수업연구, 교내 연수, 교실·학교 상호 방문, 동 학년·동 교과 교사회 등을 우선 장학적 관점에서 발전시키면 쉽게 접근할 수 있다고 본다.

교내장학이 강조되면 일반장학·행정적 장학으로부터 수업장학→임상장학→마이크로티칭→동료 코치→자기장학으로 구체적으로 파고들고, 중앙으로부터 지방→학교→학급으로 초점이 바뀌고, 행정가와 장학사로부터 교사와 교수행위→학생과 학습자행위로 장학의 관점이 옮겨져, 결과적으로 교육의 최종산물 쪽으로 바뀌게 된다. 이를 요약하면 〈그림 2-5〉와 같다.

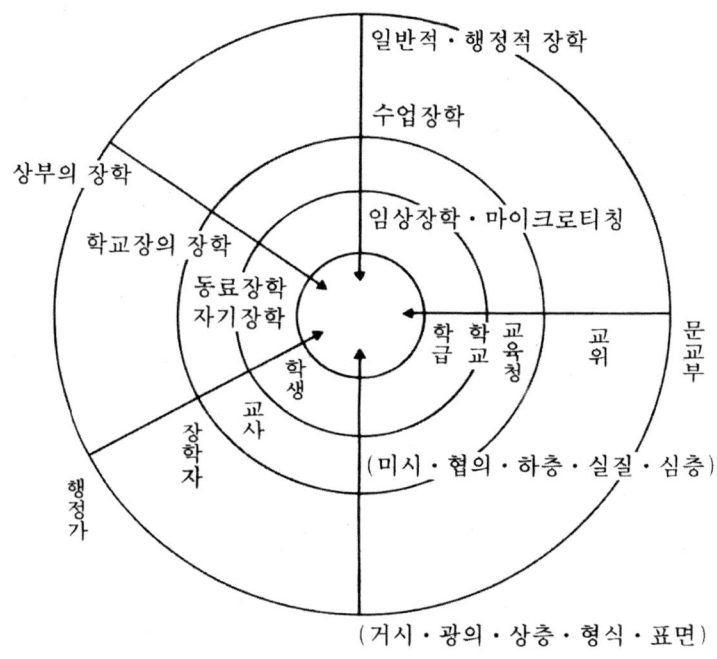

〈그림 2-5〉 장학의 중심이동

장학발전의 두 번째 방향으로서 장학의 전문화를 들지 않을 수 없다.

교육행정은 조직환경이라는 무대(setting) 위에서 배우인 사람(man)이 어떤 역할이라는 일(job)을 함으로써 이루어진다. 그런데 조직환경은 점점 관료화되어 가는 반면 그 속에서 이루어지는 일과 사람은 점점 전문화되어 감으로써 관료화와 전문화 사이에서 갈등을 일으킨다고 하여 문제시되고 있다.

그런데 우리나라의 장학에서는 장학 일도, 장학을 맡은 장학담당자도 전문화되지 않았다는 데 문제가 있다. 가르치는 일을 맡은 교사의 학력은 높아져서 그런대로 전문화의 방향으로 옮겨가고, 교육 기술이나 공학의 발전으로 인해 가르치는 일도 전문화되고 있다. 그러나 장학은 이러한 교수분야보다 한 단계 높은 수준에서 더 빠른 속도로 전문화되어야 하는데도 불구하고 오히려 과거답습적이고, 장학의 불신·무력화·약화·부재 현상이 나타나고 있다. 교사들이 장학담당자를 인격적으로 존경하지 않고, 그 장학능력과 효과성도 믿지 않으며, 그 지도력을 받아들이려 하지 않는다. 그 결과, 최근 젊은 교사들이 교육지도자에 대하여 반발하고 도전적 태도로 변하고 있다고 해석할 수도 있겠다.

장학의 전문화를 위해서는 교장·교감, 장학사·장학관, 연구사·연구관 등 장학담당자를 석·박사과정이나 전문자격증 취득과정에서 별도로 양성하여, 평생을 장학을 위해 바칠 수 있도록 제도화해야 한다. 그러기 위해서는 양성 프로그램이 연구되고, 교육 중 파견 조치한다든가 장학전문가에 상응하는 보수와 신분이 보장되어야 한다.

영국의 칙임시학관제도(Her Majesty Inspectorate)와 같은 독립적인 장학 전문기구를 별도로 조직하는 방안도 고려해 볼 수 있다. 교육인적자원부나 지방정부 또는 교육위원회의 간섭으로부터도 완전 독립하여 전문적으로 운영하는 방안도 연구해 볼 수 있다.

장학직의 전문화를 위해서는 인사 면에서도 교원직과 수시로 전직하는 제도를 막고 전문자격증을 필수적으로 요구하도록 해야 한다.

현재 보수 면에서도 교장·교감에 비하여 오히려 불리하게 되어 있는 제도는 빨리 개선하여, 우대받을 수 있게 되어야 한다.

물론 근무조건 면에서도 전문직에 맞는 일만을 하게하고, 비서를 두어 잡무를 처리할 수 있게 해야 한다.

또한 장학업무의 전문화를 위해서는 ① 학교급(phases)별, ② 교과(subjects)별, ③ 전문영역(aspects)별(예를 들면 특수교육, 성인교육, 계속교육, 직업교육, 청소년 육성교육 등), ④ 장학조직 수준(levels)별(교육인적자원부, 교위, 교육청, 학교 등), 그리고 ⑤ 지역(divisions)별로까지 전문역할과 기능을 분담할 정도로 전문화되어야 한다.

장학전문가를 양성한다 해도 장학기술향상을 위한 연수는 지속적으로 이루어져야 한다. 장학자격증 취득 후라도 1년간 수습기간을 두고, 1년 중에도 일정기간의 연수기간을 의무화할 필요가 있다. 영국의 칙임시학관은 1년에 46주를 근무하게 되어 있는데, 그중 14주는 해외연수 등 연수기간으로 사용하게 되어 있다.

장학의 질 향상 없이 교육의 질, 수업의 질을 향상시키기는 나무에서 물고기를 잡고자 하는 것과 같다. 장학의 질을 높이기 위해서는 장학담당자의 질을 높이지 않으면 불가능하다. 이러한 장학담당자의 질을 높이려면, 행정적·제도적·재정적 지원체제가 갖추어져야 한다. 교사의 교수기술 향상과 전문적 성장을 위해서는 장학담당자의 장학기술향상과 전문성 개발이 선행되어야 한다.

장학이 보다 더 전문적으로 발전하기 위해서는 장학효과성에 대한 냉엄한 평가에 게을리 해서는 안 된다. 연중행사처럼 의례적으로 타성에 젖은 장학으로는 성공을 거두기가 어렵다. 장학적 고급인력의 시간과 정력 그리고 투입되는 귀중한 재정지원에 비례하는 만큼 성과를 거두고 있는지에 대하여 평가를 하고, 이를 바탕으로 하여 개선방안을 모색하면서 한 발짝씩 전문화의 길로 가는 것이다.

장학의 전문화를 위해서는 장학분야 대학 교수들의 계속적인 이론 정립과 기술 개발이 뒷받침되어야 하는데, 필자도 이에 대해 책임을 느끼지 않을 수 없다.

이와 관련하여, 장학이론가와 연구·실천가를 망라하여 장학학회를 설립할 단계에 이르렀다고 본다. 그래서 학술지와 장학정보지도 발행하여, 학문적으로 한 단계 끌어올릴 필요가 있다.

세 번째로 우리의 장학이 지향할 방향은 장학의 민주화이다.

교육행정, 장학의 민주화는 우리 교육 행정학도의 최대의 비전이다. 말로만의 민주화, 서류상의 민주화가 아니라 생활과 삶으로서의 민주화이고 우리 모두의 피부에 와 닿는 민주화를 의미한다. 민주화는 정도와 수준의 차를 의미하기 때문에 우리의 영원한 도전일는지도 모른다.

그리고 우리가 지금 다루고 있는 "교육의 자율화"가 바로 우리 "장학의 발전방향"이며 이것이 바로 장학의 전문화와 민주화를 동시에 의미하는 것으로서, 어떤 의미에서는 최종적인 목표지점이 될 수도 있다.

우리의 장학은 상황과 여건의 변화와 함께 조금씩 민주화의 방향으로 발전해 왔지만 아직도 획일성과 경직성, 관료적 틀 속에서 헤어나지 못하고 있다.

여기서 먼저 장학에 대한 철학의 정립을 촉구하고 싶다. 근본적으로 장학은 무엇 때문에 왜 필요하며 어디를 지향하여 나아갈 것인가, 장학을 안 하면 교사를 모두 망칠 것이라고 생각하는가, 누구를 위하여 장학하고자 하는가? 이러한 근본적인 질문에 대한 답을 찾는 데서부터 장학은 출발되어야 할 것이다.

장학은 근본적으로 교사를 위한 것이다. 교사의 잠재능력을 최대한 발휘하도록 도와주어 교사의 자아실현을 도와주려는 것이 장학의 출발점이요 종점이다. 교사를 단지 기분 좋게 해서 학생과 학교 그리고 국가를 위하여 열심히 일하게 한다면 장학은 벌써 빗나가는 것이 된다. 왜냐하면 교사의 인간성은 무시되고 단지 수단시되기 때문이다. 학생의 인간화에 앞서 교사의 인간화가 존중되어야 한다. 보통사람들은 자기가 가지고 있는 능력의 10% 정도밖에 발휘하지 못하고 흙으로 변한다고 한다. 보통교사라면 아직도 80~90%는 더 발휘할 잠재능력을 갖고 있다. 교사의 입장에서도 자기의 능력을 개발하여 손해날 것은 없다. 장학이 진정 교사의 능력개발을 위한 것이라면, 장학에 대하여 부정적 태도를 가질 필요가 없다. 교사가 능력을 발휘한다면 물론 본인을 위해서도 좋지만 그 혜택은 학생에게로 돌아간다. 장학자는 교사가 성장하는 것을 지켜보는 데서 보람을 느낀다. 이러한 철학에 바탕을 둔 장학이 "인간자원장학"이다.

장학자의 장학관·교사관도 중요하다. 근본적으로, 교사를 긍정적으로 그리고 선하게 보는 안목이 필요하다. 그래서 교사의 내적 동기에 발동을 걸어 주려는 장학적 태도가 형성되어야 할 것이다.

민주장학에서 가장 중요한 것은 교사의 장학에 대한 동기와 참여라고 할 수 있겠다. 교사의 적극적인 참여와 긍정적인 수용태도 없이는 장학의 민주화가 장학의 포기로 변질되기 쉬운 것이다.

교사에게 개별학습을 요구하기 이전에 장학자가 먼저 개별화 장학을 시범으로 보여줄 수 있어야 한다. 학생들의 얼굴이 각기 다르고 독특하여 개별화 수업이 필요하듯이 교사도 각각 특이한 요구와 문제를 갖고 있다. 어렵더라도 교사를 개별적으로, 인간적으로 대하는 일이 민주화의 한 부분이라고 본다.

그러려면 장학은 다양화되어야 한다. 즉, 많은 개별교사들의 입맛에 맞추려면 다양한 장학적 대안의 식단과 레퍼토리를 준비해야 한다. 다양한 장학적 대안 중에서 교사로 하여금 원하는 것을 선택할 수 있게 한다면 교사는 장학에 대하여 일종의 소유의식과 주체의식을 가질 것이다. 장학이 장학사의 소유가 아니라 교사의 것이 될 때, 그 효과성은 비로소 높아질 수 있다. 여기서 따라붙는 것은 역시 장학의 전문화와 이를 위한 재정적·행정적 뒷받침일 것이다.

장학의 민주화를 자유방임 또는 장학의 약화나 포기로 오해하거나 착각해서는 안 된다. 장학은 교육에서 필요했기 때문에 지금까지 존재해 왔고 또 앞으로도 존재할 것이다. 아니 오히려 그 중요성이 과거 어느 때보다 더욱 절실히 강조되고 있다. 교사의 전문성을 인정하고 존중하며, 민주적 방식으로 하되 할 것은 꼭 하고, 꼭 하되 철저히 해야 한다. 오늘날과 같이 혼란스러운 때야말로 철저한 고도의 전문적·민주적 장학을 필요로 하는 것이다.

우리는 장학력의 약화를 경계해야 한다.

5. 요약·결론

지금까지 "교육의 자율화와 장학의 발전방향"이라는 주제 하에 우선 자율화를 부르짖는 우리의 ① 교육적 상황에 대하여 살펴보고, ② 자율화와 장학을 연결시켜 보고 장학에 초점을 맞춰, ③ 자율장학에 대하여 간단한 예시를 하고 나서, ④ 우리나라 장학의 발전방향으로서 교내장학으로의 중심이동과 전문화·민주화 등 셋을 지적하였다. 이 세 방향은 결국 각각 다른 방향으로 가는 것이 아니라 궁극적으로는 자율장학을 통하여 교육의 질 향상으로 가자는 것이었다. 자율은 전문화·민주화와 동시에 연결되고, 또 장학의 중심이동은 내용상 전문화와 민주화를 촉진시키는 결과가 된다. 이러한 발전방향으로 나아가기 위해서는 행정적·제도적·재정적 뒷받침이 있어야 한다. 이를 요약하면 〈그림 2-6〉과 같다.

교육적 상황을 볼 때 국제적으로 냉엄한 교육경쟁 속에서 각국에서는 교육개혁과 장학·직원개발에 열을 올리고 있고 세계적인 개방화 물결은 국내적으로 정치적 해방을 야기 시킴으로써 이것이 교육에까지 미치고 있으며 또한 교육이 뒷받침해 주었던 경제분야가 교육에 재투입되지 않아 교육 내부에서는 갈등을 겪고 있는 이때에 교육은 지도력을 잃고 있어 가히 교육의 위기라 하지 않을 수 없다.

이러한 상황 하에서 교육 또한 자율화의 요구를 강력하게 받고 있다. 자율이란 자기규율, 자기결정, 자기통제, 자기책임의 의미를 포함하는데, 교육은 전문직으로서 자율을 필수요건으로 한다. 자율은 교육을 위한 수단도 되지만 동시에 교육의 목적도 될 수 있으며, 자율을 누리는 주체는 개인도 될 수 있고 조직이나 기관도 될 수 있다.

그리고 장학은 어원으로 볼 때 감독이라는 말로부터 출발했기 때문에 자율이라는 말과 어울릴 수 없으나 조장적 성격이 강해지면서 자율장학이라는 말의 성립이 가능해진다. 자율장학이란 개인이나 조직이 외부의 통제나 지시에 의하지 않고 스스로 결정한 규율이나 통제에 따라 자발적이고 주도적으로 교사의 교수기술 향상과 계속적인 전문적 성장을 추구하는 교육활동이라 할 수 있다. 우리나라에서 자율장학이라고 하면 지역자율장학협력회와 교내 자율장학이 중요한데, 자율학교 운영이라는 세계적인 흐름과 미국에서 번지고 있는 동료 코치의 물결이 자율장학의 발전에 고무적인 현상이다.

자율학교 운영이란 학교가 인사권과 재정권을 가지고 지방교육당국(청)으로부터 거의 독립적·자율적으로 운영하도록 하는 것으로서 우리나라에서도 장학만 자율에 맡길 것이 아니라 실질적 권한에 해당하는 인사와 재정까지도 장학에 병행하여, 자율권이 학교 수준에 주어져야 한다는 시사를 받을 수 있다.

동료 코치는 감독이 아닌 코치로서, 수업 전에 ① 사전계획을 같이 세우고, ② 수업관찰을 통하여 자료를 수집하고, ③ 이 자료를 분석하여, ④ 관찰 후 협의회를 통하여 수업개선방안을 모색하고, ⑤ 종합·반성하는 과정을 거치면서 동료 간의 상호 발전을 도모하려는 것이다. 이러한 분위기는 자율장학의 좋은 예시가 될 것으로 보인다.

앞으로 우리나라 장학의 발전방향으로는 장학이 거시적·광의적·상층적·형식적인 데서부터 미시적·협의적·하층적·실질적인 곳으로 중심을 이동해야 한다. 그래서 교육이 실제로 이루어지고 있는 현장의 교사·학생·수업과 밀착되어, 장학의 핵이라 할 수 있는 수업개선과 교사의 성장을 가져올 수 있어야 한다.

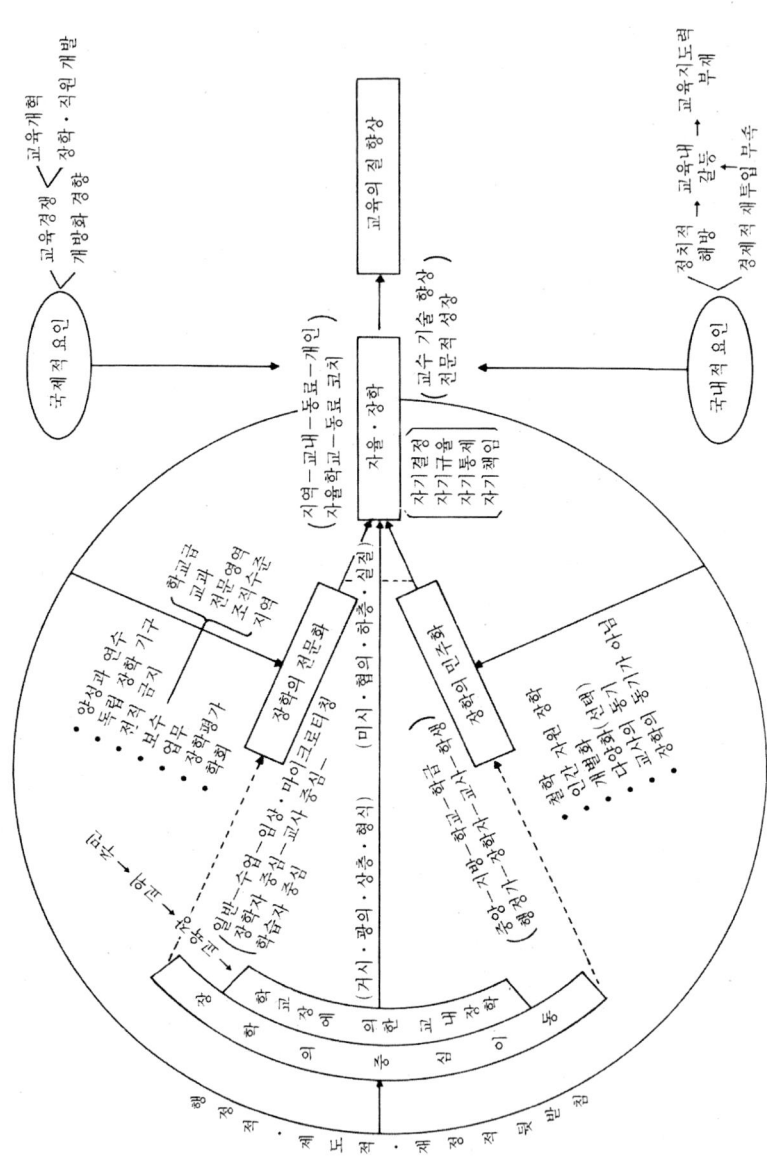

〈그림 2-6〉 교육의 자율화와 장학의 발전방향

이러한 장학의 중심이동은 ① 일반장학·행정적 장학으로부터 수업장학→임상장학→마이크로티칭 등으로 깊이 파고들고, ② 장학자중심장학으로부터 교사중심장학→학습자중심장학으로 관점이 옮겨가기 때문에, 필수적으로 장학의 질이 높아지고 전문화되지 않으면 안 된다. 동시에 장학이 ① 중앙으로부터 지방→학교→학급으로 옮겨가고, ② 행정가로부터 장학자→교사→학생으로 옮겨가 피부에 와 닿는 장학이 되도록 하기 때문에 민주화의 방향과도 일치한다.

장학의 전문화 없이 교육의 질을 높이기는 어렵기 때문에 하루빨리 장학의 전문적 수준을 높여야 하는데, 그러기 위해서는 ① 장학전문가를 별도로 양성하고 또 계속 연수를 하며, ② 독립된 장학전문기구를 두는 방안도 생각할 수 있고, ③ 장학담당자를 전문성 없이 함부로 전직시키지 말고, ④ 충분한 보수로 대우해 주어야 하며, ⑤ 업무를 학교급별·교과별·전문영역별·장학조직 수준별·담당지역별로 전문화시킬 필요가 있으며, ⑥ 장학 자체에 대한 계속적인 평가를 하고 그 결과가 재투입되고, ⑦ 장학관계자를 중심으로 한 학회를 구성하여 학문적 수준을 높여야 할 것이다.

장학의 민주화를 위해서는 ① 교육과 장학·인간에 대한 근본적인 철학의 정립이 우선되어야 하며, ② 교사를 수단시하지 말고 교사의 능력개발 자체를 목적으로 삼아야 하며, ③ 교사의 독특성을 인정하여 가능한 한 장학을 개별화하고, ④ 그러기 위해서는 다양한 장학적 대안을 마련하여 기왕이면 교사에게 맞는 것을 선택하게 하는 방안을 고려할 수 있다.

장학을 민주화한다고 해서 장학을 포기하거나 자유방임으로 방치하는 것으로 착각해서는 안 된다. 민주장학은 교사의 적극적인 참여와 수용을 전제로 하여, 민주장학일수록 더욱더 철저해야 하며 더욱 높은 수준이어야 한다. 따라서 장학의 민주화와 전문화는 자동차의 앞바퀴와 뒷바퀴, 동전의 앞면과 뒷면의 관계와 같다.

교육자와 장학자는 전문가이기 때문에 자율 해야 하고 또 자율 할 수 있으며, 민주인일수록 자율 할 수 있어야 한다. 결국 전문과 민주는 자율을 공통분모로 하기 때문에 ① 장학의 중심이동, ② 전문화, ③ 민주화 등 이 모든 것이 결국 자율화의 방향으로 귀착된다.

그런데 여기서 중요한 것은, 장학의 중심이동이나 전문화와 민주화 그리고 자율장학을 위해서는 행정적·제도적·재정적 뒷받침과 지원이 없이는 모든 것이 불가능하다는 점이다.

한국교육개발원에서는 자율장학을 통하여 우리나라 초·중등교육의 질을 향상시키려는 시도를 하고 있으며, 필자도 이러한 각도에서 이 글의 논리를 전개하였다. 모든 것을 자율에 맡기면 얼마나 좋겠는가? 자율은 인간성숙의 최고 수준이며, 어떻게 보면 인간 완성의 가장 가까운 단계에서 누릴 수 있는 것인지도 모른다. 사람의 성숙 단계에 비유해 볼 때 우리의 교육, 우리의 장학이 자율을 향유할 수 있는 수준에 올라 있다고 판단할 수 있을 것인가? 반드시 긍정적인 대답만을 할 수는 없다.

그렇지만 언제까지나 우리의 교육이 타율에만 의존할 수는 없다. 자율의 기회를 갖고 자율을 경험함으로써 우리의 자율능력은 더욱 증대될 수 있다. 필자도 자율장학이 교육의 질 향상에 기여하리라는 믿음에는 변함이 없다.

그러나 자율장학만이 최선의 방법이고 그것만이 교육의 질 향상으로 가는 유일한 길이라는 생각은 위험하다고 본다. 자율장학도 다양한 여러 장학대안 중의 하나에 불과하다고, 겸손하게 받아들여야 할 것이다.

자율장학을 수용할 수 있는 주변 분위기 그리고 풍토의 성숙 정도와 보조를 잘 맞출 것을 권고한다.

제 3 장
장학의 민주화와 전문화*

1. 서 론

장학은 궁극적으로 교사의 능력을 최대한으로 개발하여 그들의 자아실현을 도와주려는 것이다. 그렇게 되면 아동-학생의 학습은 저절로 향상된다. 이것이 인간자원장학이며, 이 속에 바로 장학의 민주화와 전문화의 의미가 포함되어 있다.

우선 교사를 수단시하지 않고 목적 시 한다는 데 인간화와 민주화의 정신이 들어 있다. 교사 존중사상, 인간 존중사상이 없이 민주화를 아무리 논해도 이는 공염불에 불과하다. 분명한 것은, 입으로 민주주의 않는 사람은 지구상에 하나도 없다는 사실이다. 이제는 진정한 마음으로 그리고 몸으로 민주주의를 실천해야 할 단계에 있다.

한때(1930년대) 미국에서도 협동장학, 민주장학의 시대가 있어서 수평적인 장학이 유행처럼 번진 적이 있었으나 그때도 입으로는 민주였지만 마음과 몸으로는 교사를 수단시했던 것이다. 교사를 기분 좋게 해 주어서 일 잘하게 하자는 생각이었다. 이것을 우리는 인간자원장학과 구별하여, 인간관계

---

* 교육전문직(연구관) 직무연수, 1989, 중앙교육연수원.

장학이라 한다. 우선 교사를 귀중한 존재로 생각하는 정신이 몸에 배어 행동으로 스며 나올 때 진정한 장학민주화는 출발되는 것이다.

이러한 장학의 민주화를 전문성 없이도 달성할 수 있을 것인가? 그리고 장학의 전문성 없이 교사의 능력을 최고도로 발휘할 수 있도록 도와줄 수 있을 것인가?

그렇지 못하기 때문에 필연적으로 장학의 전문화가 뒤따라야 한다. 그래서 장학의 민주화와 전문화는 동전의 앞면과 뒷면의 관계라 할 수 있다. 그러면서도 필자는 민주화를 앞면에 놓고 싶다. 그래서 사실은 주어진 제목이 "장학의 전문화와 민주화"였는데 여기서 순서를 바꾸어 "장학의 민주화와 전문화"로 한 것이다.

장학뿐만 아니라 세상의 모든 일이 점점 더 복잡해지면서 점점 더 전문화 추세에 있다는 것은 누구도 부인할 수 없다. 특히 우리나라에서는 장학직을 교육전문직으로 규정해 놓고도 교육내부에서 스스로 이를 무시하고 있으니, 안타까운 일이다. 주어진 제목 자체가 장학의 민주화와 전문화가 하나의 당위로 받아들여지고 있는데 현실적으로는 그렇지 못하니, 이를 어떻게 실현할 것인가를 이 논제에서 생각해 보라는 의미가 내포되어 있다.

민주화와 전문화의 세계적인 물결은, 교육계는 물론 모든 면에 깊숙이 스며들고 있다.

그러면 우선 장학의 민주화와 전문화는 불가분의 관계이며 우리의 장학이 나아가야 할 당위적 방향이라고 정리해 놓고, 이를 각각 나누어 살펴보고 다시 종합하기로 한다.

2. 장학의 민주화

1) 개념적 양면성

원래 장학이라는 용어 자체가 감독(supervision)이라는 말에서 나왔기 때문에 민주화라는 말과는 출발부터 상반된다. 그렇다고 해도 장학에서 감독적 의미를 완전히 배제할 수는 없다.

여기서 분명한 사실은, 감독할 것은 철저히 감독하고 또 도와줄 것은 철저히 도와주어야 한다는 점이다. 어떤 의미에서는 장학이라는 것은 상반되는 "두 얼굴을 가진 사나이"와 같은 존재이다. 또 "지킬 박사와 하이드 씨" 같은 양면을 갖고 있기 때문에 장학은 민주화에 어려움이 있는 것이다. 그러나 감독적 요소를 줄이고 도와주는 기능을 강화하여 민주화의 방향으로 나가야 한다는 대 전제에는 변함이 없는 것 같다.

영국에서는 지금도 칙임시학관(Her Majesty Inspector)이라고 하여 여왕이 직접 임명하고 더욱이 감독이라는 말보다 더 강한 "Inspector"라는 말을 쓰고 있지만, 영국은 실제로는 그 어느 나라보다도 더 민주적인 장학을 하고 있다고 본다.

2) 권한 위임

장학의 민주화를 위해서는 하부로 권한이 많이 위임되어야 할 것이다. 무엇보다도 학교장을 전문화시켜 수준을 높이고 그 대신 교장이 학교단위의 장학과 행정을 할 수 있도록 강화되어야 한다.

현재 미국과 영국 등에서는 학교단위의 인사, 재정까지 독립적으로 운영하도록 하는 경향이 확대되고 있다. 미국에서는 "School-Site-Management"로, 영국에서는 "Self-Management"로 학교가 자치하고 있으며, 특히 영국에서는 "Governor"라고 하여 "학교운영위원회"가 교장을 뽑고 학교운영을 책임지는 경향이다. 필자는 장학에서 학교단위의 장학을 계속 강조해 왔는데, 이는 이와 같은 민주화·분권화와 맥을 같이한다.

3) 장학에 대한 태도 변화

장학의 민주화를 위해서는 무엇보다도 장학자의 태도가 민주적이어야 한다. 교사의 전문영역을 인정하고 또 장학자의 전문영역을 지키며, 무엇보다도 교사를 돕겠다는 장학적 태도와 도움을 받아서 스스로 성장하겠다는 교사의 태도가 서로 호흡이 맞을 때 비로소 장학의 민주화는 가능해진다.

장학의 권위는 장학담당자의 전문성에서 나오는 것이지 과거처럼 상하관계의 자리에서 나오는 것은 아니다. 그러한 상하관계의 자리에서 나오는 권위라면 오늘의 교사들이 수용하려고 하지도 않을 것이다. 장학에 대한 장학자와 교사 양면에서의 태도의 전환이 장학민주화를 위해서 요구되는 바 크다.

그런 의미에서도 장학의 민주화와 전문화는 자동차의 앞바퀴와 뒷바퀴의 관계로 비유된다.

4) 참여적 의사결정

장학의 민주화를 위해서 또 하나 중요한 것은 참여적 의사결정이다.

민주주의의 요체는 참여에 있다. 집단에 의한 의사결정이 한 사람에 의한 의사결정보다 나은 경우를 우리는 많이 보아왔다. 그러므로 장학적 입장에서도 가능한 한 교사를 참여시키도록 노력하여야 할 것이다. 참여시키기 위한 참여가 아니라 교사의 참여가 진정 좋은 결과를 가져온다는 확신 속에서 나온 교사참여이어야 한다.

특히 ① 교사와 이해관계가 걸린 문제와, ② 교사의 전문성이 결정에 기여할 것으로 기대되는 문제에는 교사를 참여시키는 것이 바람직하다. 또한 학교의 교육목표는 결국 대부분이 교사를 통해서 달성되기 때문에 실제로 일할 사람의 참여 없이 이루어진 일방적인 의사결정은 협조를 받기 어려운 것이다. 교사의 참여에 의한 장학을 할 때는 참여장학이라고 불렀다.

여기서 몇 가지 참여적 의사결정 모형에 대하여 설명할 필요가 있다(〈그림 3-1〉, 〈표 3-1〉 참조).

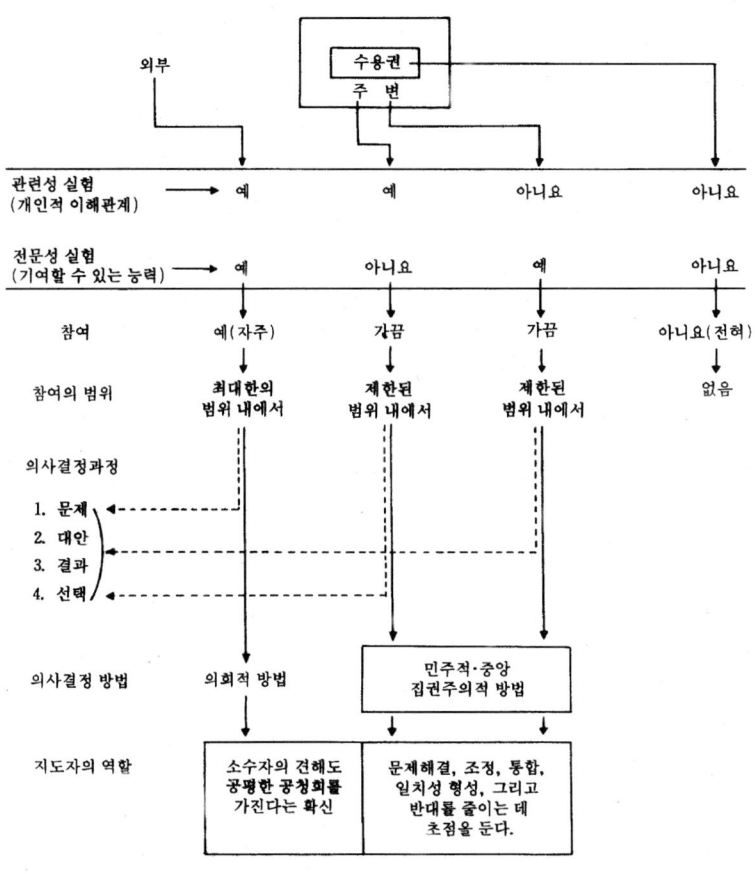

〈그림 3-1〉 공동의사결정 모형

〈표 3-1〉 Vroom과 Yetton에 의한 집단의 의사결정 참여정도

참 여 정 도 전무	표시	설 명
단독(alone)	AⅠ	관리자 단독으로 결정한다.
	AⅡ	하급자에게 정보를 요청하지만 관리자 단독으로 결정한다. 문제가 무엇인지에 관하여 하급자에게 알릴 수도 있고 안 알릴 수도 있다.
협의 (consultation)	CⅠ	관리자는 하급자에게 문제점을 말하고(share) 하급자에게 정보와 평가를 요청한다. 회의는 집단이 아니라 1:1(dyads)로 이루어지고, 그다음에 관리자가 나서서 결정을 한다.
	CⅡ	관리자와 하급자가 문제를 협의하기 위해 집단적으로 회의하지만 결정은 관리자가 한다.
집단 (group)	G	관리자와 하급자가 문제를 협의하기 위하여 집단적으로 회의하고 하나의 전체로서의 집단이 결정한다.

　민주주의, 민주화라는 개념은 형체로는 포착하기 어려운 추상적인 말이다. 그러면서도 교육행정가와 장학자가 도전해야 할 최대의 과제인 것이다. 민주적 생활방식으로 살아갈 수 있도록 하는 것이 교육 전체의 목적이라고 보아도 과언이 아니다. 허공에 뜬 민주주의가 아니라 학생 한 사람 한 사람과 교사 한 명 한 명의 피부에 와 닿는 민주주의의 실현이 장학의 중요한 과제이고 방향임에 틀림이 없다.

　여기서는 ① 어원과 결부지어 민주화를 살펴보고, ② 권한의 위임을 통한 민주화, ③ 장학자의 장학태도와 교사의 수용태도의 변화, ④ 참여적 의사결정을 통한 장학의 민주화 방안 등을 생각해 보았다.

　그러나 자유방임을 민주화로 착각해서는 안 된다. 최근 억눌렸던 욕구들이 한꺼번에 분출되면서 무리한 요구들이 나오고 더불어 장학의 부재현상이 나오고 있는데, 이것까지를 장학의 민주화로 오해해서는 안 된다는 점을 강조해 두고자 한다.

다른 나라들이 교육의 질 향상을 위해서 합심단결 하여 전심전력으로 최선의 노력을 경주하고 있는 이때에 우리가 교육 본질 외적인 일로 몸살을 앓고 있는 것은 슬픈 현실이 아닐 수 없다. 장학민주화의 올바른 길을 찾아야 한다.

3. 장학의 전문화

자동차의 앞바퀴인 민주화가 제대로 방향을 잡아 돌아갈 때 비로소 뒷바퀴인 장학의 전문화도 궤도를 바로잡아 따라가게 된다. 장학의 전문화를 위해서도 제안할 것이 많겠으나 여기서는 우선 ① 장학조직 수준별 전문화, ② 장학사 양성 프로그램, ③ 기타 행정적·제도적 장치 등의 세 측면으로 나누어 살펴보기로 한다.

1) 장학조직 수준별 전문화

현재는 우리나라의 장학이 각 조직 수준별─교육인적자원부, 시·도교육위원회, 시·군교육위원회, 학교─로 하는 일이 전문화되어 있지 않은데, 앞으로는 각 수준별로 강조점을 달리하고 각각 접근을 달리하여 궁극적으로는 교사의 수업개선을 도와주는 데 집중해야 할 것이다. 그 이유와 근거를 다음과 같은 몇 가지로 생각해 볼 수 있다.

첫째, 교육인적자원부, 시·도교육위원회, 시·군교육위원회, 학교, 교사양성기관별로 장학의 강조점과 기능을 달리하고 접근을 달리하면, 적은 장학인력으로도 장학은 현재보다 훨씬 전문화될 수 있다. 특히 시·도교육위원회와 시·군교육위원회의 장학이 현재는 교육인적자원부와 학교 사이의 중간역할만 하고 있는데 앞으로 교육자치제가 되면 시·군 수준의 장학이 주도적·핵심적 역할을 해야 할 것이다. 이를 위해서는 지금부터 이들 수준의 장학을 보강하기 시작해야 할 것이다. 안타깝게도 현재로서는 각 조직에 있는 장학담당자들이 전문화되어 있지도 않고 또 장학 상 특성도 찾아보기 어렵다.

둘째, 교사양성기관의 장학적 역할을 강조하고 타 기관과 협조해야 하며 장학에 관한 이론·연구·기술의 원천으로서 계속 뒷받침하는 역할을 해야 할 것이다. 직전교육 중에 있는 학생을 위한 학생장학과 기성교사에 대한 장학을 체계적으로 연결시킬 필요가 있다.

셋째, 교내장학을 강화하고 학교장에 의한 장학의 전문성을 높여야 한다. 학교장의 능력으로 보아, 또 교사의 구성으로 보아 교내장학에 맡겨도 좋다고 판단되는 학교에 대하여는 시·군 또는 시·도교육위원회의 장학에서 제외하고 대신 그 여력을 장학을 필요로 하는 다른 학교의 장학에 집중하면 전문화 면에서 도움이 될 것이다. 교내장학에 일임해도 좋을 만큼 역량을 갖춘 학교를 차차 늘려 나간다든지 돌아가면서 이런 교내자율장학의 학교를 지정하면 장학력은 집중되고 더 전문화될 수 있을 것이다.

넷째, 장학조직 수준별로 달리하는 여러 측면의 다양한 장학접근으로 교사에게 미치는 장학력은 증가될 것이다.

구체적으로 각 장학조직수준별로 장학에서의 강조점과 방법을 예시하면 다음과 같다.

(1) 교육부장학

교육부장학은 장학방침의 설정, 교육과정의 개발 및 질 관리, 장학평가, 교사양성기관이나 중앙교육연수원과 협조하여 장학사 양성 등 정책적 장학에서 지도력을 발휘한다. 그리고 장학연구기관을 지정하여 장학에 대해 계속적인 연구적 접근을 한다. 교육인적자원부에는 이런 장학업무를 수행할 수 있는 장학사와 장학관을 배치해야 한다.

(2) 교사양성기관의 장학

교사양성기관에서는 학생장학(예를 들면 교생), 능력중심장학(competen-cy-based supervision), 임상장학, 마이크로티칭, 직원개발(staff develo-pment), 프로그램 개발, 교육인적자원부와의 협조 하에 장학사 양성과 연수 등에 집중하고, 교육위원회와 협조하여 교사센터(teacher center), 자료센터(resource center)를 운영하여 현장에 봉사해야 하며, 전문가에 의한 카운슬링도 담당한다. 또한 장학이론과 방법을 개발하여 이를 현장에 제공하는 지식의 원천 기능을 발휘할 수 있어야 한다.

(3) 시·도교육청의 장학

광역 지방교육자치의 단위로서 장학의 지역적 특성을 살리는 데 노력해야 한다. 연구원과 협조하여 장학기술을 개발하고 특수분야의 장학(예를 들면 특수교육장학, 유아교육장학, 직업교육장학 등), 전교육과의 장학, 직원개발 프로그램, 대학·교육청과의 협조 하에 교사센터를 운영하고, 교사의 카운슬링과 시·군교육청장학과 학교장에 대한 자문에 응한다.

(4) 시·군교육청의 장학

수업·임상장학 등 구체적이고 실질적이며 교사의 피부에 와 닿는 장학에 집중한다. 그리고 교사연수회, 강연회, 교사의 카운슬링을 담당한다. 유능한 교장을 중심으로 3~4개 학교를 묶어 지역장학협력기구를 만들어 학교 간 장학에 위임하면서 재정·기술적 지원을 하는 방안도 고려할 수 있다. 장학사가 학교를 방문하듯이 유능한 교장으로 하여금 인근학교를 방문하여 장학하도록 하는 방안도 생각할 수 있고, 두 개 학교씩 짝을 지어 상호방문하게 하는 방안도 고려할 수 있다. 시·군교육청 내 유능한 교사를 자원교사(resource tea-cher 또는 float teacher)로 하여 인근학교 교사를 돕도록 하는 방안도 생각할 수 있다.

그리고 충북교육청처럼 시·군교육청 장학의 전문인력을 확보하기 위하여 몇 개의 시·군을 묶어 협동장학을 하면 각 전교육과담당 장학사를 활용할 수도 있다.

(5) 학교수준의 장학

물론 교장 주도하에 수업·임상장학에 집중하되 교과나 학년 또는 비슷한 수준에 있는 3~4명의 교사를 소집단이나 팀으로 하거나 경력교사와 초임교사를 짝으로 하는 동료장학을 활발하게 전개할 수도 있다. 또 능력 있고 의욕 있는 교사에게는 개인적인 자기장학을 선택할 수 있는 기회를 줄 수도 있다. 학교가 대형화하여 임상장학이나 마이크로티칭에 의한 장학을 전원에게 적용하기 어려우므로 교사들로 하여금 몇 가지 장학대안들 중에서 자신에게 맞는 장학을 선택하게 하는 선택적 장학체제도 고려할 수 있다.

지금까지 각 장학조직 수준별로 전문화시킬 내용을 요약하면 〈그림 3-2〉와 같다.

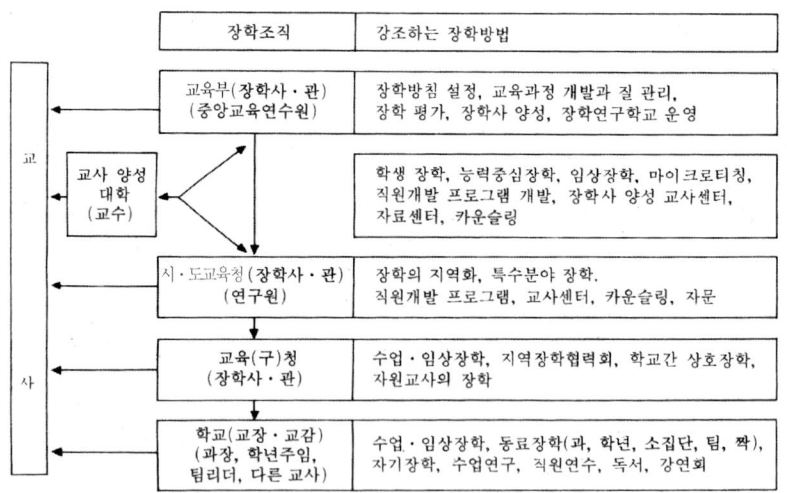

〈그림 3-2〉 장학조직에 따른 장학의 강조사항

여기서 각 장학조직 수준별로 분산되어 있는 장학인력을 영국의 HMI처럼 독립전문기구로 한 곳에 모으는 방안도 연구해 볼 필요가 있다. 영국은 여왕이 임명하는 칙임시학관 480명으로 전국의 장학을 관장하고 있다. 더구나 53개 대학교(universities)를 제외한 단과대학(colleges)과 기술대학(polytechniques)의 장학까지 이 인력으로 담당하고 있다(대학교는 교사교육, 성인교육, 계속교육 부분만 장학한다).

〈표 3-2〉 영국 고등교육 장학조직표

담당영역	미술·디자인	계속교육	연속교육	청소년·지역사회	농업·식품	……고등교육담당의 경우 13개 영역
담당장학관						
북 부						
서 북 부						
중 부						
동 부						
특 별 시						
남 부						
서 남 부						

말할 것도 없이 이들은 순수한 장학적인 일만 하고 있다. 여기에서 유의할 점은, 이렇게 중앙에만 독립적인 장학기구를 둘 경우 중앙집권화를 방지하는 방안도 동시에 강구해야 한다는 점이다.

영국의 장학조직은 칙임장학실장 1명(Senior Chief Inspector, SCI)에 7개 전문영역별 최고장학관(Chief Inspector, CI)을 두고, 그 밑에 ① 초·중·고등교육 등 단계(phases)별, ② 특수교육·계속교육 등 전문영역(aspects)별, ③ 영어·음악 등 전교육과(subjects)별 전문장학관 60여 명을 두고 있으며, 동시에 영국을 7개 지역으로 나누어 관장하는 지역장학관(Division Inspector, DI)을 두어 각 단계(초·중·고등교육)별로 〈표 3-2〉와 같은 행렬조직표로 전문화하고 있는데, 장학의 전문화 측면에서 많은 시사를 받을 수 있다. 그리고 이 행렬표에 빈자리가 생길 경우 전국적으로 공개하여,

해당분야 전문가로 보충하고 있다. 이 장학조직은 횡적으로는 지역장학을 하는 동시에 종적으로는 국가적 수준의 전문영역 장학을 한다.

2) 장학사 양성 프로그램에 의한 전문화

장학조직 수준별로도 전문화되어야 하지만 장학담당자 개인별로도 전문화되어야 한다. 또한 장학직 전체를 근본적으로 전문화시켜야 한다. 장학직을 "교육전문직"으로 규정해 놓고도 전문성 없이 가르치는 일과 장학하는 일, 행정과 관리하는 일로 전문성 없이 오락가락 전직하는 현실은 장학의 전문화를 위해서는 슬기로운 일이라 할 수 없다. 결과적으로, 장학담당자에게 전문성이 없는 것을 잘 알고 있는 교사들이 장학사의 장학적 영향력을 기꺼이 받아들이려 하지 않을 것은 뻔한 사실이다. 여기서 장학직의 전문화 방안을 몇 가지로 생각할 수 있다.

첫째, 교사양성과 마찬가지로 장학사를 근본적으로 장학사 양성기관에서 별도로 양성하는 것이 가장 바람직하다. 일정한 교직경력과 교과 또는 학년부장 이상의 행정경력을 가진 우수한 교사 · 교장을 선발하여 장학사 코스의 석사과정을 이수하게 한다든지, 한국교원대학교 같은 데에 장학사양성과정을 설치하여 장학사와 장학관 자격증을 수여하여 이들을 장학현장에 채용하고 평생을 장학직에 봉사하게 하는 것이다. 물론 이에 상응하는 대우가 뒤따라야 장학에서 평생의 보람을 찾으려고 할 것이다.

장학사는 교사 · 교감 · 교장과는 하는 일이 엄격히 다르고 더 높은 별도의 전문성이 요구된다고 판단되기 때문에 "교육전문직"으로 분리해 놓았다면, 이에 상응하는 자격증이 있어야 할 것이다. 자격증도 필요 없는 전문직이 세상에 어디 있단 말인가?

〈표 3-3〉 장학사에게 요구되는 자질

A. 교육과정 개발	F-2. 교사의 개인적 성장을 위한 개발
A-1. 수업목표설정	F-3. 현직연수 계획
A-2. 수업의 단원 설계	F-4. 현직연수의 실시
A-3. 교육과정의 개발과 수정	F-5. 지도 역할의 훈련
B. 교수자료의 제공	F-6. 요구 조사
B-1. 학습자료의 평가와 선정	F-7. 기본 계획 설계
B-2. 학습자료의 제작	F-8. 현직교육 프로젝트의 작성
B-3. 학습자원의 평가와 활용	F-9. 자기 수업물 설계
C. 교수직원의 인사	F-10. 연속 훈련 프로그램의 설계
C-1. 교수직원 계획의 개발	G. 홍보활동
C-2. 직원의 보충과 선발	G-1. 지역사회에 대한 정보제공
C-3. 직원의 배정	G-2. 지역사회 활동에의 참여
D. 수업의 조직	G-3. 여론의 활동
D-1. 현존 수업구조의 개정	H. 수업시설의 제공
D-2. 수업 프로그램의 융합	H-1. 교육시방서의 개발
D-3. 새로운 조직의 운영 감독	H-2. 시설 개편 계획
E. 특수학생 봉사업무	H-3. 시설물의 공급
E-1. 봉사에 대한 분석과 보장	I. 수업평가
E-2. 전문직원에 대한 안내와 활용	I-1. 수업관찰과 분석
E-3. 봉사 계획	I-2. 질문지 작성
E-4. 봉사의 평가와 활용	I-3. 심층적 면접
F. 현직교육	I-4. 자료분석과 종합
F-1. 임상장학	

　　장학사 양성에 필요한 프로그램에 대하여는 별도의 깊은 연구를 해야 한다. 프로그램은 교양이다, 교직이다 하여 핵심을 흐리지 말고 완전히 장학에만 초점을 맞출 것을 강조한다. 현재 교감·교장반 강습이라는 것도 교육행정가 또는 학교행정가 연수에 조점을 맞추지 못하고 교양이나, 교직이다, 교과교육이다 하여 핵심을 흐리고 있는 것은 잘못된 현실이다. 심하게 말하면 교수·강사들의 나눠 먹기식 프로그램에 교육행정의 전문성이 희생당하고 있다고 할 수 있다. 장학담당자에게 요구되는 자질목록은 그런 자질을 기르기 위한 양성 프로그램에 참고가 될 것이다(〈표 3-3〉 참조).

둘째, 별도의 장학사 양성과정을 설치하기 어려운 사정이라면 장학사로 선발된 후에라도 철저한 연수과정을 거치도록 해야 한다. 장학직에 처음 들어올 때 일정의 연수교육을 받은 후 상급 장학사의 철저한 지도하에 있어야 하며, 또 해마다 주기적인 교육을 받아야만 하는 법적 조치까지 이루어져야 한다. 엊그제까지 동료교사이던 초임장학사가 이런 전문교육도 받지 않은 채 장학에 임했을 때 교사들 편에서 어떻게 받아들이겠는가? 장학직에 있는 사람들 스스로가 장학직의 전문적 질 관리에 신경을 써야 한다.

앞에서도 언급된 영국의 칙임시학관은 교육과학성(Department of Education and Science)이나 지방교육당국(Local Education Authority)으로부터의 독립은 물론 정치의 영향으로부터도 독립하고, 관료의 영향에서도 벗어나며, 또 전문가로 인정하기 위해 ① 여왕이 직접 임명하며, ② 해당 전문가로만 빈자리를 채우고, ③ 1년간의 수습기간을 거치며(우리나라의 파견교사 제도를 이러한 수습기간의 긍정적인 측면으로 활용할 수도 있다.), ④ 일정한 연수과정을 거치고, ⑤ 해마다 정기적 연수를 하고, 특히 ⑥ 1년에 46주를 근무(단과대·기술대 교수는 32주 근무)하는데 ⑦ 그중 14주는 해외연수 등의 연수에 사용하고 있는 점[1989. 4. 17, 영국 칙임시학실 고등교육담당 최고시학관(Chief Inspector) Mr. Terry Melia와의 면접] 등은 우리의 장학전문화를 위한 연수에 많은 점을 시사해 준다. 그들이 이와 같은 장학적 질 관리를 하기 때문에 그들의 권위를 누리고 있는 것이다.

셋째, 이러한 정부의 공식적인 장학사 양성과정이나 연수과정이 없다고 하더라도 일단 장학직에 임했으면 장학사 개인적으로라도 전문성을 확보하기 위하여 부단히 피나는 노력을 해야 할 것이다. 장학직에 임해서 교사의 존경 대상이 되지 못하고 놀림감이나 비난의 대상이 된다면 그 자리에 안 간 것만 못하다. 어려운 일이기는 하지만 대학원 과정을 밟는다든지 학술지를 구독하고 더불어 학회활동 등을 하여, 자신의 전문성을 기르기 위하여 개인적으로라도 노력할 수밖에 없다.

여기서 다시, 가칭 장학연구회 같은 학회를 조직하고 장학학술지를 발행하는 일이 촉진되어야 한다는 점을 제안하게 된다.

3) 기타 행정적 · 제도적 장치를 통한 전문화

앞에서 언급한 전문화의 방안에도 행정적 · 제도적 뒷받침이 있어야 하지만 그 외의 몇 가지를 더 제시하고자 한다.

첫째, 장학의 전문화를 위해 인사면에서 장학직에 빈자리가 생기면 요구되는 자격과 기준을 정하여 전국적으로 공개 채용하여 최고의 우수한 인력을 확보하는 방안을 생각할 수 있다. 또한 같은 장학직 안에서의 잦은 인사이동을 피하고, 임무를 잘 수행하면 같은 자리에서 승진하고 발전하며, 평생을 보장해 주는 방안을 강구해야 할 것이다. 그리고 보조원과 비서를 배치하여, 장학사는 장학적인 전문적 업무만을 수행하도록 해야 한다.

둘째, 보수와 신분 면에서 충분한 대우가 있어야 하며 누구의 영향도 받지 않도록 전문적 독립성이 유지되어야 한다.

우리의 장학사들이 철새―비유가 적당치 못할는지 모르지만―처럼 이 자리 저 자리로 옮겨 다니지 않도록 해야 하고 또한 사다리 타는 데 급급하지 않도록 해야 하며, 수평적 전문성을 찾고 거기서 삶의 의미를 발견할 수 있도록 해야 한다.

장학의 전문성 없이 교사의 전문성을 보장하기 어렵고, 장학의 권위를 깎아내려 교사의 권위가 올라가리라는 논리가 성립될 수 없다는 사실을 교사들도 직시해야 한다.

이제까지 장학의 전문화 측면에서 ① 장학조직 수준별로 전문화시키고, ② 장학사를 별도로 양성하며, ③ 장학 전문화를 위한 행정적 · 제도적 뒷받침이 있어야 한다는 점을 제안하였다.

4. 맺는 말

오늘날처럼 장학이 강조되는 때도 드물다고 본다. 각 나라들이 교육의 질을 높이기 위해 장학에 비상한 관심을 기울이고 있으며 우리나라 안에서는 교사들의 동요와 혼란으로 장학부재현상이 일어나고 있는데, 이런 때일수록 장학이 절실히 요구된다. 최근의 교사들의 동요가 정치·사회적 변화의 영향도 있지만 과거의 비민주적, 비전문적 장학에 대한 반작용의 원인도 있다는 점을 감안할 때 깊이 반성하지 않을 수 없다. 일방적이고 강압적이며 일관성 없는 장학, 정치에 놀아나 덩달아 춤춘 교육과 장학에 회의를 느낀 교사들이 지켜야 할 선을 넘어 과격해지고, 장학의 벽은 넘어져 무방비 상태에 있다. 이런 때일수록 장학의 고도의 전문성이 요구되는데, 아직도 인습에 빠져 있는 느낌이다.

말로만의 민주화·전문화가 아니라 실질적인 실천으로의 민주화와 전문화의 바퀴를 굴려 우리나라 교육의 올바른 방향으로 운전해 나아가야 한다. 이런 때일수록 그 직을 차지하고 있는 장학담당자는 움츠러들지 말고 근본적으로 본질적인 방향을 모색하여, 그 방향으로 운전해 나아가야 한다. 미봉책은 쉽게 무너짐으로써 더 거친 힘이 되어 수습할 수 없는 극단의 상태에 이르도록 영향을 준다.

우리나라가 발돋움하려는 찰나에 교육은 동시에 위기를 맞고 있다. 위기상황은 퇴보와 파멸의 계기도 되지만 이용하기에 따라서는 비약적인 발전의 계기도 되는 것이다. 정치와 군대, 경찰, 판·검사에 회의를 느끼고 식상한 국민들에게 성직자와 교육자들마저 희망을 주지 못한다면 국민들은 어디에 한 가닥 희망과 기대를 걸 것인가? 지금과 같은 위기상황에서 교육을 이끌어나가는 교육지도자(educational leaders)인 장학담당자에 대한 기대가 자못 크다.

참고문헌

이 강의에서 미처 다루지 못한 이야기는 다음 참고문헌을 이용하여 주시기 바랍니다.

주삼환(2006), 장학: 장학자와 교사의 상호관계성, 경기: 한국학술정보(주).
주삼환(2005), 임상장학방법, 경기: 한국학술정보(주).
주삼환(1986), 장학론: 선택적 장학체제, 서울: 문음사.
주삼환, 장학·교장론 특강, 서울: 성원사, 1988.
주삼환·신익현, 인간자원장학론, 서울: 배영사, 1987.

제 4 장
요청장학으로의 방법 전환*

1. 장학적 현황

GNP 4,000달러의 문턱에서 교육계가 온통 혼돈상태에 빠져 있다. 모두가 단합하여 교육목표달성을 위하여 전력투구를 해도 어려운 일인데, 교육을 이루는 모든 구성원들이 갈라지는 현시점을 가히 위기라 이르지 않을 수 없다.

미국 항공우주국(NASA)에서는 인공위성 하나 띄워 올리는 것을 40만 명이 연주하는 오케스트라라고 하는데, 교육이야말로 전국민이 각각 다른 소리를 내는 악기로 하나의 곡을 연주하는 교육 오케스트라이어야 한다. 단원 중의 한 명만 이상이 생겨도 이 교육 오케스트라는 망치는 것이다. 그런데 학생, 학부모, 교사, 교육행정가 모두가 갈라지고 있으니 심히 우려하지 않을 수 없다. 특히 교사와 교육지도자 사이에 틈이 벌어지는 것은 분명히 교육의 질 저하를 가져올 것으로 본다. 다른 나라들이 교육의 질 향상을 위하여 국력을 기울이는 상황에서 우리는 반대 방향으로 가고 있으니, 국제경쟁에서

---

* 교육전문직 과정 워크숍, 장학사반 제5기, 1989, 중앙교육연수원.

주저앉고 말 것 같아 불안하기까지 하다. 우리가 어린이와 청소년들을 그렇게 들볶아 놓고, 선생님들을 바쁘게 만들어 놓고, 여기서 주저앉는다면 너무나 억울한 노릇이다. 우리가 현명한 민족이라면 여기서 빨리 갈피를 잡아 제자리로 돌아가야 할 것이다.

어쩌다가 이런 상황이 되었는가? 주원인은 정치적 바람에 있다고 본다. 정치적 변혁이 교육계에도 불어 닥친 것이다. 정치에서 승리감을 맛본 집단들이 교육까지도 정치적으로 흔들어 놓으려 하고 있다. 또 과거에 정치가 지나치게 교육을 이용해 오고 또한 교육이 정치에 이용당했던 것도 사실이다. 둘째는, 교육과 경제의 불균형에도 원인이 있다고 본다. 교육의 뒷받침으로 경제가 어느 정도 일어섰으면 경제가 교육에 재빨리 재투입되었어야 한다. 그런데 그것이 엉뚱한 향락산업 같은 곳으로 빠져나감으로써 교육자들은 과거 선배들이 가졌던 선비사상과 같은 정신도 잃고 현대의 황금사상 속에서 물질마저 잃음으로써 교육계에 동요를 가져온 것이다.

셋째로 중요한 요인은 교육계 내부에도 있었다고 본다. 세상이 변하는 줄도 모르고 권위주의와 비리가 내재해 있었고, 특히 장학적 측면에서 장학지도력(supervisory leadership)이 교사들에게 미치지 못하고 있었던 것이다. 말하자면 교사와 밀착되지 못하는 장학이었다고 본다. 교사를 올바른 곳으로 인도하지 못하여 서로 다른 물에서 노는 고기처럼, 마치 이방인처럼 그들은 느끼고 있었던 것이다. 아무리 정치적 바람과 경제적 상실감이 닥쳐왔어도 교사와 교육지도자 사이가 밀착되었더라면 안정은 유지되고 오히려 외부의 압력으로 교육계는 더욱 단단하게 뭉쳐졌을 것이다. 예를 들면 교장임기제니 선출제를 정치공약으로 내걸었어도 교육계가 단합하여 오히려 이를 거부했을 것이며, 경제적 불균형도 단합된 힘으로 따낼 수 있었을 것이다. 여기서 중요한 것은, 교육지도자의 수준을 높이는 데 정부도 교육자 자신도 너무나 게을렀다는 반성점이다.

이제 교육현장에서는 장학의 "장"자도, 지도의 "지"자도 꺼내기 어려운 상황에 있다. 모든 것을 간섭하지 말고 교사 멋대로 하게 내버려두라는 판이며, 무법·탈법으로 한 아이에게 두 어머니가 나타나는 판이니, 장학사가 아니라 솔로몬 왕을 필요로 하게 되었다. 어른들은 이해관계 때문이라고 하지만 아이들은 무슨 죄가 있어서 이런 비극적인 쇼를 보아야 하는가? 이러한 장학적 상황을 극복하기 위해서는 장학지도자가 그야말로 솔로몬왕의 지혜를 가져야 한다.

2. 요청장학

1) 개 념

우리는 갖가지 이름의 장학형태에 접하게 되었다. 집단장학과 개별장학, 종합장학, 확인장학, 교육부장학, 교위·교육청장학, 교내장학, 동료장학, 자기장학, 지구별 협력장학, 임상장학, 수업장학, 요청장학, 통신장학, 선택적 장학, 발달(전)장학, 과학적 장학, 기예적 장학, 불시장학, 예고장학······ 등, 어떻게 보면 장학 종류의 홍수를 이루고 있는 것 같다. 그런데 조심해야 할 점은, 분류의 기준을 분명히 하는 일이다. 또 하나는 통용되지도 않고 별로 쓸모도 없는 이름을 자꾸 만들어낼 필요는 없다는 점이다. 요청장학도 이들 여러 장학의 형태 중 하나이다. 그러나 다른 나라의 장학문헌에서는 요청장학이라는 이름은 찾기 어렵다는 것이 특기할 만하다.

요청장학은, 일선에서는 환영하지도 않는 형식적이고 상투적이며 연례행사적인 장학에 대한 반작용으로 나온 이름이라고 본다. 즉 일선 학교나 교사가 장학의 필요성을 느껴 장학자를 초청함으로써 이루어지는 장학이라고 할 수 있다. 이는 장학의 내용이나 장학방법상의 분류라기보다는 장학이 이루어지는 원인이나 형식에 의한 분류라고 할 수 있다.

요청장학은 다시 기관수준과 개인수준으로 나누어 볼 수 있다. 서울 시내

한 고등학교가 서울시교육청 중등교육과에 장학을 요청하는 경우는 기관 수
준의 요청장학이다. 또한 어떤 학교의 한 교사가 그 학교 교장이나 또는 교육
청이나 교위의 장학사에게 개별적으로 장학을 요청하고 지도받기를 원한다면
이것 역시 개인수준에서의 요청장학이라고 할 수 있다. 그러나 개인교사가 장
학을 요청하는 경우는 별로 없기 때문에, 통상적으로 학교장이 교육청에 장학
을 요청하여 이루어지는 장학을 요청장학이라고 할 수 있다.

〈여기에 이어서 다른 종류의 요청장학을 들어 보시오.〉

2) 사 례

서울시교육청에서는 유치원·초등학교·중학교의 "학교장학은 학교의 요청
에 의하여 학교 교육현장의 당면과제를 협의, 조언, 지원함으로써 장학기능의
효율화를 도모"하도록 하고, 고등학교에 대한 장학은 교육위원회가 직접 요
청장학과 개별장학을 하도록 하고 있다.
그러면 여기서 서울시 교위의 1989학년도 고등학교 요청장학의 계획을 인
용하기로 한다.

(1) 대상: 전체 고등학교 263교
(2) 기간: '89년 4월~11월
(3) 방법
  • 요청교과 또는 요청영역에 따라 교과별·영역별·장학반을 편성하여 장학
    에 임하되, 장학사(관)를 지명하여 장학을 요청했을 때는 당해장학사(관)
    로 하여금 장학에 임하도록 한다.
  • 장학반에는 연구사, 교감, 교사를 포함시킬 수 있다.
  • 장학사(관)는 장학에 앞서 요청 내용에 대한 철저한 사전 연구와 자료를
    준비하여야 한다.

- 장학은 협의·토론 중심으로 진행한다.
- 수업연구에 대한 협의·조언 및 영역별 교육활동 연수자료 등을 제공하여 학교교육 발전에 도움이 되도록 한다.
- 일·시를 지정하여 장학을 요청하는 경우 1주일 전에 요청하도록 한다.
- 불가피한 사정으로 인하여 학교가 요청한 일정에 장학이 불가능할 경우에는 학교와의 사전 협의로 일정을 조정한다.
- 학교 담당장학사는 담당학교로부터 '장학요청서'를 받아 장학업무 담당장학사에게 제출한다(장학 후에는 '협의 내용', '교수학습활동참관록', '○○과 협의록'을 포함하는 요청장학록을 작성하고 있다).

〈여기에 이어서 더 많은 사례를 들어 보시오.〉

3) 장·단점

이와 같은 요청장학은 여러 가지 이점과 장점을 갖고 있다. 첫째, 학교의 필요에 의한 장학을 할 수 있다. 학교가 교육목표 추구활동을 하다가 필요한 교과, 필요한 영역에 대한 장학을 요청할 수 있다. 그리고 학교계획상 필요한 시기에 장학을 할 수 있으며, 1주일 전에만 장학을 요청하면 필요한 장학을 편리하게 받을 수 있다. 그런 의미에서 장학의 비중이 학교 쪽으로 많이 쏠리게 되는 좋은 점이 있다.

둘째, 교육위원회에서는 장학을 요청받았을 때 필요한 교과와 필요한 영역의 장학전문가로 장학반을 구성하여 사전준비를 철저히 하여 질 높은 장학을 할 수 있다. 그리고 다른 장학인력은 안정되게 다른 장학업무를 추진할 수 있다는 장점이 있다. 그리고 요청장학으로 할 수 없는 부분은 "개별장학"으로 보완할 수 있다.

셋째, 장학에 초청을 받고 초청을 한다는 일은 피차에 기분 좋은 일이다. 뿐만 아니라 장학의 출발로서 가장 중요한 상호신뢰성이 형성된다. 초청을 하고 초청을 받을 정도라면 장학의 상호 관계성은 바람직한 상태로부터 출발되었으므로 그다음에 이어지는 장학의 과정도 바람직하게 전개될 것으로 기대된다.

그러나 현시점에서 여러 가지 문제점도 있다. 첫째, 자발적으로 장학을 초청하고자 하는 학교가 얼마나 될 것인가가 의문시된다. 초청하지 않으면 억지로 초청하게 하거나(옆구리 찌르고 절 받기) 아니면 초청하는 학교에 유인가나 보상을 해 주는 방안을 동원해야 할 것이다. 교사나 학교가 배우고 발전하고자 갈증과 허기를 느낀다면 얼마나 좋겠는가?

둘째는 교육위원회나 교육청이 초청에 응할 만큼의 준비가 되어 있느냐에 회의적이다. 장학진의 수가 적고 일상적인 잡무로 시달리고 있는 것을 일선학교에서도 잘 알고 있다. 그리고 요청장학에 응하기에 벅찬 너무나 많은 학교를 부담하고 있다(서울시의 경우, 263개교의 초청에 충분히 응하기에는 어려울 것이다).

셋째, 교육계에서 전반적으로 초청에 의한 장학을 할 수 있는 장학풍토가 성숙되지 못했다는 점이다.

〈여기에 이어서 장·단점, 문제점, 장애요인을 더 열거해 보시오.〉

그러나 학교계획과 필요에 상관없이 불시에 방문하여 실시하는 장학의 형태보다는 바람직한 방향이므로, 앞으로 어려움을 극복하고 그 방향으로 지향해 나가도록 해야 할 것이다.

4) 요청장학의 전제

요청장학이 이루어지기 위해서는 우선 장학담당자 측에서 전문성을 갖추고 또 신뢰를 받아야 한다. 충분히 도움을 줄 수 있다는 믿음을 주기 위해서는 자질을 갖춘 장학사를 선발·교육, 자격을 갖추고 계속적인 연구를 해야 한다.

학교나 교사 측에서도 기꺼이 장학을 받고자 하고 계속 성장하고자 하는 동기유발이 필요하다. 그리고 장학으로 한꺼번에 문제가 해결되는 것이 아니라 어느 정도 장학적 도움을 받고 최종적으로는 자신이 해결하는 것이라는 점을 이해해야 한다. 교사의 성장의욕과 동기유발이 무엇보다도 전제되어야 한다.

장학상황·풍토가 바뀌어야 한다. 불신과 눈 가리기식, 숨바꼭질의 상황에서는 이름만 바꾼 강제장학으로 실패하기 쉽다.

〈여기에 이어서 요청장학이 성공을 거두기 위한 기본적인 전제조건을 제시해 보시오.〉

3. 요청장학을 지향하여

요청장학은 장학의 이상형이라고 할 수 있으며, 교사주도·학교주도의 장학으로서 선진국장학의 중심이 되고 있다. 장학은 장학담당자의 필요에 의하여 이루어지기도 하지만 적극적인 의미에서는 교사의 필요에 의하여 이루어지는 것으로 볼 수 있다. 그래서 요청장학은 학교 수준의 기관차원의 요청에서 교사 개인차원으로 확대되어야 한다.

그러나 현재의 상황은 요청장학을 실현하기에는 ① 장학담당자 측면에서도, ② 피장학자인 교사의 측면에서도, ③ 장학 상황 측면에서도 어려운 여건에 있다. 그렇다고 형식만 요청장학으로 이름 붙여 놓고 실질적으로는 강제장학을 하게 된다면 더 많은 불신과 실망을 불러일으키게 될 것이다. 요청장학은 교사와 학교의 자발성에 바탕을 두지 않으면 실패한다는 것을 명심해야 한다.

그러면 모든 장학을 요청에만 맡길 것인가? 그럴 수 없다고 본다. 교사교육의 질이 그리 좋지 않으며 학교교육을 책임지고 있는 학교장의 수준이 다른 나라에 비하여 그리 높은 것도 아니다. 그런데 수많은 사람, 넓은 공간과 시간을 다루는 거대한 공기업인 국가교육의 질을 관리해야 하는 장학을 전적으로 고객인 교사와 학교의 요청에만 의존할 수는 없다. 그러므로 요청장학은 여러 장학형태 중 한 작은 부분으로 고려되지 않으면 안 된다. 요청이 너무 많아도 어려울 것이며 너무 없어도 유명무실하게 될 것이다. 요청이 없어도 일반장학은 진행될 수 있어야 한다.

또 모든 영역을 요청장학이 감당할 수는 없을 것이다. 이런 의미에서 서울시교육청이 교과장학과 특별영역의 장학에만 국한시킨 것은 잘한 일이라고 본다. 미리 요청장학으로 자신 있게 감당할 수 있는 메뉴나 레퍼토리를 제시해 주고 그 범위 내에서 요청하도록 하는 방안도 고려할 수 있을 것이다.

다른 장학에도 공통되는 일이지만 요청장학이 성공을 거두기 위해서는 장학담당자의 질을 높여야 하는데, 무엇보다도 훌륭한 장학사 후보를 선발하여 훈련과 연수차원보다 높은 양성교육과 수습기간을 거쳐 전문자격증을 부여하고, 채용한 후에도 계속적인 연수활동을 통하여 전문성을 기르는 길밖에 없다.

장학의 민주화·자율화와 함께 요청장학은 필요하지만 무리하게 이를 추진하다가 장학을 더 이상 약화시키거나 포기하는 상황이 되어서는 안 된다.

앞으로 장학지도력은 더욱 강화되고 높은 수준이 되어야 하는데, 장학방법을 모두 요청장학으로 전환하는 것은, 경계한다.

〈성공적인 요청장학을 위한 전략을 중지를 모아 열거하여 보시오.〉

제 5 장
수업장학과 장학담당자의 역할*

1. 수업장학의 강조

　최근 수업장학에 대한 관심이 집중되고, 또 교내장학을 강조하는 현상이 나타나고 있다. 이는 아주 바람직한 현상이다. 지난 5~6년간 계속 기회 있을 때마다 이를 주장해 온 필자로서 한편 기쁘기까지 하다. 이러한 흐름을, 장학이 제자리를 찾아 본질로 돌아가고 있다는 증거로 받아들이고 싶다. 최근 여러 교육위원회와 연구원에서 수업의 질 개선을 위한 수업장학과 교내장학을 각 시·도교육지의 특집으로 다루고 있는 것도 우연으로 돌리기에는 너무나 공교로운 현상이다.

　근본적으로 학교의 존재이유는 학생을 가르치는 일에 있다. 따라서 모든 교육활동의 초점을 가르치는 일에 맞춰야 한다. 학교가 가르치는 장소라는 것을 믿고 우리나라 총 인구의 1/4에 해당하는 일천만 명의 학생 인구가

* 충남교육 제81호, 1988(3. 31), 충남교육청 충남교육연구원.

아침마다 학교를 향해 이동을 하고 30만의 가르치는 사람들이 배우고자 하는 사람들이 모여 있는 곳을 향해 이동한다. 이런 가르치는 일을 위해서 정부는 예산의 1/5을 공식적으로 할당하고 있으며, 학생과 학부모가 사교육비로 사용하는 액수까지 치면 엄청난 양이 된다. 그런데도 여전히 교육비는 적다고 하며, 다른 나라에 비하여 교육은 거칠고 엉성하다고 한다.

어쨌든 학교는 가르치기 위해서 존재한다. 그런데 이런 학교와 교육자가 가르치는 본업을 제쳐두고 엉뚱한 곳에 신경을 곤두세우게 된다면 우리의 장래는 어떻게 되겠는가?

앞으로의 사회의 가장 중요한 가치는 "생존의 가치"이다. 지구상에 살아남는 가치보다 더 중요한 가치가 어디에 있겠는가? 학교도 문을 닫아걸지 말고 열고 있어야 하며, 국가도 심한 국제경쟁 속에서 살아남고 봐야 한다. 상표도 계속 번성하고 지구상에서 퍼져 나가야 한다. 공룡처럼 지구상에서 사라지고 화석으로나 남아 있는 신세가 된다면 다른 여러 아름다운 가치들이 무슨 소용이 있겠는가?

세계 여러 나라들이 살아남고 번성하기 위해서 총알로써 국방경쟁을 심하게 했다. 이어서 부를 위한 경제경쟁으로 심한 몸싸움을 했다. 국방전쟁, 경제전쟁, 수출전쟁에 한참 열중하다 보니 결국 그것이 "두뇌싸움"이라는 것을 깨닫고는 두뇌를 양성하는 교육에 눈을 돌리게 되고, 결국 교육경쟁, 교육의 질 경쟁에 귀착하게 되었다. 우수한 교육을 받는 자만이 살아남을 수 있다는 사실을 깨닫게 된 것이다. 교육의 우수성 추구와 세계 여러 나라의 교육개혁 사업들이 이러한 교육전쟁의 산물인 것이다. 이스라엘이 전쟁에서 이기는 원인을 교육에서 찾아야 할 것이다. 세계경제가 어려운 속에서도 몇 나라가 기적처럼 일어나는 근원도 그 나라의 교육에서 찾아야 할 것이다. 우리나라도 그중의 하나이다. 도대체 교육에 투자해서 망한 나라, 손해 본 사람이 어디 있는가?

교육의 질은 대부분이 수업의 질에 달려 있다. 이어서 수업의 질은 교사의 질, 교육과정의 질, 학습환경(자료)의 질에 달려 있다고, 논리를 조금 비약시킬 수도 있을 것이다. 이들 교사, 교육과정, 학습환경(자료)과 가장 밀접하게 관련된 교육활동이 무엇인가 하고 찾다 보니 그것이 바로 "장학", 그중에서도 "수업장학"이라는 것을 알고, 세계 여러 나라는 이에 대한 관심을 집중하고 있다. 마치 먹이사슬처럼 "생존의 가치"가 "장학"과 연결고리로 이어지게 된 것이다.

최근 우리나라에서도 훌륭한 교사와 교육과정, 교육환경(자료)을 위하여 직접적으로 도전하려는 수업장학·임상장학·교내장학을 강조하고 있는데, 이는 아주 고무적인 현상이다. 그러나 다른 나라에서는 오래전부터 장학하면 으레 수업개선을 의미하는 것으로 받아들여졌었고 우리는 장학하면 행정을 연상했었다는 점에 주목해야 한다. 다른 나라의 "수업장학"이라는 제목의 책을 보아도 일반장학과 구별될 것이 별로 없다. 일반장학이라고 해도 으레 수업개선을 염두에 두고 있었기 때문이다. 그리고 장학사의 개념도 수업개선을 도와주는 모든 사람, 즉 동료교사·학과장이나 부장교사·교장·교감·교육청·장학사·교육장 등을 모두 포함하는 것으로 사용하고, 장학의 대상도 장래 교사를 희망하는 학생으로부터 기성교사까지로 확대하여 보는 것이다.

또한 장학에 대한 관심을 장학자만이 갖는 것이 아니라 장학을 받는 입장이었던 교사들도 갖게 되고, 오히려 교사들이 장학을 주도하는 입장으로 바뀌고 있다. 정작 장학을 필요로 해야 할 사람은 잘 가르치고자 하는 교사들 자신이기 때문이다. 즉, 자신의 생을 건 직업을 멋있게 하고 거기에서 보람과 희열을 갖기 위해서 노력하는 사람들은 바로 교사들이기 때문에 그들 스스로가 장학에 참여하고 중심이 되어 주도하는 것이다.

교사의 주업과 본업은 가르치는 일이다. 이 본업에서 실패하는 교육자는 자기의 인생 전체를 망쳐 재미없는 생을 영위한다고 해도 과언이 아니다. 교사의 삶은 가르침에 있으며, 가르치는 일이 삶이 되어야 할 것이다. 장학이 진정 교사로 하여금 잘 가르치게 하는 일이고 또 그렇게 할 수 있다면 교사들이 피하거나 숨바꼭질할 일이 아니다.

장학은 교사를 잘 부려먹자는 생각으로부터 교사를 행복하게 해 주자는 관점으로 바뀌어가고 있다. 교사가 가지고 있는 능력을 최대한 발휘할 수 있도록 도와주어, 교사의 자아실현을 돕고 성공적인 삶을 살게 하자는 철학으로 바뀌는 것이다. 이래도 장학은 부정적인 것인가?

그러면 이러한 장학을 담당하는 사람들의 역할은 무엇인가?

2. 장학담당자의 역할

교육의 질 향상을 위한 장학담당자의 역할은 중요하다. 수업과 학생을 위한 1차적 책임은 교사에게 있지만 그다음의 2차적 책임은 그 교사를 양성하고 장학하는 장학담당자에게 있기 때문이다. 여기서도 "먹이의 사슬의 원리"가 적용된다. 학생은 배우는 역할을, 교사는 가르치는 역할을, 장학담당자는 장학하는 역할을 제대로 해낼 때 글방 놀이마당은 재미있게 돌아갈 것이다. 교사에게 잘못 가르쳤다고 할 때에는 항상 장학의 잘못을 염두에 두어야 한다. 그것이 바로 장학의 책무성(accountability)의 개념이다. 각각 맡은 바 역할을 제대로 해낼 때 교육 오케스트라의 선율은 아름답고, 그 선율에 맞춰 춤을 추는 교육무도회는 신나게 된다. 기왕이면 신나게 춤추고 기왕이면 신나게 24시간을 살아야 할 것이 아닌가? 삶의 분량이 문제가 아니라 삶의 질이 중요하다. 이렇게 유추해 나가다 보면 교육의 질, 수업의 질이 학생과 교사·장학자의 삶의 질과도 연결고리로 이어지게 된다.

장학담당자의 역할은 교사의 수업기술향상과 전문적 성장을 돕는 일과 그것을 평가하는 일이다. 돕는 일과 평가하는 일은 자주 갈등을 일으킨다. 도와준다고 하면서 평가하고, 때로는 심판까지 하는 역할을 하는 데에 어려움이 있다. 이 평가를 근거로 해서 때로는 교사에게 당근도 주지만 어떤 때는 회초리도 주기 때문에 문제가 된다. 그래서 장학자를 "지킬 박사와 하이드 씨"라고도 하며 "두 얼굴의 사나이"라고도 한다. 그러나 평가의 근본목적을 따져 보면 평가도 결국 교사를 돕는 쪽으로 생각할 수 있다.

평가의 목적을 크게 두 측면에서 생각할 수 있다. 하나는 인사결정을 위한 평가와 다른 하나는 개선을 위한 평가이다. 전자는 현재 우리나라에서 많이 볼 수 있는 것으로서, 평가결과를 점수화하여 이에 따라 승진·전출·포상과 징계의 인사적 결정을 하는 것이다. 후자의 평가결과는 교사의 강점과 약점, 개선점을 찾아 교사발전의 자료로 활용하는 것이다. 후자의 평가가 강조되면 교사들이 평가에 대하여, 나아가서는 장학에 대하여 부정적일 필요가 없다. 교사의 자기발전을 도와주는 장학자를 미워해야 할 하등의 이유가 없는 것이다.

장학담당자의 역할은 수업과 얼마나 직접적으로 관련되었느냐에 따라 주변적·간접적 역할과 핵심적·직접적 역할로 나누어 볼 수 있다.

수업과는 좀 멀리 떨어진 주변적·간접적 장학담당자의 역할로도 직원발전, 집단을 통한 장학, 지역사회 관계를 생각해 볼 수 있다.

직원발전(staff development)은 장학과 거의 동의어로 생각할 만큼 중요시되고 있으며, 이것은 장학담당자가 해야 할 중요한 영역이다. 직원연수라는 개념에서 교사의 자발성·비형식성의 개념이 첨가되어 새로운 개념으로 발전된 용어이다. 효과적인 직원발전을 위해서 연수의 요구조사를 하고, 전략을 세우고, 워크숍을 하고, 활동조직을 하고, 교사센터를 운영하고, 연수의 모델을 형성하는 일이 이에 해당된다. 뭐니 뭐니 해도 교사 스스로 성장하고자 하는 의욕과 동기를 불러일으키는 역할이 중요하다.

다음은 집단을 통한 장학으로서, 집단과정(group process)·집단역동(group dynamics)·집단토의로써 지도력을 발휘하는 역할이다. 우리나라에서는 이러한 용어들의 개념 자체가 명확치 않으나 외국에서는 분명하게 강조되고 있는 역할이다.

지역사회와의 관계를 형성하는 일도 중요한 장학담당자 역할 중의 하나이다.

다음은 수업과 비교적 직접적으로 관련된 장학담당자의 역할을 몇 가지로 나누어 본다.

첫째, 교사 개인을 통한 장학의 역할을 들 수 있다. 장학자와 교사의 협의, 면접, 시범수업, 학부모와의 관계유지, 직원과의 관계형성은 모두 개인을 통한 장학자의 역할이라 할 수 있다.

둘째, 교육과정 개발은 장학담당자의 역할이다. 우리나라에서는 교육인적자원부 장학편수실에서 주로 다루고 있으나 교육청, 학교 수준까지 내려와야 할 역할이다.

셋째, 방문관찰의 방법은 거의 장학의 핵심이 된다. 임상장학, 교실 상호방문, 타 학교 상호 방문 등을 통한 장학이 이루어질 수 있도록 하는 일도 장학의 역할이다.

넷째, 수업자원과 자료를 다루는 역할도 중요하다. 외국에서는 교과서 선정의 문제, 수업자료·기구의 제공, 교수공학, 지역자원을 활용하도록 하는 역할도 수업의 질 개선에 도움이 되고 있다.

이외에 수업을 평가하는 일, 교사를 평가하고 자료를 분석하는 일, 학생을 평가하는 일, 특히 장학 자체에 대하여 평가하는 일을 강조하고 싶다. 또한 현장연구를 추진하고 돕는 역할도 중요하다.

우리나라에서와 같이 행정적인 일을 많이 하는 곳 또는 행정가이면서 장학을 해야 하는 교장의 경우는 행정가로서의 역할과 복합되게 마련이다. 행정가로서는 사람과의 관계를 다루는 상호관계에 관한 역할이 중시된다. 여기에는 단위기관이나 부서의 대표자로서의 역할, 지도자로서의 역할, 연락자로서의 역할이 포함된다. 다음은 행정가로서의 장학담당자는 여러 가지 정보를 다루는 역할을 해야 한다. 여기에는 청취자, 전파자, 대변자의 역할을 해야 한다. 그리고 장학담당자는 여러 가지 결정을 내리는 일을 한다. 여기에는 최고경영자, 혼란처리자, 자원배분자, 협상자로서의 역할이 포함된다.

이러한 여러 가지 복합적인 역할을 모두 외우고 있을 수도 없고 또 설사 외울 수 있다고 하더라도 역할을 인지하고만 있다고 하여 모두 훌륭한 장학담당자가 되는 것은 아니다. 그러나 꿈에도 잊지 말아야 할 것은, 교사를 도

와 수업의 질을 향상시켜야 하는 역할이다. 이 역할이 희극배우의 역할이 될
지 비극배우의 역할이 될지는 감독과 자신의 능력에 달려 있다.

장학담당자가 맡은 바 역할을 제대로 수행해 냄으로써 우리나라 교육의
질을 향상시키기 위해서는 자질과 능력을 갖춰야 한다. 장학담당자의 역할영
역에 따른 능력에는 ① 교육과정 개발, ② 자료제공, ③ 교직원 인적 자원의
지원, ④ 수업조직, ⑤ 양호·교통과 같은 학생을 위한 봉사, ⑥ 홍보 개발,
⑦ 수업시설 제공, ⑧ 수업평가 등이 포함된다.

수업장학을 제대로 해냄으로써 우리나라가 교육의 국제경쟁력을 기를 수
있도록 장학담당자는 자신의 능력개발에 최선의 노력을 기울여야 할 것이다.
교사 자신들도 장학을 남의 일로만 생각지 말고 자신의 발전의 계기로 삼아
보람된 교직생활이 되기를 바라마지 않는다.

제 6 장
수업의 질 향상을 위한 교내장학*

1. 장학 본질로의 복귀

얼마 전에 공교롭게도 세 교육기관에서 비슷한 제목, 비슷한 내용, 비슷한 분량으로 같은 기한 내에 글을 써 달라는 원고 청탁을 받은 적이 있었다. 필자는 이를 우연으로 돌리고 싶지 않다. 이를, 교육일선에서 "수업장학"과 "학교 수준"과 "교내장학"과 "수업의 질 향상"에 대한 관심과 노력이 증대되었다는 증거라고 믿고 싶다. 그동안 기회 있을 때마다 장학의 궁극적 목표는 수업개선이며, 수업이 이루어지고 있는 학교 수준과 교실 수준에서의 장학이 강조되어야 한다고 주장해 온 필자로서는 교육일선과 장학계에서의 이러한 변화에 감사하며, 한편 흐뭇하기까지 하다. 그러나 이러한 변화의 징조에 만족하는 것으로 그쳐서는 안 된다. 이제 수업의 질 향상을 위한 실제적인 교내장학 방법을 개발해 나가야 할 차례가 되었다고 본다.

* 충북교육 제87호, 1988(4), 충북교육연구원.

지금까지 필자가 전개해 온 논리는 이렇다. 교사와 학생이 학교에 가는 이유는 가르치고 배우기 위해서이다. 교장의 의자가 마련되어 있는 이유 또한 학생을 가르치고 또 가르치는 일을 도와주기 위해서이다. 결국 학교의 존재이유는 가르치고 배우는 일이다. 따라서 모든 교육활동도 이 가르치고 배우는 일에 초점을 맞추어야 한다. 그중에서도 특별히 장학은 본질적으로 수업개선을 위해 존재하는 교육활동이다. 그런데 지금까지 우리나라에서의 장학이 수업개선과는 너무나 거리가 먼 행정적으로 접근해 왔다. 그래서 필자는 계속 장학의 본질로 돌아가야 한다고 외쳐왔던 것이다. 그 방안으로서 임상장학, 마이크로티칭, 선택적 장학체제, 동료장학 등을 제시했었다.

이들은 다 포괄하는 용어로서 수업장학이라는 말을 사용한다. 어떤 사람은 임상장학과 수업장학을 동의어로 사용하려고 하나, 필자는 임상장학을 수업장학의 한 방안으로 보아 수업장학 속에 포함시킨다. 외국에서는 일반적으로 장학이라고 하면 수업장학과 거의 동일시하고 있다.

그런데 장학의 본질로 돌아가서 수업개선을 위한 수업장학을 강조하려면 수업이 이루어지고 있는 현장에 가까운 학교 수준의 교내장학을 강조해야 한다는 논리가 성립된다. 그런데 이 수준의 측면에서도 지금까지 학교 수준이나 교육청 수준의 장학보다는 교육인적자원부나 교육위원회 수준의 장학이 강조되었던 것도 사실이다. 여기에서도 우리나라 장학의 방향전환이 요구된다. 위보다는 아래, 먼 곳보다는 가까운 곳의 장학이 강조되는 것으로의 방향전환이다. 이러한 거시로부터 미시로의 전환은 신교육사회학의 흐름과도 일맥상통하고, 교육의 자율화와 교육자치제의 부활이라는 물결과도 일치된다. 또 교육의 질 향상, 질 관리, 우수성(excellence) 추구, 교육의 책무성 강조라는 세계적인 조류와도 맥을 같이한다. 결국 우리나라에서 수업의 질 개선을 위한 지향점이 되어야 할 것이다.

그러나 내부적으로 볼 때 이를 직접 실천에 옮기기에는 많은 어려움이 있을 것으로 보인다. 이 방면의 이론과 기술이 발달되어 있지 못하고, 전문인력도 충분하지 못하며, 또 교육현장의 동기와 자율능력도 그리 높지 못한 형

편이기 때문이다. 너무나 오랫동안 피동과 타율에 젖어 왔기 때문이다. 교사
와 장학담당자의 근무부담 과중도 문제이다. 본질적 업무가 잡무에 밀려나는
현실에서 수업개선을 위한 교내장학을 실천하기는 어렵다. 모든 장학관계인
이 협동하여 극복해야 할 과제이다.

교내장학의 필요성과 중요성에 대하여는 이미 많이 언급되었고 또 모든
관계인이 인식을 같이하는 것으로 보고, 지금부터 교내장학을 계획하는 데
있어서 고려해야 할 점에 대하여 생각해 보기로 한다.

2. 교내장학계획 시 고려 사항

학교장이 하는 일의 대부분이 교내장학활동이다. 다만, 수업개선과 얼마만
큼 직접적으로 관련되어 있느냐 간접적으로 관련되어 있느냐의 차이가 있을
뿐이다. 따라서 교내장학에서는 학교장이 지도력을 잘 발휘해야만 그 효과를
거둘 수 있다. 단순히 교무부장이나 연구부장에게 맡겨 놓아서는 안 될 중요
한 일이다.

모든 교육활동이 다 그렇듯이 교내장학도 계획적이어야 한다. 1년간의 계
획, 나아가서는 3~4년에 걸친 연차계획에 따라 장학계획을 세워서 실천해
야 한다. 이럴 때 문제가 되는 것이 공립학교에서의 순환근무제이다. 장학담
당자인 교장·교감과 장학의 대상인 교사가 자주 이동하기 때문에 연차계획
을 세워서 장학하기가 매우 어렵다. 그러나 장학의 주도권을 교장이 갖고 있
어야 하기 때문에 교사보다 교장의 근무기간을 우선적으로 고려해야 할 것
이다. 그리고 교사의 이동을 고려해서 장학계획을 세우고, 새로 전입해 오는
교사에 대한 보완계획을 세워야 할 것이다.

다음은 장학계획을 수립하는 데 있어서 고려해야 할 점 몇 가지를 지적하

고자 한다.

첫째로 다양한 장학방안으로써 복합적인 계획을 세우기를 권고한다. 우리는 단순과 획일에 너무나 익숙해져 있고 하나의 모형으로 정형화시키기를 좋아하나, 교사의 교수기술 향상과 수업개선에 있어서 최선의 한 가지 방안만이 존재하는 것은 아니다. 그래서 교사의 교수기술 향상과 수업개선에 동원할 수 있는 모든 방안을 동원하는 것이 좋다고 본다. 그리고 원래 장학의 범위와 내용, 방법은 아주 광범하고 다양하다. 예를 들면 수업관찰, 교실방문, 수업연구, 직원연수, 개인연구, 직원회의, 실험실습·실연, 임상장학, 마이크로티칭, 타 기관방문, 개인독서, 자기수업 분석, 상담, 동 학년 또는 과회의, 각종 위원회 활동, 동료장학, 선택적 장학체제 등, 모든 방안을 복합적으로 계획해야 할 것이다. 각 교사들은 어떤 장학활동으로 도움을 받을지 모른다. 행정가들은 흔히 복잡한 것을 싫어하지만 사실은 행정력을 분산시켜서 이익을 볼 수도 있다. 이들 여러 장학 방법에 대하여는 뒤에서 좀더 자세히 다루기로 한다.

둘째는 교사의 참여와 동기유발을 장학계획에서 특별히 고려하기를 권고한다. 장학은 장학담당자와 교사 사이에 주고받는 상호 작용의 관계라고도 할 수 있다. 줄 사람이 아무리 줄 것을 많이 가지고 있고 또 주고 싶더라도 받을 사람이 받으려고 하지 않고 또 받을 것이 없다고 한다면 장학은 이루어지기 어렵고, 이 경우 설사 장학이라는 형태를 갖게 된다 하더라도 비효과적인, 겉 바퀴 도는 것과 같은 형식적인 장학이 되고 말 것이다. 지금까지의 장학이 바로 이러한 냉전 상태의 장학이라고 표현될 수도 있을 것이다. 이래서는 수업의 질 개선을 가져오기는 어렵다. 그래서 앞으로 교내장학을 계획할 때에는 반드시 장학을 받는 입장인 교사를 참여시켜야 한다. 그리고 현대장학에서는 장학을 받을 사람인 교사가 오히려 주도권을 갖고 자기발전을 위해서 노력하는 경향인데, 이런 점을 감안하면 장학계획의 수립 시에 반드시 교사를 참여시키는 것은 당연하다. 다만 언제, 어떤 형태로, 어느 정도 참여시키느냐는 각 학교의 사정에 따라 달라질 것이다.

　장학의 성패는 장학담당자의 질에 달려 있기도 하지만 교사의 동기에도 달려 있다. 교사의 동기는 교사의 참여와도 밀접한 관계에 있다. 장학계획에서 어떻게 교사를 장학에 동기유발 시키느냐를 연구해야 한다. 연수를 통해서 또는 교사들의 집단활동을 통해서, 아니면 다른 어떤 방법을 통해서 장학의 필요성을 절실히 느낄 수 있도록 하는 일이 가장 중요하다고 본다.

　셋째, 교내장학을 강화하는 계획을 한다고 해서 교사를 괴롭히는 결과가 되지 않도록 할 것을 권고한다. 지금까지 무슨 운동이다, 강조기간이다, 새로운 교육이론과 교육방법이다, 하여 그때마다 교사를 수없이 괴롭혀 왔다. 그래서 새로운 것이 나올 때마다 교사들은 일단 거부감을 갖거나 부정적 시각으로 대하게 된다. 아니면, 잠시 유행의 물거품을 일으키다 사라질 것으로 기대하고 소극적으로 접근한다. 이렇게 되면 새로운 시도들은 실패로 끝나게 마련이다. 지금까지 우리나라에 소개된 외국의 수많은 교육이론들이 뿌리를 내리지 못한 원인의 일부는 교사를 동기유발 시키지 못하고 오히려 괴롭히고 부담을 지웠던 데 있다고 본다. 이번 교내장학을 계획할 때는 우선순위의 하나를 교사의 근무부담에 두기 바란다. 그리고 완전히 새로운 것보다는 현존하는 것을 새롭게 고치거나 바꾸거나 보완하는 것으로부터 출발하기 바란다.

　현재 각 학교에서 실시 중인 수업연구라든지 직원연수일, 교실방문, 인근학교 방문 등을 수업개선이라는 데 초점을 맞춰 개선·보완하면, 새로운 접근보다는 훨씬 용이할 것이다. 한두 가지 쉬운 것, 자신 있는 것부터 실시하여 성공을 거둔 다음 새로운 시도를 하는 것이 좋다.

　넷째, 장기적인 안목에서의 교내장학 계획을 권고한다. 우리는 너무나 성급하다는 평을 받고 있다. 금방 열매 맺기를 기대하고, 금방 유명해지고 성공하기를 바라며, 특별해지기를 원한다. 매스컴의 스포트라이트를 받기를 원한다. 그러나 분명한 것은, 쉽게 더워진 것은 쉽게 식는다는 사실이다. 지금까지의 교육에서 단기성 때문에 실패한 것도 많으리라고 본다. 옳다고 믿는다면 한두 번 소기의 성과를 거두지 못했더라도 계속 밀고나가는 우직스러움도 필요하다. 장학자로서, 교사로서 마땅히 해야 할 일이라면 어렵더라도 참고 밀고나가야 한다. 교육은 장기성과 무명성을 특징으로 하는 것이다. 교내장학의 계획도 여기에서 예외일 수는 없다.

다섯째, 교내장학을 계획할 때 장학효과에 대한 평가계획을 포함시킬 것을 권고한다. 현재까지 우리나라에서는 장학은 열심히 하고 있지만 그 효과성에 대한 평가는 등한시하고 있다. 장학담당자와 교사가 만족하고 있다든지, 수업의 질이 높아졌다든지, 어려운 일이기는 하지만 학생들의 학업 성취도가 높아졌다는 등을 통하여 장학평가를 할 수 있을 것이다. 장학담당자, 교사, 학부모, 학생을 대상으로 질문지나 면접방법을 통해서도 장학효과를 검증해 볼 수 있다.

장학계획에 대해서 이 정도로 그치고, 이제 구체적인 몇 가지 교내장학 대안에 대하여 살펴보기로 한다.

3. 교내장학 대안

교내장학의 성공 여부는 장학담당자의 자질과 능력, 교사의 동기와 참여에 달려 있다고 앞에서 지적하였다. 그래서 교내장학을 성공으로 이끌기 위해서는 장학담당자를 위한 연수가 선행되어야 한다. 장학담당자가 장학기술과 방법을 충분히 갖추고 있어야 하기 때문이다. 이러한 장학담당자 연수는 교육청이나 교육위원회 수준에서 계획·실시하여야 할 것이다. 이어서 교사의 참여와 동기를 불러일으키기 위한 교내 교사 연수가 뒤따라야 한다.

교내장학의 대안은 ① 교사 개인을 통한 장학방법과, ② 집단을 통한 장학방법, ③ 종합적 접근 등으로 나누어 제시하기로 한다.

1) 개인을 통한 장학방법

교사 한 사람 한 사람의 얼굴이 다 다르듯이 각 교사의 교수기술 수준, 안고 있는 문제점, 장학에 대한 요구 등이 모두 다르다. 학생들에게 개별화 수업이 필요하듯이 교사에게도 개별화 장학이 필요하다. 미국에서는 전통적으로 1 대 1의 개별장학이었으나 줄어드는 재정과 장학인력으로 인해 비슷한 교사집단을 단위로 하여 장학하는 집단장학을 하지 않을 수 없다는 주장이 많이 대두되고 있다. 그러나 우리나라에서는 지금까지 교사를 너무나 집단적으로 다루어 왔기 때문에 이제는 장학의 개별화를 위한 노력을 시도해야 한다고 주장하고 싶다. 비교적 장학의 개별화에 가까운 장학방법은 다음과 같다.

(1) 임상장학

교실현장에서 교사의 교수기술 향상과 전문적 성장에 초점을 맞추고 장학담당자와 교사의 친밀한 관계 속에서 수업 전에 둘이서 계획협의를 하고 이 협의를 바탕으로 수업관찰을 하고 이를 분석하여 피드백협의회의 과정을 거치는, 1 대 1의 장학방법이다. 이 장학방법은 교사의 문제점 해결과 교수능력을 높이기 위하여 협동한다는 점, 수업계획과 장학계획을 사전에 세운다는 점, 객관적인 수업관찰 자료를 근거로 한다는 점, 이 자료를 객관적으로 분석하고 이를 피드백해 주며, 이런 순환적 과정을 거치면서 교수기술 향상과 수업의 질 개선을 도모하는 것을 특징으로 하고 있다.

(2) 마이크로티칭

이것은 수업시간을 4~15분으로 축소하고, 수업 대상도 소규모로 줄이며, 수업 내용과 동원하는 수업기술도 한두 가지로 축소시켜서 수업계획-관찰-비평-재계획-재관찰-비평을 거치면서 수업기술을 향상시키는, 축소된 연습수업이라고 할 수 있다. 이것은 마치 권투선수가 자신의 동작을 비디오로 녹화하여 되돌려보면서 코치와 함께 비평하고 다시 동작하고 녹화물을 반복하여 되돌려보면서 동작 하나하나를 개선해 나가는 과정과 비슷하다. 이러한 피나는 노력 없이 전문직이라는 자기직업에서 성공하기는 어렵다. 앞으로 교내장학과 교생지도에 이를 적극 적용하였으면 한다.

(3) 수업연구

현재 거의 모든 학교에서 실시하고 있는 수업연구는 수업의 질 개선을 위한 좋은 교내장학 방법이다. 수업연구는 완벽한 수업을 하려는 데 초점을 맞추기보다는 문제점 중심의 연구에 초점을 맞추고, 수업연구자 한 사람을 심판하려고 하기보다는 수업개선을 위한 협동적 노력이라는 관점에서 이 제도가 운영되기를 기대한다.

(4) 자기장학

이제 장학의 개념은 교사가 장학담당자와 함께 계획을 세워 자기 스스로도 교수기술 향상과 전문적 성장을 위해 노력하는 자기장학(self supervision, self analysis)으로까지 확대되었다. 스스로 목표를 세워 자기수업을 녹화, 녹음, 학생반응, 동료반응 등을 통하여 관찰 · 분석하고, 이것으로써 새로운 전략을 계획하는 과정을 통해서 얼마든지 장학효과를 거둘 수 있다. 이 자기장학이야말로 가장 바람직한 상태이다. 그런데 장학담당자가 자기장학을 장학에서 제외 또는 방치로 오해해서는 안 된다. 이것은 계획을 확인하고 실천사항과 결과를 협의하는 장학과정을 필요로 하는 것이다.

(5) 기타의 개별장학 형태

교실 또는 인근학교 상호 방문, 전문도서와 독서, 장학상담, 학교장의 교실 방문, 증치교사의 장학교사로의 활용 등도 생각해 볼 수 있다. 또 최근에는 장학에서 코치라는 형태가 활발히 논의되고 있다. 운동선수 코치가 운동선수를 코치하듯이 동료교사가 동료교사에게 코치노릇을 하는 것이다. 이와 더불어 서로 장학할 수 있도록 짝을 지어 주는 체제(buddy system)도 활용할 수 있다.

2) 집단을 통한 장학방법

앞에서도 언급한 것처럼 선진국에서도 집단장학의 방법을 개척해 나가는 경향이다. 그리고 본래 가르치는 일은 혼자서 계획하고 실천하고 평가하여 전 과정을 혼자서 책임지는 고독한 직업이었으나 최근으로 올수록 점점 더 집단의 협동적 노력을 기울여 나가는 경향이다. 그래서 성공적인 학교의 장학은 교사의 선택의 폭을 증대시키고, 교사의 사고를 자극하고, 집단활동을 격려하는 발전기능을 갖고 있다.

집단을 통한 교내장학 방법을, 현재 여러 학교에서 시행하고 있는 것을 중심으로 안내하고자 한다.

(1) 집단장학

이는 비슷한 문제, 비슷한 수준에 있는 교사를 집단으로 하여 장학하는 방법이다. 초임교사를 집단으로 하여 하는 장학이라든지 수업 중 토론을 활발하게 하고자 원하는 교사들을 집단으로 하여 장학할 때 이것이 집단장학이 되며, 장학의 효과도 높일 수 있다. 우리나라에서 장학사들이 집단을 이루어 학교를 방문할 때 이를 집단장학이라고 부르는 것은 장학사 중심의 사고에서 나온 잘못된 이름이다.

(2) 동료장학

전문직에서는 상급 행정가보다도 동료전문가로부터 더 많은 도움과 정보를 받을 수 있다. 동료는 쉽게 만날 수 있고 부담이 없으며 서로의 사정을 잘 알 수 있다는 장점을 갖고 있다. 동료교사가 수업관찰을 기록하여 보여주면 수업자 자신의 판단에 의하여 개선해 나갈 수 있다. 그런데 이때 동료교사들이 수업관찰 기술을 갖고 있어야 하므로 여기에도 연수가 요구된다.

(3) 직원개발

앞에서도 말한 것처럼 장학과 동의어로 볼 만큼 직원개발은 광범한 개념이다. 장학도 직원개발도 궁극적으로는 교사의 능력개발이라고 할 수 있다. 전통적으로는 연수(inservice education)라고 하였으나 더 확대되고, 관료적·타율적 요소를 배제한 직원개발(staff development)이라는 용어를 널리 사용하고 있다. 우리나라에서는 당분간 직원연수라는 개념으로 사용해도 좋다. 직원연수라고 하면 흔히 초청강사를 연상하기 쉬우나, 이외에도 다양한 연수를 생각할 수 있다. 우선 강사를 교내 가까운 곳에서부터 찾을 필요가 있다. 교사, 사무직원, 교장, 교감, 장학사, 학부모, 인근학교 직원 중에도 우수한 인적 자원이 많다. 어려운 조건에 있는 대학교수만이 유일한 자원이라는 고정관념에서 탈피해야 한다. 좋은 비디오를 시청하고 나서 이를 토대로 하여 토의를 전개해 나가는 것도 좋을 것이다.

또 시범이나 실연, 실습, 실기, 견학, 독서발전 등 다양한 연수계획을 고려하기 바란다.

(4) 조직개발과 집단개발

직원개발과 비슷한 이치와 원리에 의하여 조직 전체를 계획적·전략적으로 개발시키려는 노력이다. 또 직원개발이 개인에 초점을 맞춘다면 집단개발은 집단활동에 관심을 집중시킨다. 조직개발에서는 전략이 중요하며, 집단개발에서는 위임과 참여를 특징으로 하고 있다. 이는 상당히 포괄적이고 광범한 이론이므로 자세한 내용은 생략할 수밖에 없다.

(5) 기타의 집단장학 형태

교과협의회, 학년회의, 직원회의, 각종 위원회 활동도 좋은 집단장학의 형태이다. 다만, 이들 형태를 어떻게 수업의 질 향상과 연결시키느냐가 중요하다.

지금까지는 이러한 각종 회의가 너무나 사무적으로 이용되었으나 이제 학교의 본업을 위한 주 활동이 되도록 하여야겠다.

3) 종합적 접근

개인을 통한 장학과 집단을 통한 장학을 종합적으로 활용하여 장학의 효과를 가져올 수 있다. 그 몇 가지를 소개한다.

(1) 선택적 장학체제

앞에서도 말한 것처럼 장학에서도 개별장학이 절실히 요구된다. 그러나 장학인력과 재정상, 이는 극히 어려운 일이다. 그래서 마치 자동판매기에서 같은 값이라면 자기 입맛에 맞는 것을 선택하듯이 몇 가지 장학 대안을 마련해 놓고 각 교사에게 맞는 장학방법을 선택하게 하자는 논리이다. 교사들도 어차피 장학을 받을 바에는 자신이 원하는 장학을 스스로가 택할 수 있을 때 장학에 대한 소유의식을 가질 수 있고, 앞에서 강조한 참여의욕도 불러일으킬 수 있을 것이다. 장학 대안으로는 임상장학, 동료장학, 자기장학, 전통장학 등을 예시로 들 수 있다.

(2) 발달(전)장학

발달(전)장학은 교사의 발전 수준에 맞추어 장학하고 또 교사의 추상적 사고력의 발전과 참여 수준을 단계적으로 발전시킨다는 데서 나온 이름이다. 장학을 지시적 장학으로부터 협동적 장학을 거쳐 비지시적 장학으로 발전시켜 나가려는 데 초점을 맞추고 있다. 이 장학이론은 교사 개인을 고려하면서 집단적인 면도 있고, 또 선택적 장학체제의 성격도 갖고 있다. 더 자세한 내용은 책 한 권에 해당되므로, 지면관계로 인해 전문서적에 넘길 수밖에 없다.

(3) 기타의 종합적 접근

장학에서 가장 중요한 교육과정 개발과 학습환경 개선, 현장연구는 종합적 접근으로 분류해야 할 것 같다. 교육과정과 학습환경도 수업의 질 개선과 직접적으로 관련되고 또 수업개선을 위한 여러 가지 현장연구는 교내장학의 중요한 부분이다.

　이외에도 많은 교내장학 방법이 더 있을 수 있다. 교내장학의 실천면에서는 이상의 장학방법을 열거하는 것으로 그치고, 장학결과에 대한 평가를 강조하는 것으로 글을 정리하고자 한다.

4. 장학평가

　현재 우리나라의 장학활동은 매우 열심이라고 인정한다 하더라도 그 효과성과 결과에 대한 평가에는 게으른 것 같다. 현재 장학에 투입하는 인적, 물적, 시간적, 정력적 자원을 무시할 수는 없다. 과연 그만큼의 투자 효과를 거두고 있느냐에는 의심을 가지지 않을 수 없다. 그리고 이들 자원을 효과적으로 투자하고 있느냐에 대한 연구도 별로 보지 못했다.

　모든 일이 다 그렇듯이 계획(plan)을 세워서 일을 실천(do)했으면 반드시 그 효과에 대한 평가(see)를 해야 한다. 앞으로 교내장학에서도, 장학에 대한 평가에 더 큰 관심을 가져주기를 바라고 싶다. 다른 사람을 평가하기 위해 많은 시간을 투입하는 것이 중요한 것이 아니다. 정작 중요한 것은, 자신을 평가하는 시간을 많이 가지는 것이다. 장학담당자도 교사와 학교를 평가하는 일에만 바쁠 것이 아니라 자신과 자신의 활동에 대한 평가에도 관심을 집중해야 한다. 이러한 장학에 대한 올바른 평가로부터 우리나라의 장학은 일보 전진할 수 있는 것이다.

　장학에 대한 평가는 ① 장학의 최종산물에 대한 평가, ② 장학과정의 질에 대한 평가, ③ 장학지도자의 기여도에 대한 평가 등, 세 측면에서 생각해 볼 수 있다.

　평가에서 제일 중요한 것은 전 직원, 수업집단, 교사와 학생의 자기평가라

할 수 있다. 장학 프로그램을 평가할 때 장학지도자는 실험과 검사와 같은 객관적인 평가기술도 동원해야겠지만 주관적인 산출평가 또한 중요하다.

평가는 ① 학생 성취도, ② 교수, ③ 장학에 대한 교사의 반응, ④ 장학 실제에 대한 조사, ⑤ 이미 설정한 장학평가에 대한 기준 도달도 등을 통해서 장학의 효과를 알아볼 수 있으리라고 본다.

또 장학담당자 자신이 자신의 일에 대해 평가할 수도 있고, 장학 태도를 조사할 수도 있고, 교사로 하여금 질문지에 체크하도록 할 수도 있다.

이런 정도로 장학에 대한 평가의 필요성과 중요성, 개략적인 평가 내용과 방법을 제시하였는데, 구체적인 것은 각 학교와 교육청의 사정에 맞게 개발·적용하기 바란다.

우리가 하고 있는 일에 어떤 의미(significance)를 부여할 때 우리는 보람과 희열을 느낀다. 무의미한 일에 귀중한 시간을 바치는 사람처럼 불행한 사람은 없다. 단순한 벽돌을 쌓는 벽돌공의 수준을 넘어 성당을 짓는 건축가나 예술가 경지의 의미 부여가 장학에서도 절실하게 요구된다.

제 7 장
교내장학의 영역과 방향*

1. 교육의 위기 극복

정말 선진국으로 가는 길은 험난하고 먼가 보다. GNP 4,000달러의 산모퉁이에서 이렇게 갑자기 돌풍을 만나 움츠리고 뒤로 물러서게 될 줄은 몰랐다. 그러나 우리가 조금만 냉철하게 미래를 예측하고 선진국이 앞서 지나갔던 발자국에 대하여 조금만 주의를 기울였더라면 이 어려운 골목을 비켜갔거나 아예 충분한 준비를 하고 길을 나섰을 것이다.

4,000달러 언덕에 올라섰다고 들뜨고 부푼 가슴을 열어젖힌 사이에 정치적·경제적 외풍이 불어 닥쳤기 때문에 더 치명적이다. 정치적 해방바람이 교육을 뒤흔들어 놓아, 무질서를 연출하고 있다. 잘렸던 사람이 별을 붙이고 영웅이 되어 돌아오는 판이니, 과거를 지탱해 준 권위가 현재에 버틸 수 있겠는가? 경제적 바람은 왜 고루 불지 못했는지 모르겠다. 산업계, 부동산, 기

---

* 교육행정, 1989(9), 교육인적자원부.

업체, 금융가, 향락산업에도 불었는데 하필이면 장래 이 나라를 젊어질 어린이와 젊은이들이 모여 있는 교실만 비켜갔는지 모르겠다. 연약하고 착하디착하던 사람들이 화가 나니 선도, 방향도, 역할도 없이 무대가 온통 수라장이되고 말았다.

그러나 우리는 화가 날수록 행동을 삼가고 절제하며, 이성과 냉철을 찾아야 하며, 오늘만 살고 마는 것이 아니라 영원토록 교육이라는 농사를 짓고살아야 한다는 점을 생각해야 한다. 교사와 교육지도자, 교사와 학부모, 교사와 학생, 학생과 학부모, 또 자기 자신들 사이가 온통 틈날 대로 틈나고갈라질 대로 갈라진 날개를 매만져 다시 어떻게 푸른 하늘을 날 것인가 심히 걱정이다. 갈라진 깃털을 뽑아 버리고 새 날개를 기다릴 것인가? 교육의위기라 아니할 수 없다.

이런 속에서 "장학"이니 "방향"이니 운운하고 싶은 기분조차 내키지 않는다. 그러나 교육은 멈출 수 없는 사업이고, 혼돈과 위기일수록 원칙과 정석을 찾아야겠기에 흥분을 가라앉히고 교내장학의 문제를 같이 생각하기로 한다.

정치하는 장단에 맞춰 정신없이 춤을 추다 보면 끝판에 손해 보는 쪽은 항상교육 쪽이라는 것을 명심해야 한다. 진작 교육에서 원칙이 통했더라면 오늘과같은 혼란은 없었을 것이다. 오늘의 혼란은 어떤 면에서 보면 교육지도력, 장학지도력의 공백 또는 부재에 기인한다. 교육지도자와 교사 사이가 유리되고겉돌았기 때문이다. 이런 교육의 위기는 올바른 장학으로 극복되어야 한다.

2. 교장의 교내장학 책임

장학은 교사의 교수기술을 향상시키고 계속적인 전문적 성장을 돕는 교육활동이다. 그러면 누가 이런 일에 유능하고 적당할까? 교육인적자원부와 교위·교육청에 있는 장학사·장학관이 해야 하고, 또 그들이 할 수 있는 일인 가? 과거에는 전통적으로 장학이라고 하면 이들 상급 관청으로부터의 장학 을 생각했는데, 이 장학이 교사들에게 먹혀들지 못하고 겉돌고 오히려 교사 의 부정적 저항만 길러 주었다. 교사들은 이들을 행정적 관료로 보고 있으며, 실제로 이들은 교사의 수업기술 향상에 직접적으로 개입하기가 어렵다. 장학 사의 수가 적고, 그들은 시간이 없으며, 행정적인 일로 너무나 바쁘다. 장학 사 1인이 수백 명의 교사를 담당해야 하는데, 어느 틈에 교사 한 사람 한 사 람의 수업기술을 향상시킬 수 있겠는가? 장학사는 교사로부터 멀리 떨어져 있고, 때로는 오래전부터 수업과는 멀리 떨어져서 생활해 온 사람들이다. 따 라서 필자는 수업이 이루어지고 있으며 교사·학생이 있는 교실과 학교로 장학이 중심이동을 해야 한다고 주장한다.

그리고 민주화와 분권화의 경향에 의하여 장학도 밑으로 파고드는 장학으로 바뀌는 경향이다. 중앙으로부터 시·도로, 시·도에서 다시 시·군으로, 다시 학교 수준으로 모든 권한과 권위가 이양되고 있는 것은 세계적인 경향이다.

반면에 교장·교감은 교사와 수업현장과 가까이 있고 또 교장의 존재 이 유는 교사에 대한 수업지도력에 있다. 왜냐하면 교장이 "학생을 교육"하게 되어 있기 때문인데, 이것이 바로 "교장이 교사의 장학에 대한 책임을 진다" 는 것을 명시하고 있는 교육법 75조 1항인 것이다. 따라서 교내장학의 책임 은 교장에게 있다.

어떤 교사들은 이 (과거의) 교육법 75조 1항을 교육 악법이라고 주장한다. 교장이 "학생을 교육"하고, 교감과 교사는 "교장의 명을 받아 학생을 교육"하 게 된 것이 잘못되었다는 것이다. 교사가 전문직의 전문가인데 어떻게 교장 의 명을 받아 학생을 교육하느냐는 것이다. 그런데, 수업하는 데 일일이 교장 의 명령을 받아서 그 명령대로 수업하는 교사가 대한민국에 한 명이라도 있 는가? 필자는 그런 바보 교장과 교사는 단 한 명도 없다고 본다. 여기서 "명" 이란 권위의 위임관계와 책임을 의미하는 것이다. 한 학교에 교육의 최고책 임자가 있어야 할 것이 아닌가? 그 총 책임자, 최종 책임자가 교장이란 뜻이다. 그래서 형식적으로라도 학습지도안에 교장의 도장이 찍히게 되고, 교육의 결과를 알리는 통지표도 교장의 명의로 나가고, 결석계도 교장 앞으로 오게 된다.

권위의 위임관계로 살펴보면 더 명백해진다. 민주국가의 모든 권한은 국민으로부터 나온다. 교육에 관한 권한도 국민에게 있다. 교육의 소유권자는 교사가 아니라 국민이다. 우리나라에서 교육의 자치단위는 학교가 아니라 시·도·자치구 교육위원회이고, 경영의 단위는 학급이 아니라 학교이다. 교육청 관내 주민은 자신들의 교육에 관한 권한을 자신들의 대표로 선출된 교육위원에게 맡긴다. 교육위원들은 교육에 관한 비전문가로서, 주민이 원하는 방향으로 기본정책을 결정하여(의결기관) 교육전문가인 교육장을 임명하며 결정된 정책을 집행하도록 위임한다(집행기관). 교육장은 다시 자격을 갖춘 교장에게 교육청의 정책과 방침 하에 학교교육을 책임지고 실행하도록 한 학교의 교육을 위임한다. 그래서 권위의 위임이 주민→교육위원회→교육장→교장→교사로 이어진다. 이것이 75조 1항이 된 것이다. 학교는 자치의 단위가 아니기 때문에 의결권은 물론 사실상 인사권·재정권도 없다. 다만 주어진 인원과 재정을 가지고 관리·경영할 뿐이다. 따라서 교사들이 의결하여, 교장을 선출하자는 것은 논리에 맞지 않고, 임기제 또한 이치에 맞지 않는다. 교장과 교사는 신분과 자격이 다르다. 교장이 교사가 되는 신분 변동을 하려면 교사로 신규 임용해야 한다. 총장이 교수가 될 때도 마찬가지이다. 무능·부정·비리 교장이 있다면 임기에 구애받지 말고 어느 때라도 물러나게 해야 한다.

그런 사람을 교사로 내려오게 할 수는 없다. 교장에게 임기가 필요하다는 논리는 교사에게도 적용되어야 한다. 그런데 그 폐단은 대학교수 임기제에서 증명되었다. 인사적체 때문에 임기제를 주장한다면 인사적체는 다른 문제이므로 다른 방법으로 풀어야 한다. 인사적체보다 더 중요한 것은 교육행정의 전문화이다. 임기제·선출제로 전문화가 더 잘 되겠는가? 교장을 선출하려면 교육의 주권자인 주민이 하든가 학부모가 해야 한다. 실지로 영국·호주·미국 등의 일부에서는 학교운영위원회가 교장을 선발해 오고 교사를 임명한다. 교육위원회에 맡기지 않고, 자기의 자녀의 교육을 맡을 사람을 자기들이 직접 뽑겠다는 정신에서 나온 것이다.

그래서 교내장학의 책임은 교장에게 있고, 교사는 교장의 도움을 받아 성장하고 발전하려고 해야 한다. 상부의 장학은 교사와 멀고 또 거부감을 주며 행정적인 일을 하기에도 너무 바쁘므로 앞으로 교장을 중심으로 한 교내장학이 중요시되고 또 발전되어야 할 부분이다. 그리고 교육청과 교육인적자원부의 장학은 교내장학이 잘 이루어질 수 있도록 지원해 주고 행정적·제도적·재정적 뒷받침을 해 주어야 할 것이다.

3. 교내장학의 영역과 방법

장학의 영역은 상당히 광범하다. 그런데 이제 막 교내장학이라는 말이 싹트려고 하는 시기에 여러 가지 잡동사니를 얹어 놓게 되면 그 싹은 질식하고 말 것이다.

그래서 첫 번째, 교사의 본업인 수업에 초점을 맞춘 수업장학에 힘써, 교사의 수업기술 향상을 유도해야 한다.

수업기술 향상을 위한 장학방법으로는 교사와 장학자와의 1대1의 친밀한 관계 속에서 ① 수업계획을 같이 협의하고, ② 약속된 대로 수업관찰을 하여 자료를 수집하고, ③ 수집된 자료를 분석하여, 이를 바탕으로 피드백협의회를 가져 교사의 교수기술을 향상시키는 임상장학방법이 있다. 최근에 우리나라에서도 많은 시도를 하고 있는데, 정교한 기술과 많은 노력을 요한다.

마이크로티칭도 ① 소규모 학생을 대상으로, ② 4~15분간, ③ 한두 과제, ④ 한두 수업기술을 동원하는 축소된 수업으로써 ① 장학자와 수업계획을 같이 세우고, ② 수업을 하는 동안 비디오로 녹화를 하여, ③ 녹화 테이프를 반복하여 되돌려 보면서 비평을 가하고, ④ 재계획을 세워, ⑤ 재수업하면서 녹화하여, ⑥ 재비평을 하면서 수업개선에 노력하는 방법으로, 특히 신임교사를 중심으로 교내장학에 적용할 수 있을 것이다.

현재 많은 학교에서 실시하고 있는 수업연구와 수업분석도 좋은 교내장학 방법이다. 다만 형식에 치우치지 말고 좀더 조직적·체계적으로 접근하여 수업개선에 기여할 수 있도록 더욱 발전시킬 필요는 있다.

최근에 교사들끼리 수업개선을 위하여 상호 코치를 하는 동료 코치라는 개념이 미국을 중심으로 번져가고 있다. 경험 있는 동료교사가 운동 코치하듯이 수업 코치를 하는 것이다. 동료끼리 하기 때문에 상하개념이나 거부감이 없이 받아들이고 있다. 비싼 코치 비용을 내면서 테니스나 골프 코치는 받으면서 평생직·전문직이라고 하는 교직에서 돈 안 내는 수업 코치를 필요 없다고 할 것인가? 동료장학보다 더 부드러운 동료 코치는 교내장학으로 발전시킬 가치가 있다.

가장 바람직하기로는 교사 스스로가 자기수업 기술향상을 위하여 노력하는 자기장학이다. 교사가 마음먹기에 따라서는 혼자서도 충분히 수업기술 향상을 위한 노력을 할 수 있다. 가장 쉽게는 카세트 녹음기를 이용하여 수업을 녹음했다가 혼자 들어 보면서 분석하고 다시 개선·노력을 하면서 발전할 수 있지 않을까? 최근에는 수업 녹화도 가능하고 학생과 학부모로부터 자신의 수업에 대한 정보를 얻을 수도 있을 것이다.

두 번째 교내장학의 중요한 영역은 교사개발이라고 본다. 우리가 흔히 직원연수라고 하던 것을 적극적 의미로 고쳐 붙인 이름이다. 교사의 인적 자원과 능력을 개발하여 교사의 자아실현을 도와주자는 적극적·긍정적인 의미를 갖는다.

초청강연을 많이 하는데, 교사들 자체 속에서 먼저 자원인사를 찾기를 권고하고 싶다. 실험·실기도 가능하고, 독서회·학회지 구독, 논문을 복사하여 읽고 비평하기, 현장방문, 상호 학교·학급 방문 등 무궁무진한 방법이 가능하다. 또 하나 권고하고 싶은 것은, 비디오 시청 후 상호 토론을 하는 방법이다. 유명한 강연도 녹화하였다가 서로 빌려다 시청하면 좋을 것이다. 강사를 초청하더라도 인근학교와 협동하여 같이 초청하고, 또 어머니 교실과 같이 초청할 수 있는 주제도 가능할 것이다.

우리가 우리 자신의 발전을 위해서 그동안 너무 게을리 한 것이 아닌지 모르겠다. 필요한 자긍심과 자부심은 키워 나가야 하겠지만 불필요한 자만심은 과감히 버려야겠다. 학생들 앞에서 입은 많이 써먹었으니 그만큼 발산된 빈 머리를 눈과 귀를 통해서 충전시키는 데 노력하지 않으면 안 된다. 눈과 귀가 조금이라도 더 어두워지기 전에…….

4. 교내장학의 발전방향

우리는 장학사의 장학만이 장학이 아니라 이보다 더 중요한 것이 교장의 지도력에 의한 교내장학이고, 특히 중요한 점은 수업개선과 교사개발을 위한 장학이라는 것을 보았다.

이 교내장학이 뿌리를 내리고 발전하기 위해서는 첫째, 교장·교감·부장교사 등에게 장학능력이 있어야 한다. 무엇보다도 교장의 수업에 관한 지도력이 있어야겠는데, 특히 중·고등학교에서는 전공이 다르다는 핑계로 수업에 있어서의 지도성을 일찌감치 포기하는 사례가 많은데, 이는 시급히 개선되어야 할 과제이다. 교장이 수업에 있어서의 지도력을 포기하고 재무·시설·사무관리자의 위치로 전락하여, 한 명의 서무직원을 더 채용하는 격이 된다면 문제가 아닐 수 없다. 교장이 수업에 있어서의 지도력을 발휘하려면, 더구나 광범한 전공과목까지 고려하면 피나는 노력을 하지 않으면 안 된다. 최근의 수업이론도 알고 새로운 교수매체에 대해서도 알아야 한다. 그래서 남의 나라에서는 박사과정까지 밟으면서 수업이라는 영토를 놓치지 않으려 노력하고 있다. 장학론·교장론에 관한 공부도 해야 한다. 교장이 전문성도 없고 공부도 하지 않는 것을 옆에서 지켜본 교사들이 그 약점을 알고서는 돌아가면서 교장 해 먹자고 달려드는지도 모른다. 필자에게 혹자가 우리나라 교육발전을 위해 어떤 일부터 하겠느냐고 묻는다면 서슴없이 교장 선생님의 질을 높이는 일부터 하겠다고 대답할 것이다. 교장은 우리나라 교육발전의 열쇠를 쥐고 있는 전략적 인물이다. 그렇게 중요한 자리이다. 학교 교육의 책임자이니까.

둘째는 교사의 자기발전을 위한 자발성과 사기를 진작시키는 일이 교내장학의 발전을 위한 열쇠이다. 아무리 도와주는 장학을 하려 해도, 맛있는 음식을 대접하려 해도, 교사가 배고파하지 않으면 아무 소용이 없다. 배우고자 하고, 발전하고자 하는 데 목말라 하고 배고파하는 분위기의 형성이 중요하다고 본다. 평생 수업을 하면서 살 것을 생각하면 멋있게 가르치며 보람 있게 하루하루를 살아가야 할 것이 아닌가! 교사들이 수용할 수 있는 장학을 하면 교사들도 장학에 대한 태도를 바꿀 것이다. 도움이 되는데 피할 이유가 없지 않겠는가? 자기발전을 위해 노력하지 않고 생의 귀중한 시기인 젊은 날을 그저 불평불만 속에서 보낸다는 것은 불행이 아닐 수 없다.

셋째는 교내장학의 발전을 위해서 제도적·행정적·재정적 뒷받침이 있어야 한다. 어려운 장학, 생기는 것 없는 장학은 교내장학이라고 하여 교장에게 떠맡기고, 실질적으로는 교장의 재량권을 부여해 주지 않는다면 공염불이 되고 말 것이다. 자율의 능력이 있는 교장에게만이라도 영국에서처럼 재정·인사권을 주어서 자율학교를 운영하게 하는 방안도 생각할 수 있다. 그리고 차차 이런 자율학교를 늘려 나가는 것이다. 교장은 위로부터 자율권을 많이 따내어 교사들과 나누어 갖는 것이다.

교장의 자율권이 많아지고 권위가 서야 교사의 자율권과 권위도 올라가는 것이다. 교장을 깎아내리면 교사의 위치는 올라가기보다는 오히려 더 비참한 존재가 된다.

작은 것 갖고 다투지 말고 큰 것을 따내기 위해 교육자들은 뭉쳐야 한다.

제 8 장
협동적 동료장학에 의한 교육의 질 향상*

1. 서 론

교육의 질 향상이 우리의 지상과제라는 것은 널리 알려진 사실이다. 국방경쟁, 경제경쟁을 거쳐 교육경쟁에 열을 올리고 있는 이때에 GNP 4,000달러의 길목에서 나라가 온통 홍역을 앓고 있으니 심히 걱정이 된다. 우리가 현명한 민족이라면 현재 부닥치고 있는 여러 가지 어려움을 슬기롭게 극복해 나갈 수 있으리라 본다.

다른 나라에서는 우수한 교육을 하는 나라만이 지구상에 영원히 살아남을 수 있다는 판단 하에 교육의 질 향상에 국력을 집중하고 있다. 그래서 한편에서는 교육개혁으로 근본적이고 제도적인 거시적 접근을 시도하고 있다. 우리도 거시적 접근으로는 교육개혁심의회 활동을 통하여 어느 정도 붐을 일으켰고 지금도 교육 외적인 일에 관심의 초점이 맞춰져 있다. 그러나 아직도

---

* 장학요원연수강의, 1989(10. 24), 경기도 광명시 교육청.

한 시간 한 시간의 수업과 이를 위한 구체적인 장학에 우리의 정력을 모두 쏟지 못하고 있는 실정이다.

이러한 때에 이곳 광명시 교육청에서는 장학에 많은 노력을 집중하여, 지난번에는 교사·교감을 선발하여 장학요원 연수를 실시하고, 또 이번에는 더 구체적이고 실질적인 동료장학을 시도하려는 이러한 연수 노력에 대하여 평소 여기에 관심을 가져온 사람으로서 기쁨을 감출 수 없으며 또한 박수를 보내고 싶다.

이제 장학도 행정적이고 일반적이며 상부적인 장학에서 수업개선적이고 구체적이며 하부적인 학교와 교실로 내려와 교사와 밀착되는 장학으로 그 강조점이 바뀌어가고 있다. 이러한 때에 교사들끼리 자율적으로 동료장학을 한다는 것은 세계적인 조류에도 맞고 우리나라에서는 선구적인 노력이라고 할 수 있다.

이러한 노력에 참고가 되기 위하여 동료장학의 이유와 필요성 또는 중요성과 몇 가지 방법에 대하여 같이 생각해 보기로 한다.

2. 동료장학을 해야 하는 이유

협동적 동료장학이란 교사의 교수기술 향상과 전문적 성장을 위하여 교사 상호간에 협동적 노력을 하는 과정이다.

그런데 이 동료장학은 다음과 같은 두 가지 중요한 세계적인 거대조류와 일치한다.

첫째, 동료장학은 분권화의 조류와 맥을 같이한다. 모든 일이 수요자와 고객 가까이로 접근하고 있다. 따라서 모든 권한이 집권으로부터 분권으로 가고 있으며, 교육도 중앙으로부터 현장으로 권한이 이양되고 있다. 필자는 이를 "장학의 중심이동"이라고 표현했었다. 장학이 교육인적자원부・교육청의 장학으로부터 교장・교감을 중심으로 한 교내장학, 그중에서도 교사들끼리 협동・노력하는 동료장학과 궁극적으로는 교사 스스로 교수기술 향상과 자기성장을 위해서 노력하는 자기장학으로 장학의 중심이 이동해야 한다고 했는데, 동료장학은 이러한 주장과 일치한다. 교육인적자원부나 교육청의 장학은 각 수준 고유의 장학을 하면서 교내장학・동료장학・자기장학이 잘 이루어지도록 지원하는 노력을 해야 할 것이다.

장학의 중심이동은 일반장학・행정장학으로부터 수업장학・임상장학 등 미시적으로 파고들고, 행정가・장학사로부터 교사・학생에게로 접근하려는 노력도 포함되는데, 그런 의미에서 동료장학은 내용적으로 교사가 하는 일과 가장 밀접한 "수업"과 밀착하게 된다.

둘째, 동료장학은 참여・자율화의 거대조류와도 일치한다. 장학은 이제 더이상 일방적인 피동적 장학으로 남아 있을 수는 없다. 민주주의가 대의민주제에서 참여민주제로 바뀌어가고 있는 요즈음 장학 또한 교사의 적극적인 참여를 바탕으로 한 참여장학이 요구된다. 동료장학이야말로 교사들 상호간에 하는 참여장학의 정수라고 할 수 있다. 민주주의는 자율을 근거로 하고 있다. 즉 스스로 결정하고, 자신의 결정과 행동에 책임을 지는 것이다. 동료장학은 교사들의 자율과 참여에 근거한 바람직한 장학의 방향이라고 할 수 있겠다.

셋째, 동료장학은 전문직적 특성과 일치한다. 전문직의 전문가는 관료적 상급자보다도 전문가 동료를 지향한다. 전문의사는 동료전문가 의사와 협의하여 수술을 집도하는 것이지 행정가인 병원장과 협의하는 것은 아니다. 교육에서도 옛날에는 교사들이 가르치다가 문제가 생기면 교장을 찾아갔으나 이제는 교장 대신에 동료교사를 찾아간다. DeSanctis와 Blumberg의 연구에서 교사들이 수업과 학급관리에 대하여 대화를 나눈 사람 중 64%는 다른 동료교사와, 23%는 전문가와, 7%는 교장과, 6%는 사무직원이나 기타 식당종업원 등이라고 응답하였다는 것은 흥미롭다. 교사들은 교장과 비슷한 비율로 일반직원들과 전문적인 일에 관하여 대화를 나누는 것이다. 교사의 문제에 대하여 가장 잘 알고 도와줄 수 있는 사람들은 동료전문가인 교사들이다. 그리고 동료교사들은 쉽게 만날 수 있고 약점도 털어 놓으며 서로 도움을 청할 수 있는 위치에 있다는 장점도 있다. 교사는 교장과 교감의 평가를 받기 때문에 거리감이 있으며 위협감을 느끼는 데 비하여 동료교사들은 서로 접근하기가 가능하고 비공식적으로도 각자가 가지고 있는 능력을 상호간에 최대한 활용할 수 있다. 장학을 상호간에 도움을 제공해 주는 넓은 의미로 사용한다면 교사들은 서로 훌륭한 동료장학사가 될 수 있다. 우리나라와 같이 장학사나 교장·교감에 대하여 별도로 전문적인 장학사 양성교육이나 연수교육을 충분히 실시하지 못하는 상황에서는 오히려 동료장학을 체계화하고 교사에게 장학적 기초교육을 시켜 장학요원으로서 확대하는 것이 더욱 효과적일 수 있다.

넷째, 앞으로의 교직사회는 개방과 협동을 요구하게 된다. 그래서 동료 간에 상호 개방과 협동을 필요로 하는 동료장학의 가치는 높아지게 될 것이다. 지금까지의 교사는 "외로운 운영자"였다. 경험 있는 교사도 신출교사도, 혼자서 수업을 계획하고 혼자서 실천하고 혼자서 평가해야 했었다. 성공해도 혼자서 기뻐했고 실수도 혼자서 하게 되는, "고독한 직업"이었다. 그러나 이제 교사들의 능력을 골고루 발휘하게 하고 강점을 골고루 학생들에게 나누어 준다는 의미에서 "팀 티칭"이 필요하게 되고, 또 "개방교실"과 "개방학교"로 인해 교사들이 하는 일이 개방되게 되었다. 따라서 이제는 교직도 다른 직업들과 같이 절대적으로 개방과 협동을 요구받고 있다. 가르치는 지적인 일을 나누어 갖고 곁에 전문가 동료가 있어 외롭지 않다는 것을 느끼게 되는 것은 유쾌한 일이 될 것이다. 그리고 현명한 교사라면 실수를 감춤으로써 영원한 패배자가 되는 길을 더 이상 택하지는 않을 것이다. 그런 의미에서 동료장학의 가치는 인정받게 될 것이다.

〈여기서 여러분들 스스로가 동료장학의 필요성과 이유, 그 중요성을 더 열거해 보시오.〉

3. 협동적 동료장학 방법

협동적 동료장학의 초점을 수업에 맞추면, 둘 이상의 교사가 서로 수업을 관찰하고, 그 결과에 대하여 피드백을 제공해 주고, 공통적인 전문적 관심에 대하여 토의하면서 자신들의 전문적 성장을 위해 함께 일하기로 약속한, 비교적 반형식적 과정이라고 할 수 있다. 교사들이 전문적 성장을 위해 서로 돕는 방법은 형편과 상황에 따라 아주 다양하다. 두세 명의 교사가 서로 수업관찰을 하고 그 결과에 대하여 서로 의견을 교환하는 간단하고 간소한 방법으로부터 아예 교사를 한 팀으로 조직하여 수업을 하기 위하여 여러 측면에서 협동하는 야심적이고 종합적인 동료장학도 있을 수 있다.

그러나 적어도 장학의 관점에서 동료장학을 생각한다면 첫째, 동료의 관계성은 비교적 반형식적이고 반제도적일 필요가 있다. 우연히 수업을 보게 되거나 도움을 주고받는 비공식적 교류에 맡기는 것까지 동료장학의 범주에 넣을 수는 없다. 둘째, 교사들은 적어도 두 번 이상은 서로 수업을 관찰하고 관찰 후에 협의회를 가져야 할 것이다. 셋째, 교사 간의 관계성은 상호 우호적인 동료적 관계이어야 한다. 교장·교감이나 장학사가 지원해 주거나 가끔 확인해 보더라도 관찰과 협의회·토의는 전적으로 교사들만이 참여하게 하는 것이 좋다. 넷째, 또 이들의 관계성은 평가적이 아니어야 한다. 상호 평가로 이용될 때에는 진실된 상호 성장의 목적은 달성되기가 어렵다. 무엇보다도 중요한 것은 교사의 자발성과 성장의욕, 동기유발에 호소하는 일이다. 모든 일이 다 그렇지만 이 동료장학도 교사들의 자발성에 기대해야 한다. 그래서 동료의 짝이나 팀을 구성할 때도 가능한 한 그들의 희망을 들어서 하는 것이 좋다.

이제 몇 가지 협동적인 동료장학의 예를 들기로 한다.

1) 비공식적 관찰·협의

가장 쉽게 접근할 수 있는 방법으로서, 피관찰교사의 희망에 따라 수업관찰을 하고 피드백을 제공하며 관심과 문제점에 대하여 협의하게 하는 방법이다. 수업관찰은 피관찰교사가 관심을 갖는 특정 내용에 초점을 두는 "초점관찰"이 될 수도 있고, 수업 전반을 관찰하는 "무초점관찰"이 될 수도 있다. 이는 피관찰자에게 주도성을 두고 비공식성에 근거한 자유스러운 분위기에서 이루어진다.

2) 초점관찰 – 자료제공

이는 피관찰교사가 관심을 갖는 내용에 초점을 맞추어 수업관찰도구에 의하여 수업관찰을 하고 여기서 수집된 관찰자료를 수업자에게 전해 주어, 분석이나 평가는 수업자에게 맡기는 방법이다. 예를 들면 수업 중 교사와 학생 간의 상호 작용의 종류에 따라 상호 작용의 빈도만 표시하여 주고 분석이나 평가·결론 등 그 자료활용은 전적으로 수업자인 피관찰교사에게 맡기는 것이다. 이 방법은 수업자가 자료를 분석할 수 있고 활용할 수 있는 능력이 있고, 또 관찰자도 자료수집을 할 수 있는 능력이 있다는 것을 전제로 하고 있다. 관찰자에게는 도움이 안 될 것으로 생각되기 쉬우나, 다른 동료의 수업을 관찰하고 관찰도구에 표시하는 것만으로도 많은 것을 배우게 된다. 능력 있는 교사는 이 정도의 협동으로도 많은 전문적 성장을 할 수 있으리라 본다.

3) 소규모 현직연수위원회

3~5명의 교사들이 집단을 이루어 ① 집단의 요구를 분석하여, ② 교육과

정과 수업을 관찰하여 분석하고, ③ 관찰자료에 근거하여 피드백을 제공해 주고, ④ 관찰기록을 나누어 갖는 속에 현직연수의 목표를 달성하는 협동적 노력을 하게 할 수 있다. 집단이 비슷한 현직연수의 요구를 가지고 있으면 더욱 좋을 것이고, 그렇지 않다면 집단을 구성하고 나서 거기서 공통적인 요구사항을 찾아내야 될 것이다. 현직연수를 강연회로만 생각할 필요는 없다. 수업에 관한 연수가 더 중요한 연수이다.

4) 팀 티칭

우리나라에서 한때 팀 티칭이 소개되었으나 일반화되지는 않고 있다. 그러나 이것은 필요성은 충분히 있다. 교사들은 누구나 강점과 약점을 갖고 있는데, 팀을 이룸으로써 약점을 보완하고 강점을 살려 학생들에게 제공해 줄 수 있기 때문이다. 이런 팀 티칭 속에서는 자연스럽게 수업관찰을 하고 피드백을 제공해 주게 되는데, 이를 형식화하면 더욱 효과적일 수 있다.

5) 임상장학에 의한 동료장학

임상장학은 합리적인 수정에 관심을 갖고 1 대 1의 친밀한 관계 속에서 계획협의회, 수업관찰, 피드백협의회를 통하여 교사의 수업기술을 향상시키고 계속적인 전문적 성장을 돕고자 하는 하나의 장학대안이다. 우리의 궁극적인 장학목표는 교사의 교수기술과 전문성을 높여 학생의 학습 성취를 높이는 것인데, 과거의 전통적인 장학은 너무나 일반적이고 행정적이어서 이러한 구체적인 목표를 달성하기에는 너무나 적절치 못하다고 느끼던 차에 임상장학이라는 대안이 소개되자 많은 장학관계자들이 관심을 기울이고 있으며, 장학연구학교·연구교육청을 지정해 이를 실시하고 있으며, 또 임상장학의 효과성을 검증하는 석사학위논문도 많이 나오고 있다.

임상장학이란 원래 이 장학모형을 개발한 하버드대학의 Cogan, Anderson, 그리고 Goldhammer팀이 사용한 용어인 "임상"이라는 말을 그대로 사용하였는데, 의학의 병리적인 의미가 들어 있는 용어에 약간의 거부감이 있으나 실제로는 건전한 교사를 전제로 하는 "교사 중심 장학"이라고 할 수 있다. 과거의 장학이 장학사의 필요에 의한 장학사 중심 장학이었다면 이에 반하여 임상장학은 교사주도의 교사 중심 수업장학의 한 방안이라고 할 수 있다.

이러한 교사 중심의 수업 장학이라고 한다면 동료교사들 간의 임상장학이야말로 적절한 모형이라고 할 수 있다. 다만 교사들이 임상장학의 기술을 습득하기 위한 훈련과 연수를 충분히 받지 못했다는 점을 고려하여, 때로는 과정을 줄이거나 약식으로 할 수도 있을 것이다.

계획협의회에서는 학급과 학습계획에 대하여 설명하고 교사가 관점을 갖는 점을 확인하며 수업관찰도구와 시간에 대하여 합의를 본다. 어떤 의미에서는 수업자와 관찰자가 사전계획을 하고 장학에 대한 계약을 하는 셈이다. 수업 중에 방문하여 보고 나중에 이러쿵저러쿵 일방적으로 평을 하던 과거의 장학방식보다는 진일보한 방법이라고 하지 않을 수 없다.

여기서는 ① 교사의 관심과 문제점을 확인하고, ② 이 문제점을 관찰 가능한 행동용어로 바꾸어 놓고, ③ 앞으로 어떻게 교수개선을 하면 좋을 것인가 그 절차를 확인하고, ④ 교사 스스로 교수개선의 목표를 설정할 수 있도록 돕고, ⑤ 서로 편리한 수업관찰 시간을 정하고, ⑥ 수업관찰 중에 수집한 자료의 형태와 도구에 대하여 합의하는 일과 이에 필요한 기술을 갖고 있어야 한다. 처음에는 이 계획협의회에 많은 시간이 걸리겠지만 반복하는 과정에서 10분 정도로 줄어들 수 있다.

임상장학의 두 번째 단계이면서 핵심인 수업관찰은 계획협의회에서의 약속에 따라 객관적이고 과학적인 자료를 수집하는 데 그 목적이 있다. 교사의 관심과 문제에 알맞은 이미 개발된 수업관찰도구가 있으면 그대로 사용하면 되지만 알맞은 것이 없다면 교사와 장학사가 공동으로 개발해야 할 것이다.

과거의 장학이 이러한 객관적인 자료 없이 주관적으로 쉽게 수업을 "잘했다" 또는 "못했다" 판단했던 것에 비하면 좀더 신중을 기하려는 접근이다. 교직이 전문직이라고 한다면 우리는 이러한 객관적 자료에 근거하여 전문성을 신장하는 노력을 경주할 필요가 있다. 물론 객관적·과학적 자료만이 만병통치약이 아니라는 점도 강조하고 싶다. 주관적이고 육감적인·예술적인·수업감상적인 자료도 필요하고, 이들은 상호 보완적으로 사용될 수 있다.

그러면 여기서 동료장학에서 사용될 수 있는 수업관찰방법 몇 가지를 소개하기로 한다.

(1) 부분적인 정확한 대사 기록 방법

교사가 관심을 갖는 교사의 발문, 학생에 대한 피드백 반응, 지시와 구조적 진술 등을 말한 그대로 적거나 녹음하였다가 분석하는 방법이다.

질문은 ① 인지적 수준, ② 정보의 양, ③ 재질문, ④ 탐색적 질문, ⑤ 복수질문의 빈도 또는 비율로 분석하고, 피드백 반응과 지시 그리고 구조적 진술은 ① 양, ② 다양성, ③ 구체성 등의 관점에서 분석할 수 있을 것이다.

(2) 좌석표에의 관찰기록

학생들은 좌석표에다 학생들의 ① 과업집중, ② 언어의 흐름, ③ 이동과 움직임 등의 정보를 담아 여러 측면에서 분석하면 수업개선을 위한 좋은 자료가 될 것이다(〈표 8-1〉, 〈그림 8-1〉, 〈그림 8-2〉, 〈그림 8-3〉 참조).

(3) 광각렌즈 방법

이는 어느 한 부분에 초점을 맞추지 않고 광범하게 관찰하는 "무초점관찰"과 같은 방법으로서, ① 학급에서 일어나는 일을 그때그때 기록하는 일화기록방법과 ② 녹음과 녹화기록 방법 등이 있다.

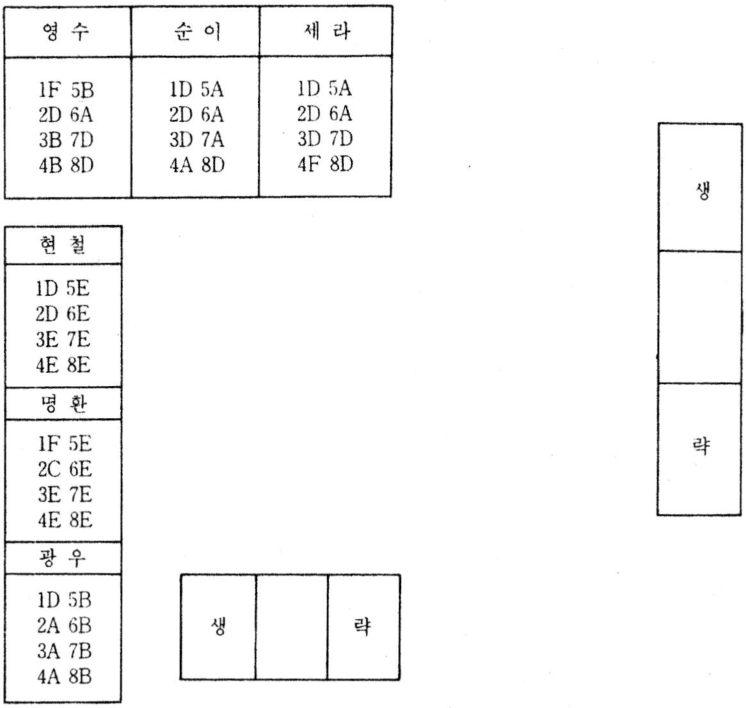

영 수	순 이	세 라
1F 5B	1D 5A	1D 5A
2D 6A	2D 6A	2D 6A
3B 7D	3D 7A	3D 7D
4B 8D	4A 8D	4F 8D

현 철
1D 5E
2D 6E
3E 7E
4E 8E

명 환
1F 5E
2C 6E
3E 7E
4E 8E

광 우
1D 5B
2A 6B
3A 7B
4A 8B

생
락

생		락

1. 9 : 20   A = 과업중(혼자)
2. 9 : 22   B = 과업중(교사와)
3. 9 : 24   C = 이석
4. 9 : 26   D = 잡담
5. 9 : 28   E = 공상
6. 9 : 30   F = 장난
7. 9 : 32
8. 9 : 34

〈그림 8-1〉 과업집중도(예)

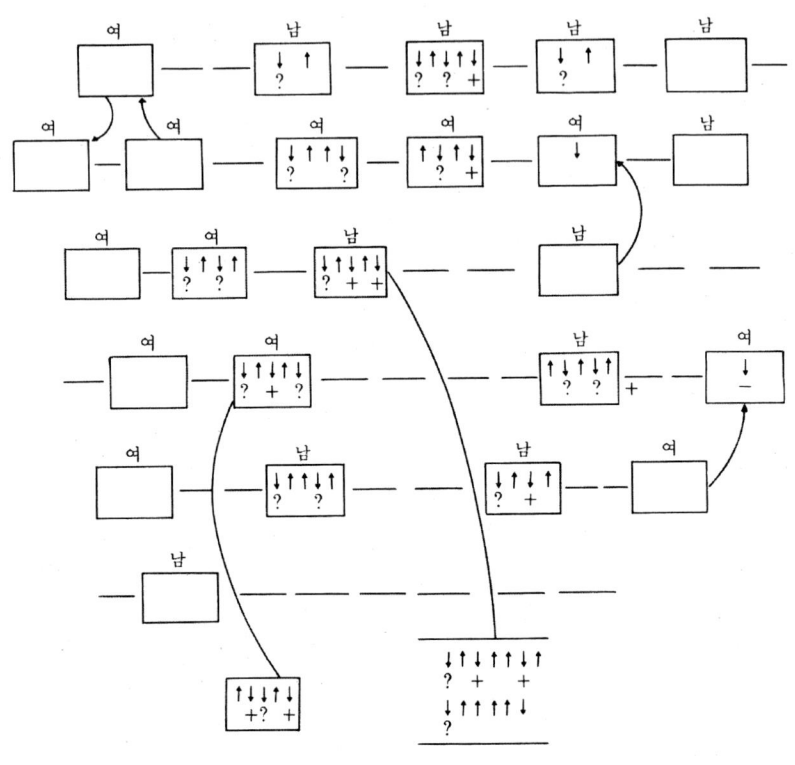

• 분석
1. 좌석위치 선호
2. 학생 선호
3. 언어행동 선호(否:肯)

• 범례
? : 교사의 질문
↑ : 학생의 반응
+ : 교사의 긍정적 반응
− : 교사의 부정적 반응

〈그림 8-2〉 언어 흐름표

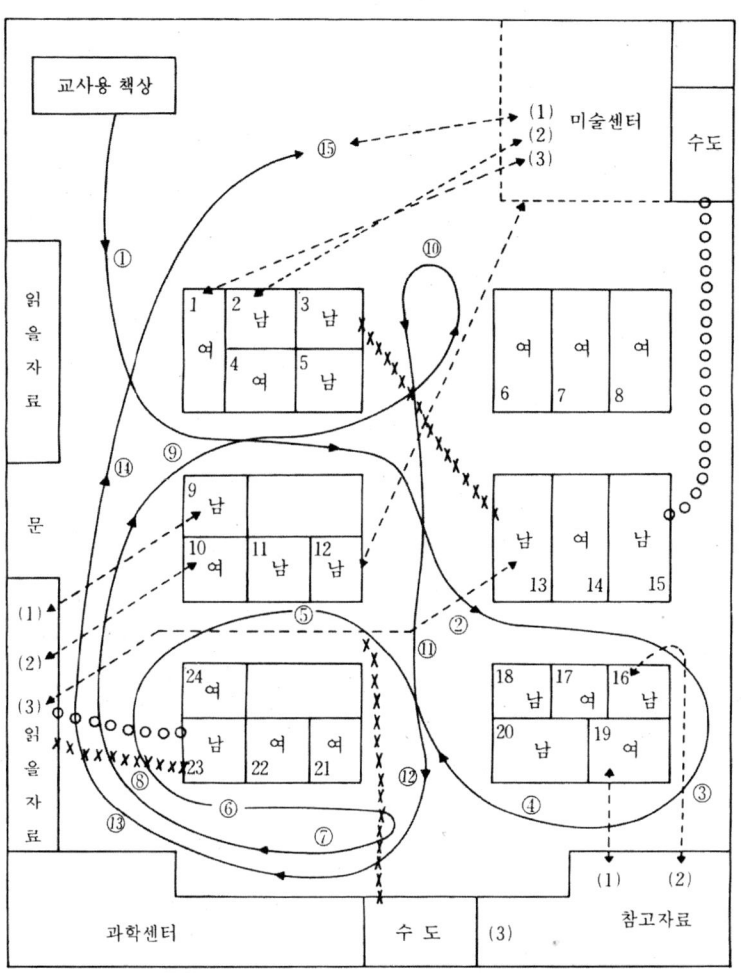

• 이동범례

××× : 지시된 학생의 움직임

――― : 학생의 유목적적 움직임(지시되지 않은)

교사의 순회(화살표는 방향 표시)

○○○ : 학생의 무목적적 움직임

① : 교사-학생 협의(숫자는 시차적 순서를 가리킴)

색연필 사용

첫 10분 노랑

다음 10분 초록

〈그림 8-3〉 이동양식(활동을 요하는 수업)

<표 8-1> 과업집중 요약표(<그림 8-1>의 요약)

행 동	9:20	9:22	9:24	9:26	9:28	9:30	9:32	9:34	합계	%
A. 과업 중 (혼자)	4	1	2	2	2	4	2	0	17	18
B. 과업 중 (교사와)	0	0	1	1	2	1	1	2	8	8
C. 이석	1	1	1	2	0	0	0	1	6	6
D. 잡담	5	8	2	0	0	2	2	3	22	23
E. 공상	0	1	5	5	5	5	5	5	31	32
F. 장난	2	1	1	2	3	0	2	1	12	13

<표 8-2> Flanders 언어 상호작용 분석표

시간의 흐름
1초 5 10 15 20 계 %

비 지 시 적	1	(교사) 감정, 수용(반응)			
	2	(교사) 칭찬, 격려(반응)			
	3	(교사) 학생의 아이디어 수용, 이용(반응)			
	9	(학생) 발표(주도)			
	4	(교사) 질문			
지 시 적	8	(학생) 발표(반응)			
	5	(교사) 강의(주도)			
	6	(교사) 지시(주도)			
	7	(교사) 비판, 권위 정당화(주도)			
	0	침묵, 혼란			

(4) 체크리스트와 Flanders 언어 상호 작용 분석

교사의 관심영역에 맞는 체크리스트를 ① 학생, ② 동료관찰자 등에게 적용하여 필요한 정보를 얻을 수 있다. Flanders의 언어 상호 작용 분석은 <표 8-2>와 같은 범주의 행동빈도를 내어 지시적 행동과 비지시적 행동의 비율을 계산하면 수업의 개선에 필요한 정보를 얻을 수 있을 것이다.

임상장학의 마지막 단계는 피드백협의회로, 계획협의회의 약속에 따라 수업관찰에서 수집된 자료를 분석하여 수업자에게 피드백해 주는 과정이다. 피드백협의회의 핵심은 ① 자료를 보여주고, ② 분석하고, ③ 해석하고, ④ 미래에 대한 대안을 결정하고, ⑤ 교사의 변화에 대한 의도를 강화해 주는 데 있다. 이 단계에서는 ① 객관적인 관찰자료를 교사에게 피드백해 주고, ② 교사의 추측과 의견·느낌을 끌어내고, ③ 대안적 수업목표와 방법·이유를 생각해 내도록 격려하고, ④ 교사에게 연습하고 비교할 수 있는 기회를 제공하는 장학기술이 요구된다.

특히 장학협의회에서는 지시적인 협의보다는 비지시적인 협의방법이 동료장학에서 기대되는바, 여기에도 몇 가지의 협의기술이 요구된다. ① 가능한 한 많이 경청하고 덜 말하며, ② 교사가 말한 것을 인정·의역하여 그대로 사용하고, ③ 교사의 뜻을 분명히 하는 질문을 하고, ④ 교사의 성과와 성장에 대하여 구체적으로 칭찬하고, ⑤ 직접적인 조언을 피하고, ⑥ 언어적인 지지를 해 주고, ⑦ 교사의 느낌을 인정하고 그 느낌을 그대로 사용하려는 노력이 필요하다.

임상장학의 과정을 요약하면 〈그림 8-4〉와 같다.

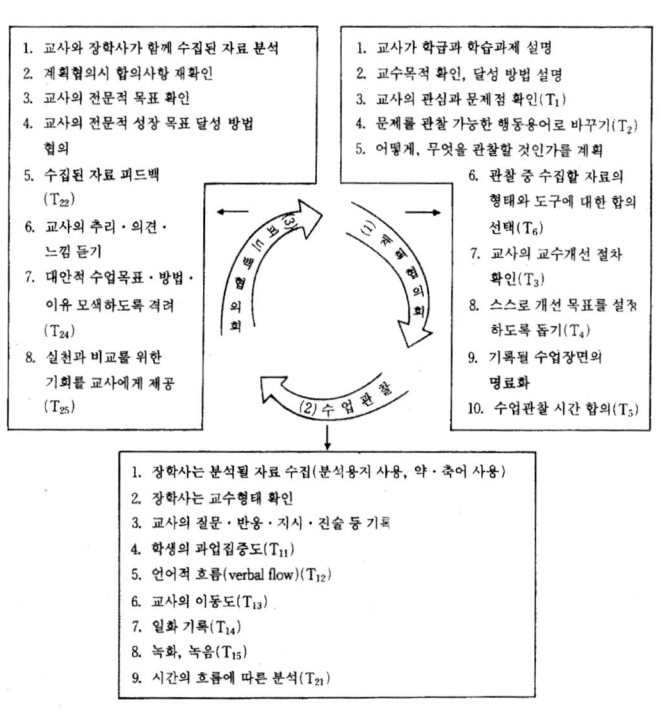

〈그림 8-4〉 임상장학의 단계별 장학기술

6) 동료 코치

최근에 미국에서는 장학이라는 개념 대신에 동료교사 간에 "동료 코치"라는 개념이 환영받고 있으며 널리 번져가고 있다. 마치 운동선수들이 트레이너와 코치의 지도를 받아 새로운 전략과 기술을 익히는 것과 같은 관계성을 교사장학에서 빌려온 것이다.

동료 코치의 목적은 ① 교수기술의 연구를 위하여 계속적인 노력을 기울이는 교사들의 공동사회 풍토를 형성하고, ② 새로운 지식과 기술을 협동적으로 연구하는 데 필요한 공동언어와 이해를 갖게 하고, ③ 새로운 교수기술과 전략을 획득하는 데 필수적인 훈련을 계속하기 위한 구조를 제공하려는 데 있다.

코치의 과정은 다양하겠지만 우선 ① 관찰과 피드백을 통해서 새로운 교수전략에 필요한 기술을 증대시키는 데 초점을 맞추고, ② 기술이 개발되고 숙달되면 새로운 교수전략을 적절하게 사용하는지 상호 검사하는 보다 복잡한 단계로 넘어간다. 이 단계에서는 공동수업계획을 세우고 실험을 하게 되는 "협동적 문제해결을 위한 협의회"를 갖게 된다.

이러한 동료 코치는 ① 수업관찰을 통하여 단순히 자료만을 수집하여 수업자에게 제공해 주는 자료제공적 코치(Mirroring)와, ② 임상장학의 전 과정을 거치면서 동료로서 공동으로 문제를 해결하려고 노력하는 협동적 코치(Collaborative Coaching)와, ③ 전문가로서 도움을 주는 전문적 코치(Expert Coaching)의 수준으로 나누어 볼 수 있다.

또한 초임교사에게 또는 교육청이나 학교에 새로 전입해 온 교사에게 조언교사(adviser)를 짝지어 주어 동료가 코치하게 하는 방안도 생각할 수 있다. 존경하는 선배교사나 유능한 교사 중에서 희망을 받아, 한 조언교사가 2~3명의 교사를 계속 조언하게 하면 될 것이다. 조언교사에게 수업시간을 줄여 주든가 수당을 지급해 주면 금상첨화이다.

그 외에 동 학년·동 교과를 중심으로 팀을 이루어 동료 코치를 할 수 있으며, 다른 학년이나 다른 교과교사를 섞어서 팀을 이루어 코치를 하게 하는 방안도 가능하다.

7) 동료 연수회

흔히 직원연수회라고 하면 외부초청강사를 모셔다가 강연회하는 것을 연상하는데, 학교 내부나 교육청 내부의 동료교사 중 유능한 자원인사를 먼저 찾아보기를 권고한다. 강연·강의도 가능하고, 실험·실기연수도 가능하리라 본다. 그리고 좋은 수업 또는 문제의 수업장면을 담은 비디오테이프이나 교육용 비디오테이프를 구해다가 같이 시청하고 나서 토의·토론하는 것도 좋은 연수가 될 수 있다.

〈더 많은 동료장학·동료코치 방법을 제시해 보시오.〉

4. 협동적 동료장학에 대한 찬·반론

협동적 동료장학의 필요성과 이유를 말하는 동안 이미 찬성론은 제시되었으나 이를 다시 요약하면 다음과 같다.

첫째, 교사들은 수업과 학급에 관한 조언을 얻기 위하여 장학사나 교장·교감보다 동료교사를 더 선호하고 이에 더 가치를 둔다는 연구결과는 협동적 동료장학을 강력히 지지한다.

둘째, 교사들은 장학에 관한 전반적인 훈련을 시키지 않고도 또 복잡한 수업관찰 양식을 사용하지 않고도 동료교사들끼리 서로 유용한 피드백을 제공할 수 있다는 점이다. 웬만한 교사는 피드백만 받아도 많은 것을 배울 수 있고 개선방안을 모색할 수 있다.

셋째, 동료장학과 동료 코치를 통하여 학교에 동료적 규범이나 동료의식 등 협동적 조직풍토를 형성할 수 있다는 장점이 있다. 이러한 조직특성이 형성되면 모든 면에서 성공적인 학교가 될 수 있는 저력이 된다.

이에 대하여 몇 가지 점에서 반대론과 문제점이 지적될 수 있다.

첫째, 이러한 동료장학이 꼭 바람직하며 이것이 실현 가능성이 있느냐 하는 문제이다. 정교한 훈련을 받지 않은 교사들이 고도로 전문성을 요구하는 장학을 스스로 해낼 수 있느냐는 점에서 이의를 제기한다.

둘째, 마찬가지로 관찰과 피드백협의회를 치밀한 계획 없이 하여도 효과를 얻을 수 있겠느냐는 회의적 반응이다.

셋째, 학교의 관료적 구조, 즉 시간부족, 동료와의 부적절한 상호 작용, 학교 건물의 부적절한 물리적 구조 등이 동료장학의 장애물로 지적되고 있다.

넷째, 아직도 장학체제는 교사의 협동적 작업보다는 고립적 분위기라는 점도 장애물이다.

이러한 반대론과 장애물이 있지만 우리나라의 상황은 오히려 동료장학을 유리하게 작용할 수도 있다. 예를 들면 현지의 장학사나 교장·교감도 고도의 장학훈련을 받지 않고 있다는 점은 동료장학을 정당화시킬 수 있다.

〈찬·반 양론의 예를 더 들어 보시오.〉

5. 행정적 · 제도적 지원

성공적인 협동적 동료장학을 위해서는 교육청과 학교의 행정적·제도적 지원을 필요로 한다.

예를 들면 첫째, 동료장학을 공식화·제도화시키고 이를 실시하는 학교·교사들에게 유인가를 주는 일이다. 유인가는 정신적·물질적 보상의 양자를 포함시킬 수 있다. 동료장학을 하지 않는 교사가 손해 보게 하기보다는 동료장학을 하는 교사가 이익과 득을 얻게 하도록 해야 할 것이다.

둘째, 교사의 자율성을 가능한 한 보장해 주고 행정가가 깊이 개입하거나 간섭하지 않는 태도가 중요하다.

셋째, 최대한의 자원을 제공해 주는 일이다. 우선 동료장학에 관한 연수를 실시하여 교사들의 호응을 받을 수 있도록 하고, 동료장학을 할 수 있는 시간을 마련해 주고, 동료장학 시 수업을 희생하지 않도록 대체교사의 비용을 마련해 주고, 비디오 등 장비와 자료를 제공해 주어야 한다. 어떤 것이든 재정적인 지원이 따르지 않는 사업은 없다.

넷째, 동료장학의 증거를 확인하기 위해 교사들에게 또 하나의 잡무를 요구하고 괴롭히게 되면 자발성에 근거한 동료장학의 싹은 질식당하게 된다는 사실을 염두에 두어야 한다.

6. 결 론

교직의 전문성과 자율성에 바탕을 둔 동료장학의 성공으로 교육의 질을 향상시키려는 시도는, 교육면에서 어려운 상황을 맞고 있는 우리나라 현실에서 아름답게 보이기까지 한다. 우리 교사 스스로가 이러한 방향으로 나아갈 때 우리 스스로의 권위를 지키고, 관료적 간섭과 타율을 미리 막아낼 수 있고, 우리가 확장시킨 전문성과 자율의 범위 내에서 우리의 생을 즐길 수 있을 것이다. 그리고 하늘을 우러러 한 점 부끄럼 없이 우리의 길, 스승의 길을 걸어갈 수 있을 것이다.

동료장학의 성공을 빈다.

참고문헌

주삼환(역)(1986). 장학론: 선택적 장학체제. 서울: 문음사.
주삼환(역)(2005). 임상장학방법. 경기: 한국학술정보(주).
주삼환(2005). 장학: 장학자와 교사의 상호 관계성. 경기: 한국학술정보(주).
ASCD, Educational Leadership, 1985(4, 11); 1987(2).

제 9 장
현대장학의 기능과 과제[*]

우리가 어떤 일에 몰두하다 보면 근본적인 것을 잊어버리기가 쉽다. 여기에 주어진 제목도 어떻게 보면 근본적인 질문에 대한 대답을 찾고자 하는데 있다. 장학이란 무엇이며, 왜 존재하며, 무엇을 해야 하고, 어떤 일을 해내는 것인가라는 근본적인 질문과 관련되는 제목이라 할 수 있다. 그러면 이러한 근본적인 질문에 대한 대답을 하기 전에 보다 더 근본적인 이야기로부터 접근해 보기로 한다.

학교는 왜 존재하는가? 학교가 존재하는 이유는 여러 가지가 있겠지만, 그것은 학생을 가르치기 위한 존재라고 하지 않을 수 없다. 학교는 가르치는 교수기능이 가장 중요한 기능이다. 누가 학생을 주로 가르치는가? 그것은 말할 것도 없이 교사인 것이다. 교사는 가르치기 위해서 학교에 가고, 교사의 존재 이유는 가르치는 데 있다.

그러나 교사가 아무리 열심히 가르쳐도 학생들이 가져가는 것, 얻는 것, 배우는 것이 없으면 아무 소용이 없다. 그래서 학교의 최종산물은 학생의 학습성과로 나타나는 것이다. 그러므로 모든 학교운영과 교육활동의 초점은 학

* 학교경영, 1988(4), 교육연구사.

생의 학습성취로 모아져야 할 것이다.

 그러나 여기에서, 교사가 교수기능을 잘 수행하도록 지원해 주는 기능도 있어야 한다. 이것이 바로 일반행정기능과, 학생을 위한 특수봉사기능과, 수업장학의 기능이라 할 수 있다. 이로써 장학의 기능은 교사의 가르치는 기능을 잘 하도록 도와주는 기능이라는 것을 알 수 있다. 일반행정기능은 교수기능도 지원해 주지만 장학기능과 학생을 위한 특수봉사기능도 뒷받침해 준다.

 그리고 다시 일반행정기능과 학생을 위한 특수봉사기능과 장학기능을 뒤에서 뒷받침해 주는 기능이 관리기능이다. 여기서는 행정과 관리를 구분해서 볼 수 있다. 학생을 위한 특수봉사기능은 양호, 건강관리, 교통, 급식, 심리치료, 상담 등 학생과 직접적으로 관련된 기능이다. 이러한 학교의 여러 기능들이 제대로 발휘될 때 최종산물이고 목표인 학생의 학습성취는 높아지고 학교는 효과적이 된다. 학교의 주요 기능을 요약하여 나타내면 〈그림 9-1〉과 같다.

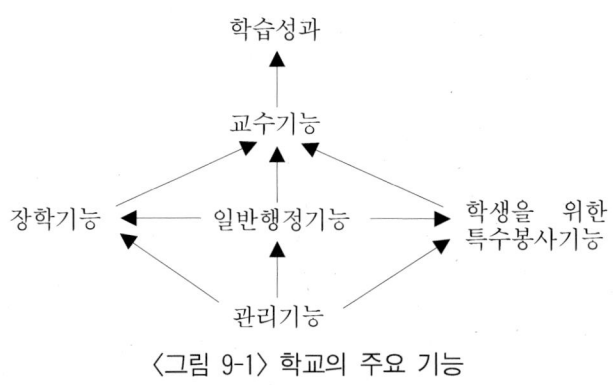

〈그림 9-1〉 학교의 주요 기능

 그러면 장학의 기능은 무엇인가? 장학은 교사로 하여금 잘 가르칠 수 있게 하는 데 그 존재이유가 있다. 학교와 교사가 존재하지 않고 가르치는 일이 없다면 장학이라는 말 자체가 존재할 수 없다. 여기서 장학의 현실을 보면, 이러한 근본적인 것을 잃어버리고, 때로는 근본적인 것에 역행하는 현상을 많이 보게 된다. 때로는 장학이나 장학사를 위해서 교사나 학생이 있는 것과 같은 착각을 일으키게 할 때도 있다.

지금까지 여러 학자들이 장학의 기능을 여러 가지로 말해왔다. Lloyd W. Dull은 구체적으로 ① 교직의 전문직화, ② 교직원의 발전, ③ 집단을 통한 장학, ④ 개인을 통한 장학, ⑤ 교육과정개발, ⑥ 방문참관, ⑦ 수업자원, ⑧ 교사평가, ⑨ 장학평가 등으로 나누었고, Ben M. Harris는 ① 학교운영의 정의, ② 장학운영, ③ 유지와 변화를 위한 장학이라고 하였으며, Kimball Wiles와 John Lovell은 그저 ① 교육과정개발, ② 수업개선이라고 하였다. 그러나 중요한 것은 ① 교사의 전문적 성장(professional development)과, ② 교육과정개발(curriculum development)과, ③ 수업개선과 지원(instructional improvement and support)이라고 압축할 수 있다. 이를 〈그림 9-2〉와 같이 나타낼 수 있다.

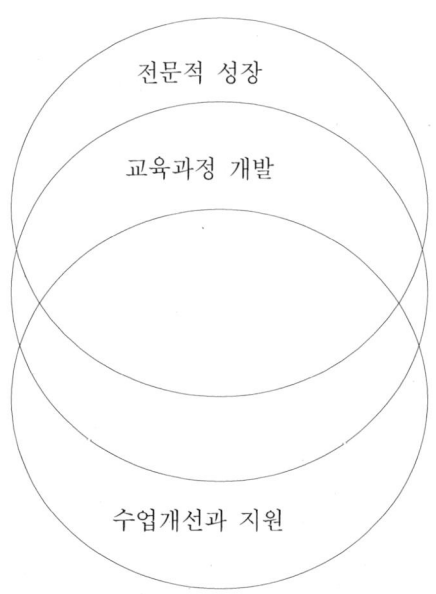

〈그림 9-2〉 장학의 주요 기능

장학의 주요기능의 하나는 교수기능을 도와 수업을 개선하고 수업이 잘 이루어질 수 있도록 지원해 주는 일이다. 여기에 학습환경의 개선까지를 포함시킬 수도 있고 이를 떼어서 별도의 항목으로 강조할 수도 있다. 최근까지 우리나라의 장학은 이 기능에 초점을 맞추지 못했다. 그러나 수업장학, 임상장학, 교내장학, 마이크로티칭, 선택적 장학체제 등의 강조와 실험적용을 통해서 차차 수업개선의 기능이 부각되는 것을 볼 수 있다.

교사의 교수기술을 향상시키고 학습자료와 학습환경을 개선해 주어 수업의 질을 높이는 일을 장학의 제일의 기능으로 보는 것은 최근에 세계 여러 나라가 공통으로 인식하는 현상이다. 교육의 우수성 추구와 교육의 질 경쟁에 열을 올리다 보면 수업의 질에 눈을 돌리게 되고 결국 장학의 질에 열쇠가 달려 있다는 것으로 귀착된다.

우수한 교육제도를 갖고 질 높은 교육을 하지 못하면 냉혹한 국제경쟁에서 살아남을 수가 없게 된다. 앞으로의 세계는 생존(survival)의 가치가 최상의 가치가 된 것이다. 잘 살고 못 살고가 문제가 아니라 단지 지구상에 살아남기 위한 것이다.

장학은 평가를 통한 수업의 질 관리에 모든 정성을 기울여야 한다. 질 관리는 산업계보다는 교육에서 더 절실한 문제이다. 인간교육이야말로 정성산업이어야 한다. 인간학생 한 사람 한 사람을 정성을 다하여 다듬어서 내보내야 하기 때문이다. 수업 한 시간 한 시간에 모든 정성을 쏟아 넣고 혼을 불어넣지 않으면 인간의 존엄성 앞에 항상 죄를 짓는 교육이 되고 만다.

거친 교육으로부터 질 높은 교육으로 끌어올리기 위해서는 장학의 질이 높아져야 하고, 질 높은 장학을 하기 위해서는 장학을 담당하는 사람의 질을 높이지 않으면 안 된다.

장학의 또 하나의 주요기능은 교육과정개발이다. 외국에서는 학교 수준에서까지 교육과정을 개발하고 수정할 수 있으나 우리나라에서는 사실상 학교 수준에서는 이는 어려운 일의 하나이다. 우리나라에서는 현재 교육인적자원부의 학교정책실에서 주로 교육과정을 개발하는 일을 하고 있다. 그 밖에 교육청, 학교 수준에서는 이미 개발된 교육과정의 질을 관리하는 일에 중점을 두게 된다. 어쨌든 학생에게 무엇을 가르칠 것인가를 결정하는 일은 장학의 주요기능의 하나임에 틀림이 없다.

또 장학담당자로서 직접 교육과정을 개발하지는 않는다 하더라도 자신이 먼저 교육과정의 구성원칙과 내용을 충분히 알고, 교사로 하여금 교육과정의 전체 맥락 속에서 교육과정 운영에 임할 수 있도록 장학해야 할 것이다. 대개 교사들은 담당과목이나 담당학년에 대한 교육과정에 대해서는 잘 알지만 전체 속에서 부분을 파악하는 데는 실패하는 일이 많다.

장학의 주요기능 중에서 세 번째는 교사의 전문적 성장과 발전을 도와주는 기능이라고 할 수 있다. 흔히 교직을 전문직이라고 하지만 전문직의 여러 기준에 비추어 볼 때 완전한 전문직이라고 부르기는 어려운 점이 없지 않다. 그래서 미국에서는 초·중등 공립학교 교사직을 반전문직 정도로만 보기도 한다. 교직이 전문직이어야 하는 것은 당연하지만 사실이 그렇다고 하기는 어렵다. 교직에 종사하는 모든 사람들이 교직의 전문화를 위하여 노력해야겠지만 특히 장학담당자들은 노력해야 할 일이 더 많다.

또 교사의 교수기술을 향상시키고 전문적으로 계속 성장하게 도와주는 일이 장학에서 해야 할 중요한 일이다. 교대나 사대에서 교수기술을 향상시키는 계통을 장학의 관점에서 살필 수 있다. 또 특히 교육실습은 장학의 중요한 영역으로 보아야 한다. 이를 학생장학이라고 한다.

또한 직원연수는 교사의 전문적 성장과 발전을 위한 장학기능의 가장 중요한 분야라고 할 수 있다. 교사양성교육을 잘 받아 훌륭한 교사로 배출시켰더라도 계속 교육을 받고 연수를 하지 않으면 시대에 뒤떨어진 교사가 되고 만다. 전통적인 교사연수는 반강제적이고 관료적이어서 그 효과가 크지 못하다. 교사의 자기발전을 위한 계속교육과 연수가 피동적이고 소극적일 수만은 없다. 교사의 연수는 현재 교사센터(Teacher Center), 직원발전(Staff Development)이라고 하여 보다 능동적·자발적으로 참여하는 운동으로 전 세계에 퍼져가는 경향이다. 교사의 측면에서 보아도 자신의 평생을 건 가르치는 일에서 보람을 찾기 위해서는 이 연수에 게을리 해서는 안 될 것이다. 장학담당자의 측면에서 보아도 교사 스스로 성장하고 발전하게 하는 것이야말로 장학의 궁극적 기능이라 하지 않을 수 없다.

여러 방면에서 교사연수에 노력해야겠지만 가르치는 일과 수업에 대한 연수가 제일 중요한 영역이다. 그동안 제일 중요한 이 부분을 경시하였으나 최근에 임상장학 등으로 강조하고 있는 것은 바람직한 현상이다. 수업을 계획하는 단계에서부터 장학담당자와 함께 협의하고, 여기서 이루어진 약속에 의하여 수업관찰을 하고 자료를 수집하며, 이 기록을 놓고 개선을 위한 관찰후 협의회 과정을 거치면서 교사의 교수기술을 하나씩 둘씩 향상시켜 나가는 일은 바람직한 장학의 방향이다. 이러한 임상장학을 실시하기 위해서는 임상장학에 관한 교사와 장학자의 연수가 필수적이다.

과거의 연수에서 지나치게 정신적인 측면만 강조하여 교사의 반발을 샀던 점은 지양되어야 할 것이다. 스스로 연수에 참여하게 하고 실질적인 도움을 받게 하며 또 계속 성장하는 교사에게 보상을 해 주는 연수제도로 바뀌어져야 할 것이다.

교사평가는 장학에서 부정적인 반응을 일으키고 있으나, 그렇다고 포기할 수 없는, 교사성장을 위한 장학기능의 한 부분인 것이다. 여기서 교사평가의 목적을 따져보지 않을 수 없다. 평가는 어떤 결정을 내리기 위한 목적과 개선의 목적이라는 두 측면에서 활용될 수 있다. 그런데 현실적으로 교사의 인사결정에만 평가가 사용되고 교사를 개선·발전시키려는 목적에는 별로 활용되지 못하고 있기 때문에 교사들은 평가에 대하여 부정적인 반응을 나타내는 것이다. 장학을 통한 올바른 평가로써 교사가 개선해야 할 점을 발견하고 이를 장학을 통해 개선시켜 나가는 일은 장학에서 가장 중요한 일이라고 할 수 있다.

장학의 기능을 여러 가지로 말할 수 있겠으나 ① 수업개선과 지원, ② 교육과정개발, ③ 교사의 전문적 성장이라고 압축해 놓고 다음은 현대장학의 과제에 대하여 살펴보기로 한다. 여기서 과제라는 말을 task로 풀이하면,

장학이 해야 할 과업 또는 일이 되어, 기능과 밀접하게 관련된다. 그런데 이를, 해결해야 할 문제점이나 안고 있는 문제점으로 보면 방향이 달라진다. 여기서는 후자 쪽으로 보고, 이에 따른 몇 가지를 제시하고자 한다.

먼저 우리나라 장학의 과제는 장학이 장학 본래의 기능을 제대로 발휘할 수 있도록 하는 일이다. 장학의 본질을 밝히고 본질에 맞는 장학을 하는 일이 우리의 장학이 풀어야 할 제일 큰 과제이다. 많은 귀중한 장학인력이 필요한 곳에 집중 투입되지 못하고 교사들과 숨바꼭질만 하고 있는 상황에서는 효과보다는 부작용만 나타나게 된다.

앞에서 제시한 장학은 교사·학생·수업에 가까운 곳으로 내려와서 강조되어야 할 것이다. 다시 말하면 학교수준의 수업장학이 강조되고 활발하게 기능을 발휘해야 할 것이다. 그리고 이를 둘러싸고 있는 교육청이나 교육인적자원부의 장학은 이들의 방향을 잡아 주고 지원해 주는, 말하자면 간접적인 원격조정의 장학이 되어야 할 것이다.

두 번째로 우리의 장학이 풀어야 할 중요한 과제는 장학담당자의 양성이라고 할 수 있다. 앞에서도 장학의 질을 높이기 위해서는 장학담당자의 질을 높여야 한다고 말한 바 있다. 교사의 질과 수업의 질을 높이기 위해서는 이를 지도하는 장학담당자의 질을 높이지 않으면 안 된다. 외국의 어떤 나라처럼 장학사와 교장을 별도로 양성하든지 아니면 현재와 같이 교사 중에서 발탁하여 채용한다 해도 강력한 연수 프로그램으로 보완해 주어야 할 것이다. 교육전문직을 교원과 수시로 전보하는 제도는 고려되어야 할 것이며, 전문직에는 전문자격증을 부여받은 사람만이 보직토록 해야 할 것이다. 또 교장의 중요한 기능의 하나를 수업장학기능이라고 한다면 자격취득 시, 또 재임 중 이에 대한 교육이 선행되어야 할 것이다.

세 번째의 과제는 교사의 동기유발이라고 할 수 있다. 교사로 하여금 가르치는 일에 전념할 수 있도록 동기를 유발하지 못하면 아무리 양질의 장학을 한다 해도 먹혀 들어가지 않을 것이다. 물론 장학을 통하여 교사의 동기를 유발시켜야겠지만 제도적으로 근본적인 접근을 하도록 해야 할 부분도 있는 것이다. 행정가보다 교사를 우대하는 제도는 장학만으로는 어려운 일이다. 지금처럼 교사의 사기가 떨어져 있는 상태에서는 학생들에게 양질의 서비스를 제공해 주기는 어려운 것이다.

네 번째의 장학의 과제는 장학 이론과 방법, 기술을 개발하는 일이다. 지금까지의 장학은 관료적으로 움직였다. 그러다 보니 장학은 자연히 발전하지 못하였다. 학자들은 외국문헌을 통해 기본적인 아이디어만을 제시하고는 장학실천가들에게 현실에 맞게 적용하라고 하지만, 장학실천가들은 구체적인 방안을 포함하여 당장 현장에서 써먹을 수 있는 완제품을 만들어 달라고 한다. 앞으로는 이론가와 실천가가 협동하여 이 분야를 계속 개척해 나가지 않으면 안 된다. 이론과 방법, 기술 없이 말로만 장학의 필요성과 중요성을 외치는 것은 쓸모가 없는 것이다.

예를 들면 수업관찰법 하나만 보아도 다양한 관찰방법과 도구가 개발되지 못한 상태이다. 외국에서 개발한 것이 있으나 외국의 수업상황과 우리의 수업상황이 다르기 때문에 이를 고려하여야 한다. 이제는 실질적인 측면에 이론가와 실천가들이 다 같이 노력해야 할 때라고 생각된다.

지금까지 현대장학의 기능과 과제를 각각 서너 가지씩 제시하였는데, 이것이 절대적인 것은 아니다. 다만, 필자의 일종의 편견이지만, 몇 가지 중요하다고 생각되는 점을 제시했을 뿐이다.

우리나라 교육을 움직이고 있는 거대한 장학조직의 인원과 시간을 효과적으로 활용하여 우리나라 교육의 질을 실질적으로 향상시킬 수 있도록 하여야 할 것이다. 그러기 위해서는 교사와 멀리 떨어져 있는 비대한 장학조직과 권한을 대폭 줄이고, 장학의 고객이요 수혜자인 교사와 가까이 있는 수준의 장학을 강화하는 방법으로 전환해 나가야 할 것이다.

제 10 장
교육력 제고를 위한 현직연수*

《수도교육》 3월호 한 권과 함께 원고청탁서를 받고 보니 여러 가지로 감회가 엇갈린다. 오랫동안 수도교육을 해 왔고, 또 《수도교육》의 애독자였으며, 여기에 글을 쓰기도 하였으니 말이다. 더구나 《수도교육》을 만드는 곳에 잠시 몸담은 적도 있었기에 더욱 그렇다.

주어진 제목이 "교육력 제고를 위한 현직연수"인데, 필자가 현직에 있는 동안 《수도교육》지를 읽는 것도 현직연수로, 자기발전과 자기성장의 계기가 되기도 하였다.

현장에 있는 동안 "교"자가 붙은 것이면 무엇이나 읽으려 했고, 또 "연"자가 붙은 모임이면 어디나 참가하려고 했었다.

그때를 생각하면 틀에 박힌 공식적인 연수보다는 스스로 하고자 하는 자발적인 비공식적 연수가 보다 높은 가치가 있었다고 생각한다.

* 수도교육 제106호, 1988(5), 서울시 교육연구원.

1. 왜 연수를 해야 하나?

왜, 무엇 때문에, 누구를 위하여 현직연수를 해야 하나? 이 물음은 필자에게 주어진 제목 속에 이미 답이 들어 있다―"교육력 제고를 위해서……." 그러면 왜 교육력을 제고해야 하나? 우수한 학생을 육성하기 위해서, 국가발전을 위해서, 교육의 국제경쟁력을 기르기 위해서……모두가 그럴싸한 대답들이다. 이런 대답들을 전적으로 부정하고 싶지는 않다. 그러나 이보다 더 절실한 대답은 "교사 자신을 위해서"라고 하고 싶다. 연구하고 생각하여 가르치지 못하고, 잘 모르는 상태에서 가르치고 교실 문을 나올 때 그 씁쓸한 맛이 나를 괴롭히곤 한다. 내가 가르치는 데서 재미를 느끼고, 교직에서 삶의 보람을 갖기 위해서 먼저 연수에 노력해야 되는 것이 아닐까? 하루 이틀 하고 말 일이 아니고, 나의 생을 건 직업이라면 남의 자아실현보다는 먼저 나 자신의 자아실현과 잠재능력 개발을 위한 연수를 해야 하는 것이 아닐까?

우리는 양질의 교사교육을 받고 나왔다고 볼 수 없다. 그런데 지식은 4년이 멀다하고 변한다. 평생교육이라는 말은 귀가 따갑도록 들은 이야기인데, 이런 속에서 내가 정지 상태로 있을 것인가?

학생에게는 훌륭한 사람 되라고 하면서 나는 훌륭한 교사가 되기 위해서 무엇을 하고 있는가? 남의 평생교육은 도와주면서 나는 직전교육으로 끝나도 되겠는가? 정년퇴임하는 교육자가 평생에 멋있는 수업 한 시간 해보지 못하고 교단을 떠나는 것이 못내 아쉽다고 하는 말을 들었다. 이 멋있는 수업 한 시간을 위해서 평생을 걸고 노력하지 않으려는지…….

2. 현장연구·연수, 무엇이 문제인가?

"현장연구·연수, 무엇이 문제인가"에는 이미 문제가 있다는 것을 전제로 하고 있다. 이 문제에 대한 대답은 현장에 계신 선생님들이 더 잘 알리라 믿는다. 문제는, 연수가 교사 자신을 위한 것이라고 생각하지 않는 것과 또 스스로 하려고 하지 않는 데 있다. 그러다 보니 형식적이고, 관제적이고, 강제 동원식이고, 승진을 위한 것, 점수를 따기 위한 것으로 변질되었다.

가르치는 일이 본업인지 연구하는 일이 본업인지 분간하기 어려운 상황도 있다. 가르치다 보니 연구의 필요성을 느낀 것인지, 아니면 연구를 위한 연구, 승진과 점수를 위하여 연구가 필요한 것인지 알 수가 없다. 0.5 혹은 1·2점을 위해서는 거짓말을 해도 괜찮은 것인지. 어쩌다가 선생님들이 이런 상황에 놓이게 되었는가? 교직윤리, 인간 도덕은 다 어디 갔는가?

학생들 성적은 공정하게 평가하라고 하면서 교사의 근무성적은 역산을 해도 되는 것인지. 가장 교육적이어야 할 조직과 제도가 비교육적으로 움직이고 있다. 이것은 교육 이전에 인간 윤리의 문제라고 생각한다.

3. 현직연수, 어떻게 개선할 것인가?

지금까지 무엇이 문제인가를 지적하여 보았다. 나름대로 앞으로의 개선방향을 제시하면 다음과 같다.

첫째, 현직연수·연구를 포함한 모든 교육활동이 사고를 가르치는 데 집중되도록 해야겠다.

가르치는 일에서 교사·학생을 중심에 놓고 보는 사고의 전환이 절실히 요청된다. 교사들이 행정에 관심을 두기보다는 가르치는 일에 몰두하도록 하고, 또 가르치는 일을 하고 있을 때 행복을 느끼도록 해야 한다. 그러므로 가르치는 일과 행정 하는 일이 따로따로 전문화되어야 한다. 선생님들이 구태여 교장·교감이 안 되어도 보람을 느낄 수 있어야 한다. 잘 가르치기 위해서 연구와 연수가 필요하게 되어야 하고, 교수효과를 높이기 위한 연구와 연수에 초점을 맞춰야 한다.

둘째, 교사의 필요에 의한 연수와 연구가 되도록 계획되어야 한다.

교사 스스로가 참여하게 하고, 스스로 참여한 사람은 그에 상응하는 보수나 명예로써 보상해 주어야 한다. 과거에 보면 스스로 배우겠다고 야간대학과 대학원에 나가는 것은 오히려 백안시하고, 싫은 관제연수에 비싼 돈 들여 재정적, 시간적 손실을 가져오기도 하였다.

현직연수가 교사의 자발성에 근거하지 않으면 그 효과를 거두기 어렵다. 스스로 성장하고자 하고 노력을 발휘하고자 할 때 옆에서 도와주는 연수가 되어야 한다.

그러려면 교사가 관심을 갖는 분야에 연수기회가 주어져야 한다. 특히 개인적 관심(personal concern)에 근거한 연수(concern-based approach)를 계획해야 한다.

셋째, 교사연수는 성인 학습이론에 기초해야 한다.

성인들도 인지적·도덕적으로 계속 발전하고자 한다. 아동학습이론에 기초하여 연수를 시도해서는 효과를 거두기가 어렵다. 성인은 학생들과는 달리 강의나 독서와 같은 소극적·피동적 학습형태로는 효과를 거두기가 어렵고, 직무수행이나 삶의 질적 개선과 직접적으로 관련되지 않은 학습에는 주의와 정력을 바치려 하지 않는다. 그래서 ① 의미 있는 역할수행 경험, ② 교사의 능력 수준과 역할수행 경험의 일치, ③ 주의 깊고 계속적으로 안내된 반성적 사고, ④ 반성과 역할수행 경험의 통합, ⑤ 도전의식과 함께 인간적인 지원을 성인연수에서 고려해야 한다.

넷째, 현 상태에서 좀더 치밀한 계획을 세워 연수를 실시하면 효과를 더 많이 거둘 수 있다.

연수의 의도·내용·접근방법들을 계획적이고 장기적인 안목에서, 가능하다면 개별교사에 근거하여 실시해야 할 것이다.

연수가 끝나면 연수를 잘 받았는지의 여부를 알아보기 위한 평가는 자주 하는데 연수를 제대로 계획을 세워 실시했는지를 알아보기 위한 평가는 실시하지 않는 경향이 있다. 다음의 충실한 연수계획을 위해서는 반드시 연수 프로그램에 대한 평가를 해야 한다.

4. 현직연수, 어떻게 계획할 것인가?

이제는 효과적인 연수계획을 위하여 몇 가지 시사가 될 점을 제시하고자 한다. 현직연수 프로그램을 계획할 때 ① 연수의 의도와 수준, ② 연수 내용, ③ 연수에서 기르고자 하는 능력(competency)의 영역, ④ 그 접근방법과 책임자의 측면 등을 고려할 필요가 있다. 이를 구체적으로 생각해 보자.

첫째, 직원연수의 의도는 정보를 제공해 주는 ① 지식수준으로 할 것이냐, 개념파악 등과 같은 ② 이해수준, 과학수업의 탐구방법의 ③ 적용수준, 아니면 ④ 가치와 태도의 통합수준에 둘 것이냐를 결정해야 한다. 이 의도의 수준에 맞지 않는 연수계획을 세운다면 낭비가 될 것이다.

둘째, 연수내용의 중점을 어디에 둘 것인가를 고려해야 한다. 연수의 주요 내용에는 ① 교사의 목적의식, ② 학생에 대한 인식, ③ 교과목에 관한 지식, ④ 교수기술이 포함될 것이다.

셋째, 길러야 할 교사의 자질과 능력의 측면을 고려해야 한다. 여기에는 ① 기술방법(knowhow), ② 실력(can-do), ③ 의지(will-do), ④ 성장의 욕의 영역을 생각할 수 있다.

넷째, 연수에 대한 접근방법과 책임자를 고려할 수 있다. 연수에 대한 ①

전통적 접근은 관료적 행정가에게 책임이 있다. 교사의 결손부분을 보충해 주기 위한 형식적이고 꽉 짜여진 형태로 대개 강의·설명식 강의·시범·관찰 등의 방식을 취하며, 교사는 대개 강제적·피동적으로 참여하게 된다. ② 비공식적 접근은 교사가 스스로 참여하고 책임을 지는 것이다. 교사들의 필요에 의하여 교사들 스스로가 모여서 연구하고, 아이디어를 나누고, 자료를 제작하는 접근이다. 이런 의미에서 교사센터는 영국에서 시작하여 전 세계로 펴져 나가고 있는 성공적인 예이다. ③ 이 양극단의 중간적 접근을 생각할 수 있는데, 여기에는 장학담당자가 중요한 책임을 진다. 장학담당자가 교사와 협동하여 교수기술을 향상시키려는 것이다.

직원연수의 의도 수준이 지식→이해→적용→가치와 태도로 옮겨가고, 교사의 능력영역이 기술방법→실력→의지→성장의욕으로 높아지면서, 행정의 구조성은 낮아지고 비공식적 성격이 강해진다.

전통적 접근의 예로는 연수회와 연수일, 중간적 접근으로는 임상장학, 비공식적 접근으로는 교사 주도의 교사센터를 들 수 있다. 이를 요약하면 〈그림 10-1〉과 같다.

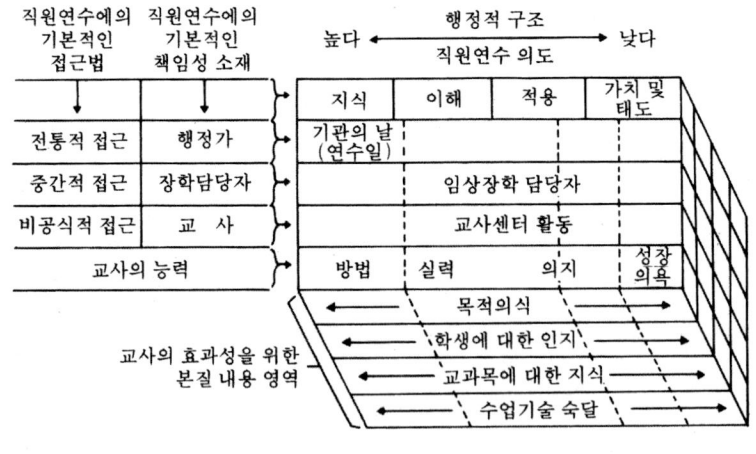

〈그림 10-1〉 직원연수를 위한 설계

이렇게 여러 변인을 고려하여 치밀한 연수계획을 세우는 것은 어렵지만 이루어진다면 그만큼 효과는 높아질 것이다.

앞에서, 교사연수는 성인학습이론에 기초해야 한다고 했는데, 이 연수에서는 교사의 경험수준을 높이는 활동을 중심으로 하는 연수를 고려할 것을 제시한다. 이때 동원하는 감각기관, 연수집단의 크기, 경험 수준의 연수목표의 영역을 요약해 놓은 표를 제시하면 〈표 10-1〉과 같다.

그리고 연수계획에 교사를 참여시켜 그들의 요구를 조사(need assessment)하고 상황을 파악하고 나서 〈표 10-1〉과 같은 여러 변인을 고려하여 연수활동을 계획한다면 현재의 연수비용을 가지고도 효과는 더 높일 수 있으리라고 본다.

흔히 연수라고 하면 초청강연을 생각하는데, 우선 비용도 적게 들고 현장 사정을 잘 아는 주변의 현장 동료교사에서부터 강사를 찾아보도록 권고한다. 그리고 외부강사를 모시더라도 이론에 치우친 일방적인 강의보다는 현장에 꼭 필요한 내용을 말해 주도록 요구해야 할 것이다.

첫째로 기대하는 내용이 정확히 무엇인가를 파악하고, 둘째로 좌석배치·매체·음향조건 등 시설을 확인하고, 셋째로 시작 전과 중간의 음료제공 여부 확인, 넷째로 연수실의 편안한 정도 확인, 다섯째로 연수생에게 할 수 있는 자료제공 여부 등, 세심한 배려를 해야 효과를 거둘 수 있다.

〈표 10-1〉 연수계획 시 고려할 기본활동

활 동	감각기관	연수집단규모	경험수준	목표영역
1. 분석과 계산	시각, 촉각	개별	16	인지
2. 브레인스토밍	청각, 시각, 말	중간	13	인지
3. 버즈활동	청각, 말	소집단	14	인지, 정의
4. 시범	시각, 청각	중간	12	인지
5. 토의(지도자 없음)	청각, 말, 시각	소집단	10	인지
6. 토의(지도촉진자 있음)	청각, 말, 시각	개별	11	인지, 정의
7. 필름, TV시청	시각, 청각	중간	10	인지, 정의
8. 직접경험	청각, 말, 시각, 촉각	개별	21	기능, 인지, 정의

활　　동	감각기관	연수집단규모	경험 수준	목표영역
9. 집단치료	청각, 말, 시각	소집단	16	정의
10. 실습(안내에 의한)	촉각, 시각, 청각	개별	19	기능, 인지
11. 면접(정보제공)	청각, 말	개별	9	인지
12. 면접(문제해결)	청각, 시각, 말, 촉각	개별	15	인지
13. 면접(심리치료적)	청각, 말, 시각	개별	17	정의
14. 강의	청각	대집단	7	인지
15. 자료·기구 접촉	시각, 촉각	중간	12	인지
16. 묵상	촉각	개별	12	정의, 인지
17. 마이크로티칭	청각, 시각, 말	소집단	18	기능, 인지
18. 체계적 수업관찰	시각, 청각	소집단	13	인지, 정의
19. 배심토의 발표	청각, 시각	대집단	8	인지
20. 독서	시각	개별	14	인지, 정의
21. 역할극(자발적)	청각, 시각, 말	소집단	16	정의
22. 역할극(구조적)	청각, 시각, 말	소집단	18	인지, 기능
23. 사회적 상호 작용	청각, 시각, 말	소집단, 중간	13	정의, 인지
24. 녹음·라디오 청취	청각	대집단	7	인지, 정의
25. 검사	청각, 촉각	중간	16	인지
26. 비디오, 사진	시각, 촉각	개별	16	인지
27. 시각화	시각	대집단	9	인지
28. 쓰기, 그리기	시각, 촉각	개별	12	인지

5. 교육력 제고는 교사의 자기성장 노력에

　교육력은 저절로 제고되는 것이 아니다. 교사들의 끊임없는 자기성장 노력과 이에 부응하는 제도적인 뒷받침이 가능할 때, 그것도 서서히 그 효과가 나타나는 것이다.

　교육의 열쇠는 교사의 손에 쥐어져 있다. 그렇기 때문에 교사들이 가지고 있는 능력을 최대한 발휘하고 계속 발전할 수 있도록 교육지도자들은 배려를 해야 한다. 교사들의 숫자가 많다고 해서 아무렇게나 다루게 되면 우리는 희망을 걸 곳이 없다. 우리를 지켜 준다는 군인과 경찰, 판·검사도 못 믿고 우리의 어린이와 젊은이를 맡아 주는 선생님들마저도 못 믿는다면 우리는 정말 어디에 희망을 걸 것인가?

　국가의 장래는 어린이와 젊은이에게 달려 있다고 한다. 이들이 지금 어디에서 무엇을 하며 시간과 정력을 바치고 있느냐가 바로 2천 년대 우리나라의 모습이다. 이들로 하여금 가치 있는 곳에 그들의 귀중한 시간과 정력을 바치도록 우리 교육자들 또한 세심한 배려를 해야 한다.

제 11 장
교육전문직 교육프로그램 및 코스 개발*

1. 교육전문직 양성교육의 필요

기대에 부푼 21세기로 전환하게 되는 1990년대의 문턱에서 1980년대에 이어 교육의 질 향상에 계속적인 노력을 기울여 2000년대에는 국제 우위를 확보해야 할 절박한 교육과제를 안고 있다. 교육의 질 향상의 핵심은 수업의 질에 달려 있다. 수업의 질을 높이려면 수업을 이루는 ① 교사와, ② 교육과정, ③ 수업환경, ④ 학생이라는 네 변인을 변화시켜야 한다. 이러한 수업변인 또는 교육변인과 밀접하게 관련된 중요한 교육활동의 하나가 장학이다. 결국 교육의 질을 향상시키기 위해서는 장학의 질을 높여야 하고, 장학의 질을 높이기 위해서는 장학을 담당하는 장학전문직의 질을 높여야 한다는 결론에 이르게 된다.

그동안 장학직을 담당하는 교육전문직은 교원(교사, 교감, 교장) 중에서

---

* 교육행정가 교육·훈련 프로그램 개발 워크숍 발표 자료, 1989(12. 1~2), 한국교육개발원.

우수한 사람을 발탁하여 보하고 있다. 그리고 근무 중에 약간의 연수를 갖는 것으로 그치고 말았다. 그러나 ① 지금은 교육의 질 향상을 위하여 교육전문직의 수준을 높여야 할 절박한 시점에 와 있고, 또 ② 교사의 학력이 높아지면서 교육전문직의 학력도 높아져야 하고, 또 ③ 교육학 석사학위를 많은 사람들이 갖고 있으며, ④ 장학에 관한 이론과 지식의 발전으로 인하여 옛날의 교사교육만으로는 장학을 충실히 해내기가 충분치 못하며, ⑤ 장학직에도 전문자격증을 필요로 하므로 우리나라에서도 교육전문직 양성교육을 실시할 필요가 있으며 또 그럴 만한 시점에 와 있다고 본다. 필자는 ① 석사과정을 마친 사람 중에서 선발하여, ② 1~2년간의 교육전문직 과정을 이수하여 학점을 따고 인턴을 거쳐 교육전문직 자격증을 획득하게 하여, ③ 장학직에 임용하고 계속적인 현직연수와 평가를 하여 장학직의 질과 장학의 질을 높여 교육의 수월성을 추구하자는 제안을 한다.

이 과정을 요약하면 〈그림 11-1〉과 같다.

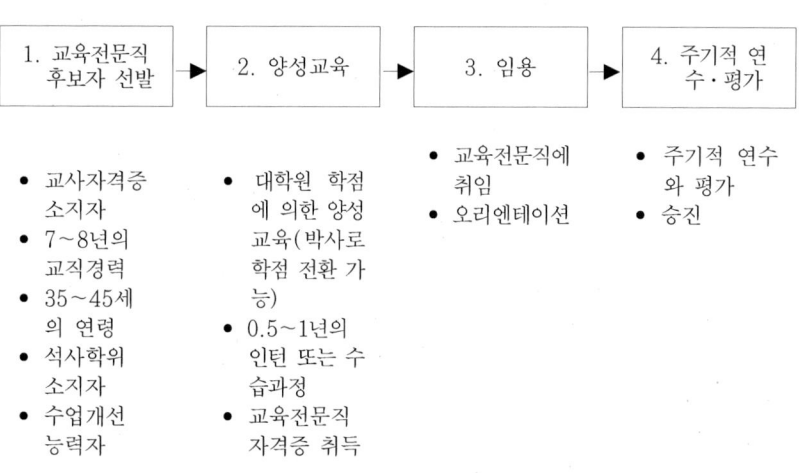

〈그림 11-1〉 교육전문직 양성교육 연수

1990년대에는 교육전문직을 양성하는 획기적인 조치로써 교육의 질을 향상시킬 것을 기대하면서, 여기서는 석사와 박사 사이의 교육전문직 자격과정에 초점을 맞추어 좀더 자세히 설명하고자 한다.

2. 교육전문직 자격과정 개요

교육전문직 자격과정은 석사를 마친 후 1~2년의 전문자 양성과정으로, 예를 들면 한국교원대학교 대학원 같은 곳에 설치하여 선발된 교사를 파견시켜 국가에서 교육시키는 것으로 한다. 그리고 이들을, 평생을 교육전문직에서 근무하도록 하여야 할 것이다. 전국의 교육전문직을 약 4,000명으로 잡아 신규 채용자부터 서서히 보충한다면 예산이나 시간, 양성능력으로 보아 무리한 부담이 되지는 않을 것으로 본다. 그러면 〈그림 11-1〉에서 제시한 순서로 좀더 자세히 설명하기로 한다.

1) 교육전문직 후보자 선발

① 학부에서 교사교육 과정을 전공하여 교사자격증을 소지하고, ② 적어도 7년 이상의 교사경력을 갖고, ③ 전공교과 또는 교육학을 전공하여 석사학위를 가진 교원 중에서 공개 선발한다. ④ 교육감의 추천을 받을 경우는 특별전형을 고려할 수 있다. 이러한 자격기준은 John A. Ramseyer[1]의 제

---

1) John Ramseyer, "Supervisory Personnel." Preparation Pro-
grams for School Administrators: Common and Specialized
Learning, Donald J. Leu and Hebert C. Rudman ed., East

안보다 높은 수준이다. 이러한 높은 수준의 교육을 받기 위해서는 연령이 낮아야 하며, 또 높은 교육을 받은 인적 자원이 오랫동안 전문직에서 능력을 발휘하기 위해서는 젊은 교원을 전문직으로 양성하는 것이 유리하다. 그래서 영국의 HMI(칙임시학관) 공개 채용 기준인 ⑤ 35~45세의 연령범위를 일단 제안한다. 교육청에서 필요로 하는 수만큼 양성할 것이냐 아니면 양성기관의 능력만큼 선발할 것이냐에 대하여는 더 연구해야 할 것으로 본다. 그러나 지나치게 많은 수를 양성하는 것은 억제하여야 할 것 같다.

2) 양성교육

양성교육의 수준은 석사와 박사의 중간 수준으로, 나중에 박사과정 학점으로 전환할 수 있도록 한다. 그리고 모든 과정은 완전히 학점제로 한다.

이러한 종류의 과정에는 ① 교육장과정, ② 장학사과정, ③ 교장(교감)과정 등을 둘 수 있는데 이는 모두 파견에 의하여 공부할 수 있게 한다.

프로그램과 코스에 대하여는 다음 절에서 좀더 집중적으로 살펴보기로 하는데, 학과와 함께 인턴 또는 수습과정을 마쳐야 교육전문직 자격증을 획득하게 한다.

3) 임 용

교육장 추천에 의한 자격취득자는 취득과 동시에 당해 교육청 장학직에 보임하고, 일반 자격취득자는 공개경쟁을 원칙으로 한다. 그래서 출신 시·

Lansing, Michigan: Seven UCFA Career Development Seminar, College of Education, Michigan State University, 1963, p.166.

도나 시·군에 상관없이 광고에 의하여 공개 채용하는 방안을 고려할 수 있다. 그러나 이 제도를 도입하는 초기나 소수를 양성하는 경우는 자격취득과 동시에 장학직에 임명하는 것이 좋을 것으로 보인다. 장학직에 임명을 받고도 현직에서 얼마간의 오리엔테이션 프로그램을 운영하는 것이 바람직하다.

현재에는 교육전문직과 교원 간에 수시로 이동·전직되고 있는데, 교육행정의 전문화라는 관점에서 이는 차단되어야 한다. 그래서 교육전문직 자격증 소지자는 평생을 이 직에서 더욱 발전해 나갈 수 있도록 보장되어야 한다.

그렇게 하기 위해서는 교육전문직이 지금보다 훨씬 더 우대될 수 있도록 제도적으로 뒷받침되어야 한다. 현재와 같은 보수나 대우로는 교육전문직에 평생을 걸 사람을 확보하기가 어려울 것이다. 여기에 덧붙이고 싶은 것은, 교장임기제로 물러난 사람을 교육전문직으로 옮겨가게 한다는 발상은 근본적으로 잘못되었다는 점이다.

4) 연 수

질 높은 자격을 취득하여 교육전문직에 임하게 되었다고 하더라도 계속적이고 정기적인 연수를 받을 수 있도록 하여야 한다. 영국의 HMI는 1년 54주 중 46주를 근무하는데, 그중 14주는 해외연수 등의 연수에 사용하고 있다는 것은 좋은 본보기가 된다. 현재와 같은 형식적인 연수로는 높은 질의 전문성을 유지하기가 어렵다. 체계적인 연수교육을 시키지 않더라도 우선 근무 일수를 줄이는 방안부터 강구해야 할 것으로 보인다. 1년에 최소한 8주는 자기 연수에 쓸 수 있게 해야 한다.

개인적으로도 고도의 전문성을 계속 유지할 수 있도록 학술지를 구독하고 장학학회를 구성하여 활동할 수 있게 되어야 할 것이다.

그리고 계속적인 평가에 의하여 강점을 계속 유지하고 약점을 개선·보완하여야 할 것이다.

3. 교육전문직 양성교육의 내용·방법

1) 장학사 양성 내용

교육전문직의 양성과 연수의 코스를 결정하기 위해서는 여러 가지 측면에서 고려할 수 있다. 우선 엄격하게는 장학사와 연구사에 따라 달라질 수 있고, 또 교육장도 달리 교육되어야 할 것이다. 그러나 여기서는 장학사에 초점을 맞춰 보기로 한다.

그다음에는 장학사가 해야 하는 일(ought to be)을 중심으로 코스를 짤 것이냐, 아니면 하고 있는 일(is)을 중심으로 교육 프로그램을 짤 것이냐를 생각할 수도 있을 것이다. 또 장학사가 갖추어야 할 자질, 능력(competency)을 중심으로 프로그램을 짤 수도 있고(competency-based supervisor education), 장학사가 하는 과업을 중심으로 생각할 수도 있고, 장학의 기능·과정에 초점을 맞출 수도 있고, 장학기술(skill)을 중심으로 코스를 마련할 수도 있을 것이다.

이 각각에 대하여 살펴보기로 한다.

(1) 장학사의 자질과 능력

교육행정가 양성을 위하여 미국 AASA도 ① 학교풍토 개선 프로그램의 설계·실천·평가, ② 정치학 이론과 정치적 기술, ③ 체계적인 학교교육과정 개발, ④ 수업관리 체제의 기획·실천, ⑤ 직원개발과 평가체제의 설계, ⑥ 인적·물적·재정적 자원의 배분, ⑦ 연구의 실시와 연구결과의 활용 등 일곱 개의 영역에서 50개의 competences를 확인하였는데, 뒤에 이를 중심으로 교육행정가 양성 프로그램을 구성하는 연구들이 있었다.[2]

---

2) John R. Hoyle, "Programs in Educational Administration and the AASA Preparation Guidelines", E. A. Q., Vol.21,

Harris는 장학 직무수행능력으로서 9개의 영역을 나누어 36항목을 확인하였는데(〈표 3-3〉 참조),[3] 이것은 자질과 능력을 갖추기 위해 무슨 과목을 개설할 것인가를 생각하는 데 도움이 될 것이다.

Ramseyer는 ① 필요한 분야의 지식에 정통할 것, ② 변화하는 문화의 맥락에서 교양교육(liberal education)을 할 것, ③ 인간성장과 발달에 대한 이해, ④ 사회 속에서의 학교의 역할에 대한 이해, ⑤ 학교의 조직구조에 대한 이해, ⑥ 교육과정을 변화시키는 방법에 대한 이해·기술·활용, ⑦ 의사소통과 인간관계 기술, ⑧ 분석·평가·연구방법에 대한 이해·기술·활용 등의 여덟 가지를 자질·능력으로서 요구하고 있다.[4] 이들 자질·능력은 장학사가 하는 일의 영역과 밀접한 관련을 맺고 있는 것을 알 수 있다.

(2) 장학사의 과업

장학사의 과업(tasks)도 여러 가지로 나눌 수 있는데, 앞에서 살펴본 것처럼 Harris는 ① 교육과정 개발, ② 교수자료의 제공, ③ 교수직원의 인사, ④ 수업의 조직, ⑤ 특수학생에 대한 봉사업무, ⑥ 현직교육, ⑦ 홍보활동, ⑧ 수업시설의 제공, ⑨ 수업평가를 들고 있다.

그러나 장학사의 일은 크게 보면 ① 행정적 업무와 ② 교육과정적 업무, ③ 수업적 업무로 나눌 수 있는데, 〈그림 11-2〉와 같이 행정→교육과정→수업으로 파고든다고 할 수 있다.

No.1(Winter 1985), pp.91-93.
3) Ben M. Harris, Supervisory Behavior in Education, 3rd ed. (Englewood Cliffs, N. J. Prentice-Hall, Inc. 1985), pp.289-295.
4) John A. Ramseyer, ibid., pp.162-165.

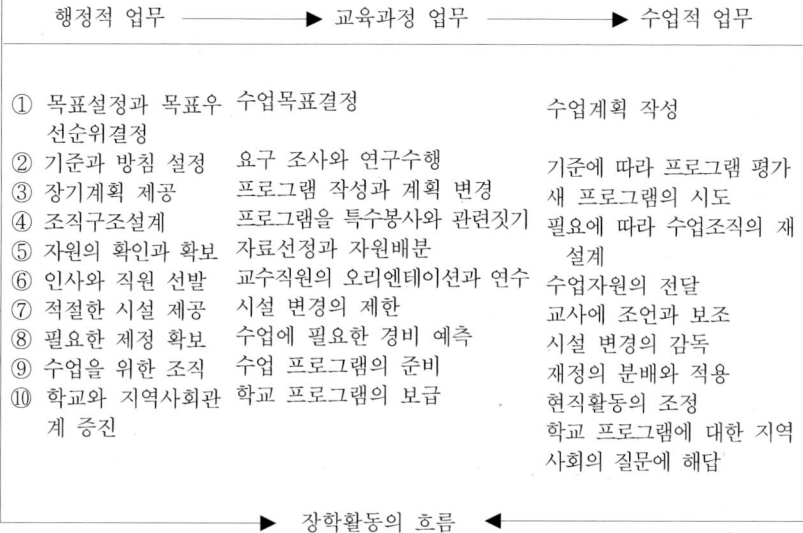

주: 장학활동은 행정적, 교육과정, 수업의 업무와 관심 간에 중복되고 또 이들 사
   이에서 조정된다.

〈그림 11-2〉 장학업무

Alfonso와 Firth, Neville[5])는 장학사의 과업영역을 〈그림 11-3〉과 같이
① 교사에 관한 영역, ② 수업에 관한 영역, ③ 조직에 관한 영역으로 나누
고, 각 영역에 Katz와 Kahn의 3기술과 비슷한 ① 인간적 기술, ② 전문적
기술, ③ 관리적 기술이 필요한 것으로 보았다.

그리고 각 지위와 맡은 역할에 따라 이 세 기술의 비중이 〈표 11-1〉과 같
이 달라진다고 예시하였다.

---

5) Robert J. Alfonso, Gerald R. Firth, and Richard F. Neville,
   *Instructional Supervision: A Behavior System (Boston: Allyn
   and Bacon, Inc., 1981), pp.322-367.*

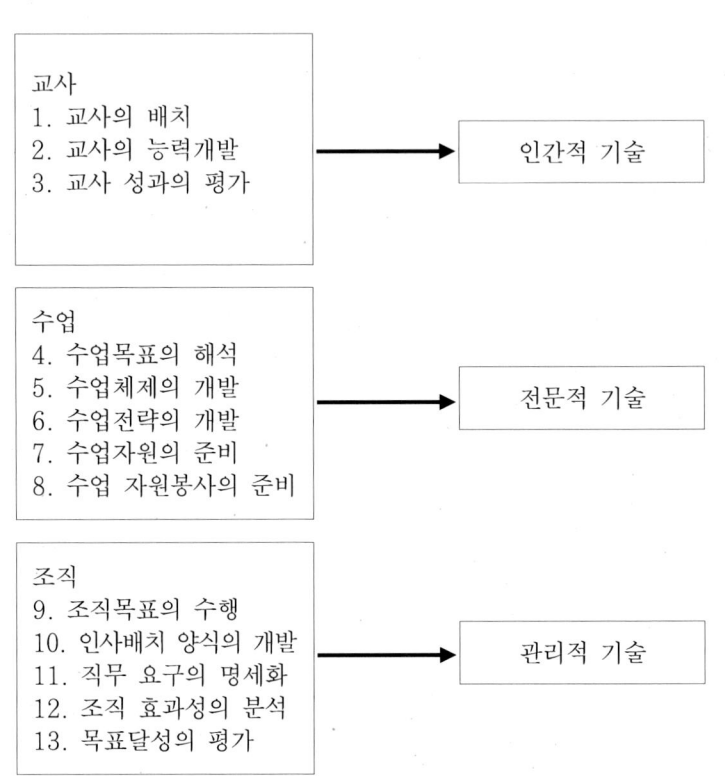

〈그림 11-3〉 수업장학의 과업영역과 기술

〈표 11-1〉 전문역할에 따른 세 기술의 분포

(단위: %)

전 문 역 할	관리적 기술	인간적 기술	전문적 기술
행　정　가	60	15	25
수 업 장 학 사	20	30	50
직 원 개 발 담 당	50	20	30
교 육 과 정 담 당	30	10	60
교　　　사	10	45	45
상　담　자	15	65	20

(3) 이론적 기초

Hoyle은 교육행정가 양성을 위한 프로그램의 전달 구성요소로서 ① 관리체제 요소에서 ㉠ 진단능력, ㉡ 설계능력, ㉢ 수업능력, ㉣ 자원관리능력, ㉤ 프로그램 평가능력을 들고, ② 내용요소로는 ㉠ 행정·조직·정치·학습이론, ㉡ 행정실제의 기술영역, ㉢ 행동·사회과학, ㉣ 교육기초, ㉤ 연구, ㉥ 고급기술, ㉦ 전문직의 윤리적 원리를 포함시키고, ③ 임상적 요소와 ④ 전문직·자기발전 요소로 구성하였다.6)

장학사에게 필요한 기초이론으로는 Hoyle의 내용요소에 해당하는 것으로 최소한 ① 조직론, ② 지도성 이론, ③ 의사소통론, ④ 의사결정론, ⑤ 변화이론7) 등이 필요할 것으로 본다.

(4) 외국의 예시

미국 미네소타 주 교육장 자격증(License)에 요구되는 과목을 예시하면 다음과 같다. 즉 미네소타 주에서는 석사학위를 마치고 전문가 자격과정에서 최소한 45쿼터 학점 이상을 마쳐야 하는데 그중 42학점은 교육행정에서 이수해야 한다. 그리고 교육행정 전공과정에서 30학점 이상을 포함하여 90학점 이상을 이수해야 한다.

미네소타 교육장 자격증 프로그램

  a. 학교행정 기초-12학점 이상

    행정가 세미나, 의사결정 실험, 교육조직론, 교육정치학, 학교재정, 학교사회조직 세미나, 관리기법의 계량적 기초, 교육법, 교육정책과 교육법

  b. 학교행정의 전문적(technical) 기술영역-12학점 이상

    특수교육 장학과 행정, 유아교육 프로그램 행정, 중등교육, 지역사회 학

---

6) John R. Hoyle, ibid., pp.85-87.
7) Alfonso, Firth, and Neville, ibid.

교, 학교예산, 재정자원 관리, 학교관리정보 시스템, 초등교장론, 초등
행정 최신 연구, 프로그램 분석, 연구의 계량적 모형, 의사결정의 계량
적 기법, 교육시설 계획, 교육인사 프로그램, 학교조직 홍보, 중등교장
론, 고등학교 프로그램 행정, 교육정책 체제, 교육정책 분석

  c. 교육행정 특수 전문분야(specialized) 기술—12학점 이상
   특수교육 행정·장학 워크숍, post-secondary 행정 실습, 학교관리
   자 정책개발 워크숍, 교육행정 워크숍, 특수교육 행정 세미나 1, 특수
   교육 행정 세미나 2, 학교조직 홍보 실습, 중학교 행정 실습, 초등행정
   세미나, 행정행위의 응용인본주의 세미나: 고대, 교육재정 세미나, 행정
   행위의 응용인본주의 세미나: 현대, 교육시설 계획 세미나, 교육법 이
   론·연구 세미나, 교육행정 임상경험 세미나, 교육행정 인턴 세미나,
   교육인사 프로그램 세미나, 교위 정치 세미나, 대도시 교위 통치 세미
   나, 초등행정 문제, 중등행정 문제, 현장연구

  d. 교육과정, 수업, 장학영역—12학점 이상(초등 6, 중등 6)

  e. 다음 3영역 내에서 12학점 이상
   인간행위 심리학, 검사와 측정, 교육철학, 특수아 교육, 상담

미네소타 특수교육 장학사 프로그램

  a. 특수교육 전공 석사

  b. 교육행정과 특수교육 프로그램에 입학 허가

  c. 석사 이후 45학점 이상 전문가자격증 과정 학점 이수

  d. 특수장학영역 교사자격증 소지

  e. 다음 중 6학점을 포함하여 교육행정에서 30학점 이상 이수
   특수교육 장학·행정, 특수교육 행정 세미나 1, 특수교육 행정 세미나 2

미네소타 교육청 근무 행정 전문가자격증 프로그램

  a. 주 전공분야 코스—최저 42학점, 필수 공통 코스—최저 24학점
   교육조직론 3, 교육정치학 3, 교육재정 3, 학교사회조직 세미나 3, 관
   리기법의 계량적 기초 3, 교육법 3, 학교예산 3, 재정자원 관리 3, 필
   수 현장연구 6, 필수 인턴 9
   기타 교육행정—최저 42학점

   b. 교육과정과 수업－최저 12학점, 필수공통 코스
      초등교육과정 3, 장학·수업개선 3, 교육과정 개발 3, 중등수업장학 3
   c. 관련분야－최저 12학점
      교육심리연구, 사회·심리·철학적 기초 등
   d. 관심영역 분야－최저 12학점
      교육대학 이외의 학과에서

총계 90학점 이상

---

(5) 교육전문직 코스 제안

앞에서 살펴본 내용을 종합하여 보면 다음 과목들을 양성 과정에서 고려해야 한다. 그 비중을 얼마나 둘 것이냐는 양성 과정의 기간에 맞추어 조정되어야 할 것이다.

---

   a. 교육기초 분야
      교육철학, 교육심리학, 교육사회학
   b. 교육행정 분야
      교육행정 개론, 교육계획론, 교육정책, 의사결정론, 교육조직(풍토)론,
      지도성 이론, 행정철학, 의사소통론, 변화이론, 교육정치와 법
   c. 장학분야
      일반장학론, 수업장학론, 임상장학론, 교육과정, 수업연구, 교수법, 직
      원개발론(staff development),
      교사(수업) 평가, 교육연구법, 교육측정·통계, 상담론, 교육자료·시청
      각, 교육인사
   d. 장학인턴·수습·실습
      1학기 또는 1학년

---

2) 교육전문직 양성교육 방법

여기서 제안한 교육전문직 양성교육은 대학원 수준이지만 성인을 대상으로 한다. 그러므로 어린이나 청소년, 젊은이를 대상으로 하는 교수방법과는 달라야 교육의 효과를 거둘 수 있다. 다시 말하면 교육전문직 교육은 양성교육이 되었든 연수교육이 되었든 간에 성인학습이론에 의한 교수방법을 채택해야 한다. 그러나 불행하게도 성인학습이론이나 성인심리학은 아동학습이론이나 아동심리학만큼 발달되지는 못했다. 그러나 지금까지 알려진 이론만이라도 활용하여 교수방법을 구성해야 할 것이다.

성인들도 인지적·도덕적으로 계속 발전하고자 한다. 성인들은 어린, 젊은 학생들보다 강의나 독서와 같은 소극적이고 피동적인 학습형태로는 교수효과를 거두기가 어려울 뿐만 아니라 직무수행이나 삶의 질을 개선하는 일과 직접적으로 관련되지 않은 그런 학습에는 주의를 기울이지 않고, 정력을 바치려고 하지 않는다는 사실에 주목해야 한다. 그래서 성인교육에서는 ① 의미 있는 역할수행을 경험하게 하고, ② 교사의 능력 수준에 맞는 역할수행을 경험하게 하고, ③ 주의 깊게 마련되고 꾸준히 계속적으로 안내된 반성적 사고를 하게 하고, ④ 이러한 반성적 사고와 역할수행의 경험을 통합시키도록 노력하고, ⑤ 도전의식을 갖게 함과 동시에 인간적인 따뜻한 지원을 해 주도록 고려하지 않으면 안 된다.

성인교원의 경험의 수준을 가능한 한 높이는 것이 효과적인데, ① 이런 교수활동을 중심으로 하여 ② 이 활동에 주로 사용하는 감각기관과 ③ 교육집단의 규모, ④ 경험 수준, ⑤ 교육하고자 하는 목표영역 등을 요약하면 제10장의 〈표 10-1〉과 같다.

쉽게 말하여 교수방법으로는 토의·세미나·실습·워크숍, 역할극, 면접, 관찰, 시청각 경험 등의 활동적인 방법을 채택해야 할 것으로 요약된다.

4. 결 론

최근, 착하기만 하던 교사들이 동요하게 된 원인의 일부분에는 교육지도력의 부재, 장학력의 미약 또는 오용도 포함된다. 이런 때일수록 강력한 교육지도력이 요구된다. 이러한 교육지도력을 기르기 위해서 교육지도자인 교육전문직의 전문양성교육을 서둘러야 할 것으로 본다. 우리나라 교육정책 중 가장 서둘러야 할 중요한 부분의 하나라고 생각된다.

교육전문직 양성교육은 석사와 박사학위 사이에 2년 정도의 교육전문가 자격증 취득 코스로서 ① 교육기초 분야에 교육철학, 교육심리학, 교육사회학을, ② 교육행정 분야에서 교육행정학 개론, 교육계획론, 교육정책·의사결정론, 교육조직(풍토)론, 지도성 이론, 행정철학·윤리·도덕, 의사소통론, 변화이론, 교육정치와 법을, ③ 장학분야에 일반장학론, 수업장학론, 임상장학론, 교육과정, 수업연구, 교수법, 직원개발론, 교사(수업)평가, 교육연구법, 교육측정·통계, 상담론, 교육자료·시청각, 교육인사, 그리고 ④ 장학인턴·수습·실습의 과목을 이수하되, 그 비중과 선택의 폭에 대하여는 더 깊이 연구해야 할 것으로 본다.

그리고 교수방법으로는 성인학습이론에 기초하여 경험의 수준을 높일 수 있는 활동을 중심으로 구성해야 할 것을 제안한다.

참고문헌

Alfonso, Robert J., Firth, Gerald R., and Neville, Richard F., Instructional Supervision: A Behavior System, Boston: Allyn and Bacon, 1981.

Harris, Ben M., Supervisory Behavior in Education 3rd ed., Englewood Cliffs, N. J.: Prentice-Hall, 1985.

Hoyle, John R., "Programs in Educational Administration and the AASA Preparation Guidelines," E. A. Q., Vol.21, No.1(Winter 1985), pp.71-93.

Ramseyer, John, "Supervisory Personnel," Preparation Programs for School Administrations: Common and Specialized Learning, Donald J. Leu and Herbert C. Rudman ed., East Lansing, Michigan: Seventh UCEA Career Development Seminar, College of Education, Michigan State University, 1963.

2.

학교장과 교육의 질 관리

제 12 장
한국 교육자치제의 문제점과 발전방향*

1. 서 론

인간은 외부의 간섭 없이 스스로의 법칙과 원칙에 의하여 자신을 통제하고 다스리고자 하는 강한 욕구를 갖고 있다. 우리는 이를 자율성의 욕구라고 하며 상당히 높은 수준의 욕구로 본다. 개인뿐만 아니라 조직도 이러한 욕구를 가지고 있으며, 민주주의는 바로 이 자율과 자치를 전제로 하고 있다. 제아무리 이상적이고 좋은 민주주의라도 "남이 대신해 주는 민주주의"란 있을 수 없으며, 그런 말 자체가 성립될 수도 없다. 비록 시간이 걸리고 헤매더라도 스스로가 터득한, 스스로 다스리는 민주주의를 형성하는 것이 바람직하다.

그런데 민주주의를 한다는 우리나라에서, 백성들이 스스로 다스리겠다(자치하겠다)는 것을 한두 사람이 마음대로 주었다가 뺏었다가 한 것 같다. 이러한 자치의 부여와 회수가 백성들의 합의에 의하여 결정되었다면 또 이해

---

* 교육자치제 세미나, 1988, 대전시 교육회. 구법을 그대로 둠.

될 수 있으나, 그렇지 못했었다는 데 문제가 있다.

어느 분야보다도 자율성이 강조되고 있는 교육에서도 그동안 교육자치제가 어떤 장기적 안목 없이 인정되었다 취소되었다 하다가 지금은 부분적으로 제한된 자치를 하고 있는 셈이다.

그동안 오랜 민주화 과정의 시련과 진통 끝에 지방자치의 실현을 목전에 두고 있으며, 교육자들도 자치다운 교육자치를 해보겠다는 기대에 부풀어 있다. 이런 시점에서 교육자치제에 대하여 한 번 더 우리의 관심과 주의를 집중해 보는 일은 의미가 있다고 본다. 더구나 지방자치법과 교육법 개정 이전에는 많은 세미나와 논란이 있었으나 그 이후에는 이러한 세미나도 별로 없었기 때문에 이번 모임은 중요한 의미를 갖는다.

여기서 새 교육자치제라 함은 1988년 4월 6일, 법률 제4009호로 공포되어 1988년 5월 1일부터 시행하기로 된 개정교육법에 의한 교육자치제를 말한다. 1988년 5월 1일부터 시행하기로 되어 있지만 실제로는 지방자치단체별로 지방의회가 구성된 후 1개월 이내에 교육위원회가 구성되고 또 교육위원회 구성 1개월 내에 교육장이 선출되어 "새 교육자치제"가 시행되게 된다.

그래서 여기서는 ① 교육자치제의 필요성에 대하여 간단히 언급하고 나서, ② 개정교육법에 나타난 새 교육자치제의 개요를 살펴보고, ③ 이와 관련하여 몇 가지 측면에서 논의를 전개하고, ④ 이를 바탕으로 하여 한국 교육자치제의 발전방향을 제시하고자 한다.

2. 왜 교육자치를 해야 하나?

왜 교육자치제를 해야 하느냐에 대하여는 이론이 없는지, 이번 교육법 개정에서도 그 제도적 측면과 방법적인 측면에서만 논란이 있었지 교육자치제

채택 여부에 대해서는 아무도 심각하게 이론을 제기한 사람이 없었다. 그 이유를 두 가지로 생각해 볼 수 있다. 하나는, 편법이기는 하지만 현재 우리나라가 이미 교육자치제를 채택하고 있으며 다른 하나는 교육자치제를 지나치게 믿고 있는 것이라 생각해 볼 수 있다. 그런데 분명한 것은, 교육자치제만이 교육목적을 가장 효과적으로 달성할 수 있고 이것만이 교육문제를 해결할 수 있다는 만병통치약식 과신은 안 된다는 점이다.

그래서 교육자치제의 효과성에 대한 진지한 평가에서부터 논의를 시작했어야 했다고 본다. 교육자치제를 기정사실로 정해 놓고 논의를 하게 되니 지엽적인 것만 가지고 날카롭게 대립하는 경향이 있었던 것이다. 교육자치제가 효과적이고 이익을 많이 줄 수 있는 제도라고 평가된 후에, 그러면 과연 어떤 교육자치제를 할 것이냐를 연구했어야 했던 것이다. 어정쩡한 자치제를 만들어 놓으면 중앙집권제보다 더 효과를 거두지 못하는 경우도 생각해 볼 수 있기 때문이다. 정말 자치제가 효과적이려면 자치제다운 자치제를 해야 할 것이다.

그러면 교육자치제란 무엇인가? 교육자치제는 교육목적달성을 위한 하나의 대안에 불과하다. 그래서 교육의 목적달성을 위하여 주민통제의 민주주의 정신 하에 자주성, 특수성, 전문성을 갖고 교육행정을 하려는 제도이다.

교육자치제의 근거는 헌법 31조에서 찾아볼 수 있다. 즉 "교육의 자주성, 전문성, 정치적 중립성은 법률이 정하는 바에 의하여 보장 된다"는 근거 하에 교육자치제를 인정·채택하고 있다. 이는 주로 교육이 일반행정이나 정치로부터 분리·독립하여 자주적·전문적·중립적으로 운영되어야 한다는 것을 강조하고 있다. 그리고 (구)교육법 14조에서는 "① 국가와 지방자치단체는 교육의 자주성을 확보하여 공정한 민의에 따라 각기 실정에 맞는 교육행정을 하기 위하여 필요 적절한 기구와 시책을 수립·실시하여야 한다. ② 국가 또는 지방자치단체는 교육재정의 안정적 확보를 위하여 적절한 시책을 강구하여야 한다."라고 하여, 중앙교육자치와 함께 지방교육자치의 근거를 제시하고 있다. 여기에 "지방자치단체"라는 말과 "공정한 민의에 따라 각기 실정에 맞는"이라는 말이 지방교육자치를 의미하고 있다.

더 구체적으로는 (구)교육법 15조에 나오는데, "교육의 자주성·전문성과 지방교육의 특수성을 살리고 지방자치단체의 교육·과학·기술·체육 및 기타 학예에 관한 중요사항을 의결하기 위하여 특별시·직할시·도와 시·군 및 자치구에 교육위원회를 둔다."고 되어 있다.

그래서 교육자치제라고 하면 중앙교육자치와 지방교육자치로 나누어 생각할 수 있다. 광의로는 중앙교육행정까지를 포함하고, 협의로는 지방교육행정만으로 좁혀진다. 그런데 교육자치제라고 하면 통념상 흔히 후자 쪽의 "지방교육자치제"를 의미하므로, 따라서 교육자치제라고 하면 지방자치와 교육자치의 두 요소가 동시에 포함된다(김영식·최희선, 1988, p.318). 즉 교육행정이 그 자주성, 전문성, 정치적 중립성(헌법 31조) 때문에 중앙과 지방에서 일반행정과 정치로부터 분리·독립하여 자치적으로 운영되어야 하고(교육자치) 또 다른 한편으로는 민주성, 민의, 주민통제와 주민자치, 지방교육의 특수성, 분권의 원리에 의하여 중앙으로부터 분리·독립하여 자치적으로 운영되어야 한다(지방자치)는 것이다. 이를 요약하면 〈그림 12-1〉과 같이 나타낼 수 있다.

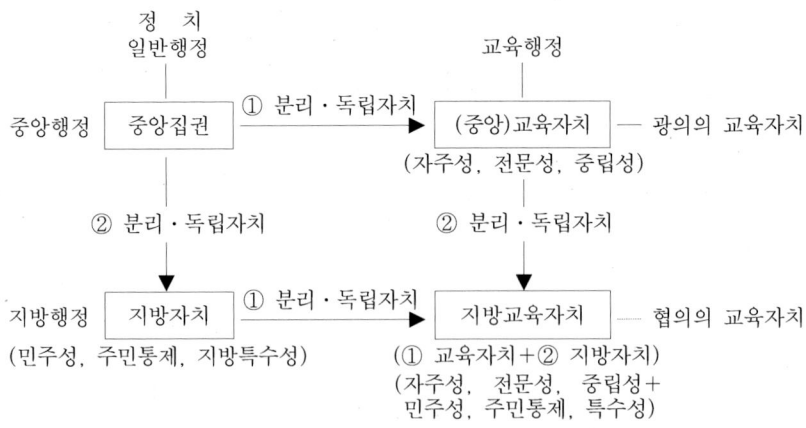

〈그림 12-1〉 교육자치의 개념

교육자치제의 개념을 설명하는 동안 "왜 교육자치제를 해야 하느냐"는 질문에 대한 대답이 암시되었다.

첫째는 교육의 자주성, 전문성, 특수성, 정치적 중립성 때문에 중앙이나 지방에서 교육행정이 정치나 일반행정으로부터 분리·독립해야 한다는 점이다.

둘째는 민주주의 정신 하에 주민자치와 통제 그리고 지방의 특수성 때문에 중앙으로부터 분리·독립하여 교육행정을 해야 한다는 점이다. 여러 학자들이 여러 가지 교육자치의 요소와 원리를 제시하고 있지만, 이 두 범주로 묶을 수 있겠다.

예를 들면 김종철(1985a, pp.36~39; 1985b, pp.105~107)은 ① 지방분권의 원리, ② 자주성의 원리, ③ 민중통제(적합성)의 원리, ④ 전문적 관리의 원리를 들고 있으며, 김신복(1985, pp.40~41)도 마찬가지로 4원리를 들고 있는데 위의 ②인 "자주성의 원리"를 "일반행정으로부터의 분리·독립의 원리"라고 표현을 달리할 뿐이며, 이형행(1985, pp.23~25)도 똑같이 4원리를 들고 있다. 이것을 필자는 비슷한 것 두 개씩을 묶어 ① 자주성·전문성·중립성에 의한 일반행정과 정치로부터의 독립이라는 전문적 자치의 원리와, ② 주민통제·지방분권에 의한 중앙으로부터의 분리·독립의 주민자치의 원리로 표현하고자 한다. 이를 요약하면 〈표 12-1〉과 같다.

〈표 12-1〉 여러 학자들이 제시한 교육자치의 원리

김 종 철	김 신 복	이 형 행	필 자
(1) 자주성의 원리	일반행정으로부터의 분리·독립의 원리	교육행정 독립의 원리	전문적 자치의 원리 (자주성, 전문성, 중립성……, 헌법 31조)
(2) 전문적 관리의 원리	〃	〃	
(3) 지방분권의 원리	〃	〃	주민 자치의 원리 (주민통제, 지방분권……; 교육법 14조, 15조 지방자치법)
(4) 주민통제의 원리	〃	〃	

그러면 이제부터 이 두 원리에 의하여 교육자치제의 근본적인 필요성과 이유를 설명하고자 한다. 이는(단락 4에서) 개정교육법에 의한 새 교육자치제를 평가하는 준거가 될 수 있다.

첫째, 교육은 전문적 자치를 해야 한다. 교육은 자주적 활동과 운영을 그 본질로 한다. 학생교육을 제대로 하려면 가르치는 교사가 피동적·지시적이어서는 안 되고, 이를 지원하는 교육행정이 정치나 일반행정에 예속되어서도 안 된다. 흔들리지 않는 올바른 철학과 교육목적에 의하여 장기적 안목을 갖고 "교육"을 하고 "교육행정"을 해야 하는 특수성을 갖고 있다. 교육목적과 내용·방법의 선정이 자유롭고, 교사와 교육자가 자주적인 교육활동을 할 수 있으며, 자주적인 교육행정제도를 갖고 있어야 올바른 교육이 될 수 있다. 교사는 어떤 직업보다도 가장 강한 자율성의 욕구를 갖고 있는데 또한 이 욕구에서 높은 욕구결손을 경험하고 있는 것이다.

학문과 예술의 자유도 이 교육의 자주성과 밀접한 관계를 맺고 있다. 이러한 자유와 자주성을 보장하기 위해서는 교육과 교육행정이 정치와 일반행정으로부터 분리·독립하여 운영되어야 하며, 이를 보장하려는 것이 바로 교육자치제인 것이다.

이 민주성과 밀접하게 관련된 것이 전문성이다. 교육은 속성으로 볼 때 전문직이어야 하며, 전문성을 갖기 때문에 자주성을 가져야 한다. 또 자주성을 보장하기 위해서는 교육과 교육행정이 전문가에 의하여 관리되어야 한다는 상호관계성을 갖고 있다. 교육활동의 본질과 특수성을 이해하고, 복잡다기한 교육행정의 기술적인 측면에 대한 훈련을 쌓고, 교육활동을 효과적으로 관리할 수 있는 전문적인 지도역량을 갖춘 전문인사들의 손에 의하여 교육행정은 이루어져야 한다(이형행, 1985, p.22). 그래서 일반행정과 분리되어야 하는 것이다. 그런데 지금까지 우리나라에서는 교육학적 전문 배경을 지니지 못한 관료들이 교육행정직을 차지할 수 있도록 되어 있어서 문제가 되어온 것이다. 앞으로 세계는 점점 더 전문화되는 추세인데 이에 맞춰 교육이 전문가의 손에 의하여 관리되도록 하기 위해서도 교육자치제는 보장되어야 한다.

교육이 정치적으로 중립적이어야 한다는 것은 너무나 당연하기 때문에 헌법에까지 명시하여 이를 보장하려고 했던 것이다. 그런데 실질적으로는 교육과 정치가 무관할 수는 없다. 교육이 정치에 영향을 주기도 하고 정치에 의하여 교육이 변하지 않을 수도 없다. 당장 교육적·이론적·논리적으로는 맞지 않는 "교장임기제"라는 새로운 용어를 만들어 내어 정치적 공약으로 내걸었고 또 이를 정치적으로 실현시키려 하고 있는 것은 하나의 좋은 사례이다. 과거에도 교육의 정치적 중립성을 보장하기 위해서는 교육을 입법·사법·행정으로부터 분리하여 4권분립을 해야 한다는 주장까지 강력하게 대두된 적이 있었다. 현실적으로 4권분립은 어렵더라도 주무장관을 정치적으로 너무 자주 바꾸지 않는다든지 안정적 교육재정을 확보하는 등, 교육의 정치적 중립성을 보장하기 위하여 철저한 교육자치제를 해야 한다는 것이다.

결국 교육과 교육행정은 교육과 교육행정전문가에 의하여 정치적으로 중립적 입장에서 자주적으로 다스려져야 한다. 이를 보장하기 위한 제도가 바로 교육자치제인 것이다.

둘째, 교육은 근본적으로 주민을 위한 것이므로 주민 스스로가 다스리고 통제하며 주민과 가까이 있는 지방의 특수성을 살리기 위해 중앙으로부터 분리하여 주민자치에 의한 지방교육자치를 하여야 한다. 이는 지방분권의 원리, 주민통제의 원리를 묶어 놓은 것이다. 민주국가에서 지방분권을 해야 한다는 것은 재론의 여지가 없다. 주민을 위한 것이 민주주의라면 피부에 와 닿는 지방의 행정권한이 확대되어야 한다. 우리의 교육이 지나치게 중앙집권적이었던 것은 부인할 길이 없다. 그래서 계속교육의 민주화·자율화를 부르짖고 있는 것이다. 교육과 교육행정에 관한 권한이 중앙으로부터 각 지방교육위원회, 학교, 교사에게로 넘어가야 할 입장이며 또 그만큼 지방교육행정가와 학교장, 교사도 전문성을 높여야 할 입장에 있다.

교육이 주민을 위한 것이라면 당연히 주민이 통제해야 하는 것이다. 미국은 원래 주민들의 "마을 회의"에 의하여 교육이 이루어져 왔기 때문에 자신들의 교육을 자신들이 결정하는, 철저한 주민통제를 해 왔다. 그런데 주민들은 교육에 관한 전문가들이 아니기 때문에 주민통제를 "비전문인 통제(lay control)"라고도 한다.

여기에는 몇 가지 문제가 있다. 우선 앞에서 언급한 전문성과 전문가 관리라는 원리와는 약간의 모순을 가진다. 비전문인이 통제하고 전문가가 관리해야 한다는 점이다. 미국에서는 정책결정과 통치(governing)는 비전문인인 주민들(교육위원회)이 하고 이러한 기본결정에 따라 교육행정전문가들(교육장과 그 직원)이 집행해 나감으로써 이를 슬기롭게 역할 분담하여 해결해 나가고 있다.

그런데 우리나라에서는 관제로부터 현대학교가 보급되어 온 전통을 갖고 있다. 오랜 옛날에는 마을사람들이 조합을 이루어 서당을 만들고 운영하는 자치의 뿌리가 있었는데 일제가 시작되면서 교육에 관한 주민자치는 뿌리째 뽑히게 되었다. 그 후 우리의 교육은 교육자의 전유물이 되었다. "선생님께 내 자식을 맡긴다."고 했는데, 엄격한 의미에서 무얼 믿고 맡겼는지 모를 일이다. 이렇게 되어 우리의 교육은 국가가 마련해 주는 대로, 교육자, 교육행정가들이 주는 대로 받아먹지 않으면 안 되는 처지가 되었던 것이다. 사실 우리의 교육은 교육에 대한 주민통제와는 거리가 멀게 되었는데, 앞으로 주민의 입맛에 맞는 메뉴의 교육을 만들어 달라고 강력하게 주문하는 입장으로 바뀔 것으로 전망된다. 앞으로의 우리나라 교육자치제에서 결정해야 할 중요한 문제가 바로 "교육자의 자치"냐 "주민의 교육자치"냐, 어디에 비중을 더 두느냐 등에 있다고 본다. 이 점에 대하여는 뒤에서 더 논의되어야 할 것이다.

이제는 교육자치제의 필요성이나 이유에 대하여는 이 정도로 마치고 이어서 개정교육법에 의한 새 교육자치제의 개요를 살펴보기로 한다.

3. 새 교육자치제의 개요

1988년 4월 6일자 법률 제4009호(현재 6400호, 2001.1.29로 바뀜)로 개정·공

포된 교육법 중 교육자치와 관련된 내용의 주요 골자를 요약·제시하고 뒤
에 가서 특징을 들어 다시 요약하고자 한다.

[교육위원회]

15조 교육위원회의 설치

　　　교육의 자율성·전문성과 지방교육의 특수성을 살리고 지방자치단체
의 교육·과학·기술·체육 및 기타 학예에 관한 중요사항을 의결하기
위하여 특별시·직할시·도와 시·군 및 자치구에 교육위원회를 둠.

16조 교육위원의 정수

　　시·도　● 서울: 15인

　　　　　● 직할시 및 도: 11인

　　　　　● 제주도: 9인

　　시·군　● 인구 7만까지 5인

　　　　　● 인구 7만 초과 7인

17조 교육위원 선출

　　당해 지방자치단체의 지방의회에서 무기명 투표로.

19조 임　기

　　4년

20조 교육위원의 자격

　　● 학식과 덕망이 높은 자로서 지방의회 의원의 피선거권이 있
　　　는 자로 정당의 당원이 아니어야 하며, 교육위원 정수의 2분의 1
　　　이상은 교육 또는 교육행정경력이 있는 자이어야 한다.

　　(지방의회 의원 피선거권—주민으로서 35세 이상, 90일 이상 거주)

　　● 명예직

21조 겸직 등 금지

　　● 국회의원, 지방의회의원, 국가공무원(대학 조교수 이상 제외), 지
　　　방공무원, 사립학교법인의 임원과 경영자 등을 겸직할 수 없음.

26조 의결사항

　　● 지방의회에 제출할 조례안, 예산안 및 결산, 특별부과금, 사용료,

수수료, 부담금, 가입금의 부과와 징수에 관한 사항
- 지방자치법 35조 1항 5~10호 규정사항
  (5. 기본재산 또는 적립금의 설치·관리 처분; 6. 중요재산의 획득
  처분; 7. 공공시설의 설치·관리 및 처분; 8. 법령과 조례에 규정된
  것을 제외한 의무 부담이나 권리의 포기; 9. 청원의 수리와 처리;
  10. 기타 법령에 의하여 권한에 속하는 사항)
- 기타 조례가 정하는 중요한 사항
- 교육장은 ① 주민의 재정적 부담이나 의무부과에 관련된 조례안이
  나 ② 지방자치단체의 일반회계에 관한 관련되는 의안을 교육위원
  회에 제출할 때에는 미리 지방자치단체의 장과 협의하여야 함.
- 교위 의장이 주민의 재정부담 의무부과에 해당하는 의안을 발의할
  때 의결 전에 지방자치단체의 장의 의견을 들어야 함.

27조 의안의 이송
- 교위 의결(된) 의안은 5일 내 교육장에게 이송.
- 위 의안 중 지방의회 의결을 요하는 사항은 교육장이 지방의회에
  제출.
- 교위 의결(된) 예산안을 지방의회가 수정·의결하고자 하는 경우
  교육장의 의견을 들어야 함.
- 지방의회 의결(된)안은 5일 내 교육장에게 이송.
- 교육장은 15일 내 공포.
- 교육장은 15일 내 재의 요구할 수 있고 수정하여 재의 요구할
  수 있음.
- 공포 20일 후부터 효력 발생.

28조 회 의
  교육장 또는 교위 재적 3분의 1 이상의 요구로 소집. 회의일수는
  시·도의 경우 연 40일, 시·군 및 자치구는 30일 이내.

29조 의장·부의장 선출
  교육위원회에서 무기명 투표로 선출. 재적의원 과반수의 득표로 당선
  (동점 시 연장자).
  임기는 2년

30조 의장의 직무

　　　　교육위원회를 대표하고 의사를 정리함.

31조 소위원회 설치

　　　　교육위원회 내에 소위원회 설치 가능

32조 의사 정족수

　　　　재적위원 과반수의 출석으로 결의.

33조 의결 정족수

　　　　출석위원 과반수의 찬성으로 의결.

37조 지방자치법의 준용

　　　　(36조 - 교육위원회는 교육장의 사무 조사권을 가짐)

　　　　(65 ~ 68조 - 청원처리)

[교 육 장]

38조 교육장

- 지방자치단체의 교육·학예에 관한 사무의 집행기관으로서 교육장을 둠.

- 교육·학예에 관하여 당해 지방자치단체를 대표.

39조 국가 행정사무의 위임

　　　　국가 행정사무 중 교육·학예에 관한 사무는 교육장에게 위임하여 행함.

40조 관장사무

　　　　조례안·예산안·결산서 작성과 편성, 교육규칙 제정, 학교 기타 교육기관의 설치·이전·폐지, 통학구역, 교육내용, 교육·학예의 시설·설비 및 교구, 재산의 취득·처분, 기본 재산과 적립금, 과학·기술교육의 진흥, 학교체육·보건 및 학교환경정화, 사회교육 및 기타교육·학예진흥, 특별부과금·사용료·수수료·분담금 및 가입금, 기채·차입금 또는 예산 외의 의무 부담, 소속 국가공무원 및 지방공무원의 인사, 기타 지방자치단체의 교육·학예에 관한 사항과 위임된 사항을 관장함.

41조 교육장의 선출

　　　　당해 교육위원회에서 무기명 투표로 선출하되 과반수 찬성 얻어야 함.

42조 교육장의 임기

　　　4년, 1차에 한하여 중임.

45조 교육장의 자격

　　　학식과 덕망이 높고 지방의회 의원의 피선거권이 있는 자로 정당의
　　　당원이 아니어야 함.

　　　교육 또는 교육전문직 경력이 20년 이상인 자.

48조 교육규칙의 제정

　　● 교육규칙을 제정할 수 있음.

　　● 교육규칙 제정. 개·폐시 15일 전에 상급관서에 보고.

51조 보조기관

　　　부교육장을 두되 시·도의 부교육장은 일반적 국가공무원으로 교육인
　　　적자원부 장관 제청으로 국무총리를 거쳐 대통령이 임명하고, 시·군
　　　및 자치구의 부교육장은 장학관 또는 일반직 지방공무원으로 교육장
　　　이 임명.

52조 교육기관의 설치

　　　정해진 범위 안에서 교육기관을 설치할 수 있음.

53조 공무원의 배치

　　　보조기관과 교육기관에 교육비 특별회계 경비로 지방공무원을 둘 수
　　　있고, 또 국가공무원도 둘 수 있다.

55조 지휘·감독

　　● 위임된 사무에 관하여 시·도교육장은 교육인적자원부 장관,
　　　시·군교육장은 1차로 시·도교육장, 2차로 교육인적자원부 장
　　　관의 지휘·감독을 받음.

　　● 교육장의 사무에 관한 명령이나 처분에 대하여 상급관서의 취소·
　　　집행정지 통보가 있을 때 15일 내에 대법원에 제소할 수 있음.

56조 교육·학예에 관한 자치사무의 감사

　　　교육인적자원부 장관 또는 시·도교육장은 교육·학예에 관한 자치사
　　　무에 보고를 받거나 감사할 수 있다.

57조 지방의회 등 의결의 재의와 제소

　　● 지방의회 또는 교육위원회의 의결이 부당하다고 판단될 때 교육인
　　　적자원부 장관과 시·도교육장은 관할 교육장에게 재의 요구하도

록 요청할 수 있다.
- 재의 시는 출석의(위)원 3분의 2 이상의 찬성이 있어야 함.
- 재의결이 법령에 위반된다고 판단될 때 상급부서의 승인을 얻어 15일 이내에 대법원에 제소할 수 있다.

[지방교육재정]

68조 교육·학예에 요하는 경비는 교육에 관한 특별부과금·수수료·사용료 및 기타 교육·학예에 관한 재산수입, 지방교육재정교부금, 당해 지방자치단체의 일반회계로부터의 전입금, 기타 교육·학예에 속하는 수입으로 충당.

69조 의무교육경비
- 국가가 부담.
- 공립 중·고·전문대 교원봉급의 반액은 국고부담.

70조 지방자치단체의 교육·학예에 관한 경비를 위해 지방자치단체에 교육비 특별회계를 둠.

71조 국가는 지방자치단체의 교육비를 보조해야 하고 시·도는 시·군 및 자치구의 교육비를 보조할 수 있음.

85조 학교의 설립·폐지
시·군·자치구―초·중학교와 이에 해당하는 학교.
시·도―고등학교와 이에 준하는 학교 그리고 특수학교.
교육인적자원부―대학과 이에 준하는 학교.

이상을 중심으로 몇 가지 변화와 특징을 들어 좀더 압축해 보기로 한다.

첫째, 지방자치제의 틀과 시기를 같이하여 ① 시·도와 ② 시·군·자치구의 두 수준에서 교육자치제를 실시하며 시·군·자치구는 유·초등·중등학교를, 시·도는 고등학교와 특수학교를, 교육인적자원부는 대학을 관할한다.

둘째, 교육위원회는 교육·학예에 관한 위임형 의결기관으로 형식을 갖추고 있으며 중요한 사항의 최종결정은 지방의회가 갖는다.

셋째, 교육위원은 비당원의 지방주민으로서 피선거권이 있어야 하고, 2분의 1은 교육 또는 교육행정경력을 가지고 있어야 하며, 겸직을 금지하는 명예직으로 지방의회에 의하여 간접선거로 선출된다.

넷째, 교육위원의 자격, 숫자, 보궐선거, 의결사항, 회의방식, 의장에 관한 사항, 사무직원 등 구체적인 사항까지 획일적으로 규정되어 있다.

다섯째, 위임형 의결기관인 교육위원회에서 의결한 사무를 집행하는 집행기관으로 교육장을 둔다.

여섯째, 교육장은 비당원으로서 지방의회의원의 피선거권을 갖고 20년 이상의 교육 또는 교육전문직 경력을 갖는 자로서 교육위원회에 의하여 선출되는데, 교육·학예에 관하여 당해 지방자치단체를 대표하는 실질적인 권한을 갖는다.

일곱째, 보조기관으로서 부교육장을 두는데 시·도부교육장은 일반직 국가공무원으로 교육인적자원부 장관 제청으로 국무총리를 거쳐 대통령이 임명하고, 시·군·자치구 부교육장은 장학관 또는 일반직 지방공무원으로 교육장이 임명하고, 다른 보조기관은 대통령령과 교육규칙으로 정한다.

여덟째, 교육장은 상급교육장과 교육인적자원부 장관의 지휘·감독·감사를 받으며 이에 불복하는 내용에 대하여는 대법원에 제소할 수 있다.

아홉째, 교육장과 교육위원회 의장이 ① 주민의 재정부담이나 의무부과에 관한 의안을 교육위원회에 제출 또는 발의할 때 사전에 지방자치단체장의 의견을 들어야 하며, 반대로 ② 지방의회가 교육위원회의 예산안을 수정 의결할 때는 교육장의 의견을 들어야 하고, 교육위원회와 지방의회의 재의결이 법령에 위반될 때는 대법원에 제소할 수 있다.

열째, 지방교육비는 교육에 관한 특별부과금·수수료·사용료 및 기타 재정수입·지방교육재정교부금·지방자치단체의 일반회계 전입금·기타 수입으로 충당하고, 의무교육비는 국가가 부담하고, 공립 중·고·전문대 교원봉급의 반액을 국고가 부담하며, 지방자치단체에 교육비특별회계를 둔다.

새 교육자치제를 이상 열 가지로 그 개요를 설명하였다. 아쉬운 것은 이러한 교육자치제를 조금 시행해 보지도 않고 다시 개정해야 한다는 주장이 나올 정도로 졸속으로 이루어지고, 지방자치법의 흉내를 낸 흔적이 있고, 특수 분야에 특례를 주는 편견이 노출되기도 한다는 점이다.

그러나 ① 정당배제로 중치적 중립성을 보장하려 하고, ② 지방의회와 자치단체장이 당연직 교육위원이 되는 것을 막은 점, ③ 교육위원과 교육장의 자격기준을 좀더 분명히 한, 긍정적인 측면도 많다.

그러면 이어서 새 교육자치제의 문제점을 중심으로 논의를 전개하고자 한다.

4. 새 교육자치제에 대한 논의

새 교육자치제에 대한 논의는 앞에서 언급한 교육자치제의 근본적인 원리 (필요성 또는 목적)의 관점에서 논의하고, 나머지는 몇 가지 전반적인 또는 부분적인 문제점과 쟁점이 될 만한 것에 대하여 살펴보고자 한다.

먼저 새 교육자치제는 원리적 측면에서 미흡한 점이 있다.

첫째, 교육행정의 자주성이 보장되기 어렵다. 이번 교육자치제에서, 중앙수준에서 교육인적자원부가 독자적인 교육행정을 할 수 있도록 하는 장치가 아쉽다. 중앙교육 행정을 담당하는 교육인적자원부에 관한 것은 아예 건드리지도 않았다. 이번 교육자치제도 통상적인 개념인 지방교육자치가 초점이 되었는데, 여기서도 자주성은 보장되기 어렵다. 우선 교육위원이 정치적인 지방의회에 의하여 간선되어 지방의회에 예속되기 쉽고, 또 교육장도 교육소비자를 기준으로 보면 교육위원회에 의하여 정해진다는 점으로 보아 자주성의 보장이 어렵다.

또 교육위원회가 위임형 의결기관이라고는 하지만 독자적인 조례제정권과 재정권을 갖지 못하고 있다. 이런 상태에서는 교육의 자주성은 보장되기가 어렵다. 지방의회가 예산안을 수정할 때는 교육장의 의견을 들어야 한다(교육법 27조 ③)는 조항만으로는 충분치 못하다. 또 지방자치단체가 교육·과학·기술·체육·학예의 모든 권한을 교육위원회와 교육청에 모두 위임할 것이냐에 관심이 있다. 예를 들면 학교체육 이외에 주민체육, 예술까지도 위임할 것이냐이다.

정치적 중립성도 보장되기가 어렵다. 교육위원과 교육장이 "정당의 당원이 아니어야" 하지만 정치적 영향을 받기 쉬운 지방의회에 의하여 선출되기 때문에 중립성을 보장하기가 어려울 것이다.

둘째, 전문적 관리의 원리를 적용하려고 노력한 흔적이 엿보인다. 앞에서 지적한 대로 지방의회와 지방자치단체의 장에게 의존하고 있는 점은 전문적 관리의 원리에 어긋난다. 그러나 교육자치 내부로 넘어 왔을 때 ① 교육위원 중 2분의 1 이상은 많든 적든 간에 교육 또는 교육행정경력이 있는 자이어야 한다는 규정(교육법 20조 ①)과 ② 교육장이 교육경력이나 교육전문직경력 또는 양 경력이 20년 이상이어야 기본자격을 갖는 것(교육법 45조 ②)은 전문성을 보장하려고 한 흔적으로 볼 수 있다. 그런데 여기에서 교육장직의 성격을 분명히 해야 할 시점에 와 있다고 본다. 즉 교수전문가냐 행정전문가냐, 아니면 양자의 조합이냐의 문제다. 교육장직은 앞으로 교육행정가로서의 역할이 강조될 것으로 전망된다. 그리고 교장직, 장학직과 달리 교육장직 별도의 자격증을 요구해야 할 것이다. 그렇다면 20년을 우수한 교사로 잘 가르쳤다고 해서, 또 장학을 잘 했다고 해서 교육장도 잘 해내리라는 보장이 있는가? 교육장이 ① 최고집행관(Chief Executive)이며, ② 교육지도자(Educational Leader)이고, ③ 최고자문자(Chief Advisor)가 되려면 최소의 교육경력(예를 들면 10여년 교사경력)에 더하여(＋) 교육장 훈련과 교육을 받고(또는 석사·박사과정으로 교육행정을 전공하고) 교육장 자격증을 획득하도록 하여야 할 것이다. 지방교육자치제가 제대로 되고, 또 우리나라와 같이 교육위원회가 권한이 약한 형식적인 역할을 하는 상황에서는 교육장의 권한이 비대해지므로 반드시 높은 수준의 자격증을 요구해야 할 것이다.

교육위원에게까지 전문성을 내세워 교육경력을 요구하다 보면 그만큼 주민의 대표성은 약하게 된다. 지역사회의 권력구조와 교육장의 전문적 힘의 정도에 따라 교육자치제가 ① 관료적으로 운영되기도 하고, ② 전문동료적으로 운영되기도 하고, 또 ③ 순전히 정치적으로 움직이기도 한다. 교육장이 전문적 힘을 발휘하는 두 번째 행태를 기대하려면 단순히 가르치는 20년 경력 또는 장학하는 20년 경력이라는 량만을 요구하는 것은 바람직하지 못하다.

또 시·도부교육장은 반드시 일반직 국가공무원으로 하여 대통령이 임명하도록 되어 있으니, 대한교련의 지적대로 전문적 관리에 어긋난다. 부교육장이 때로는 교육장을 대리해야 할 중요한 자리이고 교육장은 4년 임기이지만 부교육장은 임기가 없다는 점을 생각하면, 어떻게 보면 교육장보다도 중요한 보조기관이다.

셋째, 지방분권의 원리의 측면에서도 미흡하다. 교육인적자원부와 시·도, 시·군·자치구간의 ① 기능분화가 제대로 안 되어 있고(최근 하부로 권한위임을 하고 있지만), ② 지방교육재정의 확보가 미흡하여 의무교육은 여전히 국가에 의존할 형편이며, ③ 교육규칙 제정(교육법 48조 ④, 53조), 교육기관 설치(교육법 52조 ②)에 중앙의 통제를 받고 또 공식적인 지휘·감독과 (교육법 55조) 감사를 받고(교육법 56조), 재의요구 요청(교육법 57조)을 받고 있으며, ④ 시·도 부교육장 인사를 지방교육자치에 맞지 않게(때로는 교육장도 대리해야 하는데) 일반직 국가공무원으로 대통령이 임명하게 되어 있는데 이는 지방분권의 원리가 아니라 중앙통제의 원리라 할 수 있다. 국립대학 총장까지도 직선하는 이때 부교육장의 대통령 임명은 분명히 논란의 대상이 되지 않을 수 없다.

그런데 교육위원과 교육장은 그 지방의 피선거권이 있어야 하고 90일 이상 거주한 그 지방 주민이어야 하므로 오히려 지방(분권)의 폐쇄성을 나타내고 있다. 전국적으로 훌륭한 교육장을 초빙하기 어려울 것이며, 고등학교 교원은 시·도교육청 관할이므로(시·도 내에서 전보되므로) 특정 출신지역

(고향) 시·군교육장으로 선출되는 데 제한을 받게 될 것이다(시·도교육장 선출에는 제한을 받지 않겠지만). 결국 인사(시·도부교육장)·재정에 제한을 받게 되며, 중앙과 지방의 기능분화가 제대로 안 되어 있고, 경우에 따라서는 지휘·감독·통제와 획일(입시, 교과서 등의)로 지방교육의 특색을 살리기 어렵게 될 수도 있다. 어떻게 보면 갑작스런 지방분권의 혼란을 막는 순기능이 될지도 모른다.

넷째, 주민통제의 원리와는 거리가 먼 지방교육자치제가 될 것이다. ① 주민들이 자기들의 대표를 직접 선출하지도 못하고(직능적인 이익집단을 대표하지도 못하고─교육과 교육행정 경력자가 2분의 1 이상이어야 하므로 교사집단과 교육행정집단의 이익은 대변할지 모르지만 지역은 대표하지도 못할 것이다), ② 교육위원회의 권한이 약하여 통치기구(governing body)가 되지 못하고, ③ 실질적인 권한을 갖는 교육장도 주민과 거리가 멀며, ④ 주민과 거리가 먼 중앙이 실질적인 권한을 많이 갖게 될 것이며 주민의 입맛에 맞는 지방교육·주민교육을 기대하기는 어렵게 되어 있다.

형식상으로는 주민→지방의회→교육위원회→교육장→보조기관으로 효력이 흘러가게 되어 있으나 여전히 중앙의 관료와 지방 교육자(교육장, 보조기관)의 전횡이 예산된다.

이런 면에서 볼 때 앞으로 운영의 묘를 얼마나 살릴지 모르지만 현재의 개정된 교육법상에 나타난 교육자치제의 원리를 충분히 충족시키지 못하고 있다. 이제 전반적인 측면, 때로는 미세한 부분에서 몇 가지 질문형식으로 논의를 하고자 한다.

첫째, 모든 것을 미세한 것까지 교육법·대통령령으로 다 규정해 놓고 무슨 교육자치제를 하고 지방의 특수성을 어떻게 살리겠다는 것인가? 예를 들면 교육위원 수, 회의방식, 회의일수까지 획일화시켜 놓고도 지방교육자치를 하자는 것인가? 교육위원 수, 개회일수가 지방에 따라 다르다고 해서 교육자치가 안 되는 것인가? 왜 제주도는 교육위원이 9인이어야 하고 직할시와 도는 11인이어야 하는가? 그 인원수를 그 도민이 자치적으로 정하면 안 되는가?

둘째, 왜 시·군·자치구는 중학교까지를 관할하고 시·도는 고등학교를, 교육인적자원부는 대학을 관할해야 하는가? 고등학교도 중등교육으로 그리고 보통교육으로 같이 묶어서 시·군·자치구에서 관할하면 안 되는가? 어떤 정당한 이유가 있다면 몰라도 전통적인 상하개념이라면 이런 발상으로는 교육자치제를 제대로 하기는 어렵다.

셋째, 교육위원회와 교육장의 관계는 의회와 행정부의 관계인가 아니면 과거와 같이 합의제집행기관적 성격인가? 형식적으로는 교육위원회를 의결기관으로 해 놓고 실제로는 같은 기관으로 운영될 것이 아닌가? 교육위원회와 교육청은 독립기관적 성격을 지녀야 할 것이 아닌가? 의회의 기능을 하려면 견제의 기능과 입법기능, 정책결정기능을 충분히 할 수 있어야 할 것이다. 교육위원회 사무직원을 교육장이 임명하고, 또 지방의회의 의결을 요하는 의안을 직접 의회에 제출하지 못하고 교육장을 통하여 제출해야 하는가? 앞으로 교육위원회를 대표하는 것은 의장(사실은 위원장이어야 할 것임)이고 교육청을 대표하는 것은 교육장이 될 것인데, 과거의 간판은 ○○시·도교육위원회라 붙여 놓고 교육위원회는 보이지 않고 교육감과 그 직원만이 눈에 보였던 것이다. 앞으로 교육자치제가 기능적으로 운영되지 못하고 역기능적으로 운영된다면 교육청은 교육위원회, 지방의회와 지방자치단체장, 교육인적자원부의 3중·4중의 간섭을 받게 되고, 다만 곤란에 부딪칠 때 유일하게 대법원에만 호소할 수 있게 되어 시어머니만 늘게 되는 것은 아닌가?

이런 여러 가지 측면에서 볼 때 자치제다운 교육자치제를 실현하겠다는 의지가 개정교육법에 담겨 있지 못한 채 형식만 갖추고 조문만 나열해 놓은 느낌을 갖게 한다.

교육법 개정의 과정에 교직경력자를 대표하는 대한교련과 교육행정직의 이익을 옹호하는(?) 교육인적자원부 쪽의 입김은 들어갔어도 막상 중시해야 할 그리고 자치를 해야 할 주민들의 목소리에는 귀를 기울이지 못했다. 그래서 교육장의 자격요건 같은 미세한 경력의 종류와 그 횟수만 첨예하게 대립하였던 것이다. 그러면서도 교육장의 자격증 하나 만들어 놓지 못한 것이다.

5. 한국 교육자치제 발전방향

이제 한국 국민들은 교육주권을 누구에게 맡길 것인가에 대하여 심각하게 생각하고 중요한 결정을 내려야 할 시점에 와 있다. 즉 ① 교육을 국가와 소수 담당 관료들에게 계속 맡겨둘 것인가, 아니면 ② 참다운 교육자에게 맡길 것인가, 또는 ③ 주민의 소유로 할 것인가의 결정이다. 다른 한편으로는 획일성이냐 다양성이냐의 가치선택이라고도 할 수 있다. 지금까지 교육에 대한 결정은 관료들이 했고 실제의 교육활동은 교육자들이 담당해 왔다. 교육수요자와 소비자인 국민, 특히 학부모와 학생들은 교육에 관한 주요 정책결정과 의사결정에 참여하지도 못했고 필요한 원하는 교육내용과 방법을 요구하지도 못했다. 교육에 관한 주민의 선택 자유는 전적으로 배제되었다. 학교도 선택하기 어려웠고(대학입시조차도 대학과 전공의 서열에다 자신의 성적 서열을 맞추는 것이었다), 배우고 싶은 선생님도 교과목도(심지어는 선택과목까지도) 선택할 수 없었다. 교복을 벗으라고 하면 벗어야 했고 입고 오라면 입어야 했으며, 새벽에 등교하라면 그래야 했고, 밤중에야 집에 가라면 또 그래야 했다. 정의사회구현을 위해서 과외를 하면 아버지 직장도 그만두고 세무사찰을 받아야 한다. 아들 과외와 세무사찰이 무슨 관련이 있단 말인가?

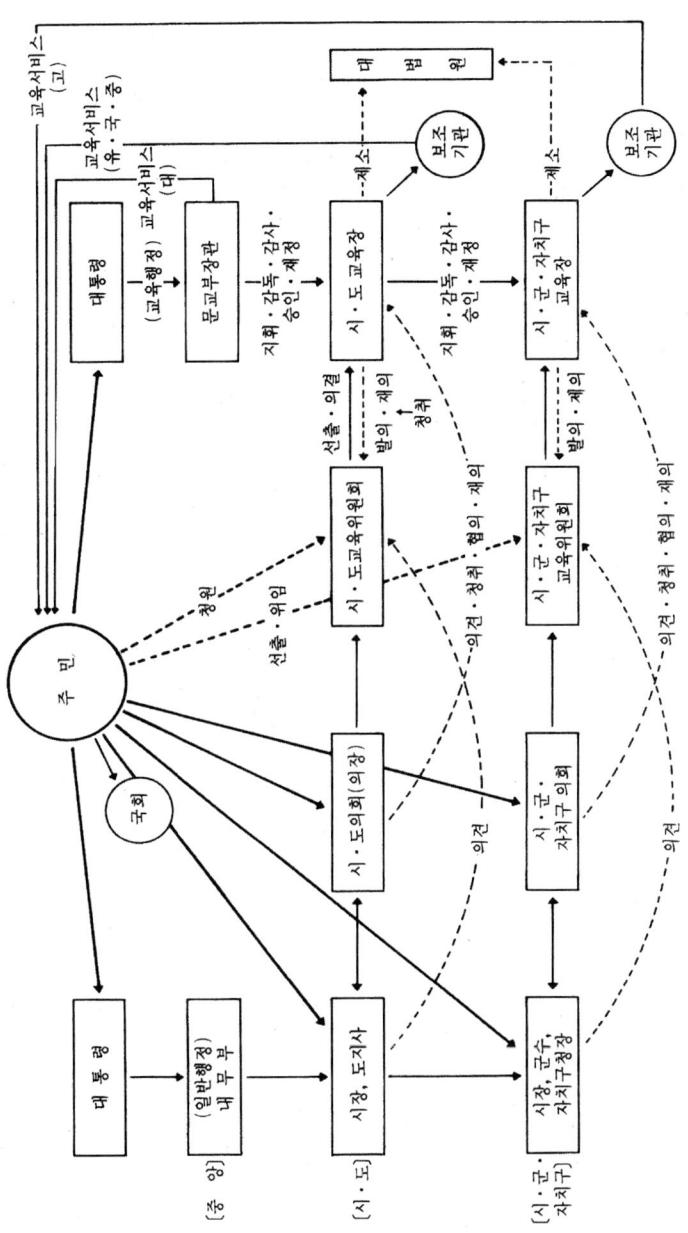

〈그림 12-2〉 각 단체(기관) 간의 권력구조

헌법에 거주 이전의 자유는 분명히 있는데도 불구하고 자녀의 수평적 학교 이동이 어려워 이사 다니기가 불편한 것은 어떻게 설명할 것인가?

이제 이러한 ① 관료의 교육자치(?)를 계속할 것인가 아니면 소위 전문가라는 ② 교육자의 교육자치를 할 것인가 아니면 ③ 주민의 교육자치를 할 것인가? ④ 이 3자를 조합하려 한다면 이들 간에 어떻게 비중을 둘 것인가? 어떤 형태로든 "주민 교육자치"의 방향으로 가지 않을 수 없을 것이다. 주민의 교육주권을 찾아야 한다.

이러한 근본적인 생각과 결정에 의하여 교육자치제에 있어서의 권력구조를 구상해야 한다. 일반행정과 교육행정과의 관계, 중앙행정과 지방행정과의 관계, 의결기관과 집행기관의 관계, 주민과 교육자·학생 간의 관계를 분명히 해야 할 것이다.

어떤 형태가 되었든지 간에 민주국가교육에서 주민은 가장 상층부에 위치하지 않으면 안 될 것이다. 새 교육자치제의 권력관계 구도를 나타내면 〈그림 12-2〉와 같다.

〈그림 12-2〉를 보면 교육자치기구는 일반 지방자치기구보다 한 단계 낮은 수준에 있는 것을 부인할 길이 없다. 따라서 자신을 뽑아 주는 기관에 예속되지 않으리라는 보장이 없다. 입법권, 재정권, 인사권을 갖지 못하는 자치기구는 허상에 불과하다. 앞으로 교육위원회를 지방의회와 대등한 독립된 의결기관으로 발전시켜야 할 것이다.

현재는 교육위원회가 지방의회의 하나의 하위 특별위원회로 간주되고 있는 정도이다. 앞으로 교육법 시행령으로 나올 교육장의 보조기관만이라도 그 지방에 맡겨 두는 방향으로 결정되기를 기대한다.

앞으로의 교육행정가는 위에서 보았던 바와 같은 많은 권력기관의 영향과 요구, 주민의 많은 이익집단의 압력 속에서 행정을 하지 않으면 안 된다. 교육정치적 배경을 튼튼히 하고 교육행정의 전문성을 기르지 못하면 훌륭한 교육행정은 고사하고 유지하기가 어렵게 될 것이다. 지금까지의 교육행정이 온상 속의 행정이었다고 한다면 앞으로의 행정은 비바람 치는 야생의 행정이 될 것이다. 교육자치제에 대비하는 교육행정가의 전문성 신장이 요구된다.

교육자치제가 지역 간의 장벽을 만들어 인적 자원의 활용에 장애가 되지 않도록 주의하여야 한다. 교육위원은 주민의 대표이기 때문에 주민 중에서 선출해야 한다고 하더라도 교육장은 전문가의 대표격이므로 전국에서 훌륭한 사람을 초빙해 오는 형식도 고려할 수 있다. 외부인보다 내부인이 반드시 훌륭하리라는 보장은 없다. 교육장도 선출직으로 할 것인가 아니면 교육위원회가 임명하는 임명직으로 할 것이냐를 재고할 필요가 있다.

지금까지의 우리의 교육이 량을 지향하는 거친 교육이었다면 앞으로의 교육은 어떤 형태의 교육자치제가 되었던 질을 추구하는 다듬는 교육을 하지 않으면 안 된다. 그러려면 교육재정을 위한 과감한 투자계획이 있어야 하며, 이를 효율적으로 관리하려는 노력이 병행되어야 한다. 지방교육세, 지방교육재정교부금법의 일정비율을 명문화하고 지방자치단체 예산의 일정비율을 교육비로 확보하지 못하면 교육자치제의 효과를 제대로 거두지 못하게 된다. 앞으로 학부모 아닌 주민의 인구가 늘어날 것이고 주민들이 교육을 위해서 기꺼이 주머니를 털지 않으려 할 가능성을 내다보아야 할 것이다.

학문적인 측면에서는 교육위원의 윤리강령이나 교육위원을 위한 전문서적이 개발되어야 할 것이며, 교육장직에 관한 이론과 연구가 이루어져야 할 것이다.

앞으로 지방교육자치제의 성공 여부는 교육제도를 그 지방의 문화와 여건, 실정에 얼마나 잘 맞출 수 있느냐에 달려 있다. 교육자치제 원래의 목적대로, 획일을 강조하지 말고 다양성을 인정하고 교육을 주민의 소유로 과감히 돌려주어야 한다. 그래서 초·중등교육은 지방교육자치로, 대학교육은 대학자치로 과감히 넘겨주어야 한다.

지금까지 ① 교육자치제를 해야 하는 근본적인 이유를 원리적인 면에서 살펴보고, ② 새 교육자치제를 개략적으로 살펴보고 나서, ③ 이를 자주성, 전문성, 지방분권 주민통제의 측면에서 논의하고 몇 가지 질문을 하였다. 이런 논의를 바탕으로 하여 새 교육자치제를 필자가 주관적으로 평가해도 좋다면 〈표 12-2〉와 같이 요약된다.

〈표 12-2〉 원리적 측면에서 본 새 교육자치제

준　거		평　　　가
1. 자주성	1②345	정치적 중립성을 보장하려고 노력했으나 일반행정으로부터의 분리·독립은 어려워 자주성을 보장하기 어렵다.
2. 전문성	12③45	교육위원과 교육장의 교육전문성을 높이려는 흔적은 있으나 교육장직을 전문자격증 요구 수준으로 높이지 못했고 교육위원의 전문성 요구로 인하여 오히려 주민의 대표성을 잃었다.
3. 지방분권 (특수성)	1②345	교육법의 획일적 규정과 관할의 계층화, 시·도부교육장의 대통령 임명, 교육재정의 중앙통제 등으로 미흡한 점이 있으나 앞으로의 권한위임과 운영의 묘에 많이 달려 있다. 교육법과 교육법시행령으로 모두 규정해 놓으면 지방교육에 자치할 것이 없어진다.
4. 주민통제	①2345	교육의 주민통제 장치가 전연 되어 있지 않고 주민의 의견이 반영되지도 못했다.

　그리고 나서 ④ 앞으로의 발전방향으로서, ㉠ 교육을 주민의 것으로 돌려주고, ㉡ 교육자치제의 권력구조를 명실상부한 교육자치기구로 재구조화하고, ㉢ 교육장의 보조기관만이라도 그 지방의 결정에 맡겨두기를 기대하고, ㉣ 교육행정가의 전문성 신장과 ㉤ 교육장의 외부인 초빙을 암시하고, ㉥ 지방교육재정의 투자와 확보를 요구하고, ㉦ 교육자치제에 관한 학문발전을 촉구하는 일곱 가지를 제시하였다.
　결론적으로, 교육자치제를 하기로 이미 결정되었다면 어느 정도의 비능률은 감수하고 대신 다양성을 수용하며 무엇보다도 교육을 주민의 소유로 과감하게 돌려주어야 한다. 그래서 초·중등교육의 주요정책결정은 비전문인이더라도, 주민을 대표하는 교육위원회가 하여 넘겨주면 전문가인 교육장이 집행하는 주민통제-전문적 관리의 방향으로 갈 수밖에 없다. 그리고 대학교육은 대학자치의 방향이 될 것이다.
　또 하나 중요한 것은, 완벽한 제도란 있을 수 없고, 또 그렇게 갑자기 이루어질 수도 없으며, 제도도 중요하지만 주민과 학부모, 교육자, 교육위원과 교육장, 지방의회와 지방자치단체장, 교육인적자원부와 대통령 등 수많은 사람과 기관이 교육을 중심으로 하여 협동적으로 노력할 때 제도의 효과를 거둘 수 있다는 점이다.

참고문헌

김신복, "지방자치와 교육자치", 교육행정학연구 3권 1호, 한국교육행정학연구
　　회, 1985.

김영식·최희선, 교육제도 발전론, 서울: 성원사, 1988.

김영식·최희선, 교육자치제발전 방안, 교육개혁심의회, 1986.

김종철, "교육자치제의 발전방향", 교육행정학연구 3권 1호, 한국교육행정학연구
　　회, 1985.

김종철, 교육행정의 이론과 실제, 서울: 교육과학사, 1985.

김종철·윤정일·박종렬, 교육자치제 개선 방안, 대한교육연합회, 1985.

오국진, "우리나라 현행 교육자치제에 관한 연구" 건국대학교 교육대학원 석사학
　　위논문, 1988.

이형행, "교육자치제의 의의와 본질", 교육행정학연구 3권 1호, 한국교육행정학
　　연구회, 1985.

Campbell, Roald F. and Others, The Organization and Control of
　　American Schools Columbus. Ohil.: Charles E. Merrill Publis-
　　hing Co., 1975.

Kist, Michael W., Governance of Elementary and Secondary Educat-
　　ion 1976.

Knezevich, Stephen J., Administration of Public Education 4th ed.,
　　N. Y.: Harper & Row, Publishers, 1984.

Mazzoni, Tim, State Policy Making for the Public Schools of Minne-
　　sota 1974.

Rebore, Ronald W., A Handbook for School Board Members Englew-
　　ood Clifs, N. J.: Prentice-Hall, Inc., 1984.

Washington Policy Seminar, 1977.

제 13 장
외국의 교육자치제와 자율학교*

1. 교육적 상황

우리는 새로운 변화에 대한 준비나 대비 없이 너무나 급격한 변화에 노출된 결과 현재 심각한 가치의 혼란과 갈등을 빚고 있다. 더구나 이러한 변화가 교육 내부에서 스스로 일어난 것이 아니라 교육 외풍, 즉 정치적·경제적 돌풍이 교육계에 불어 닥쳤기 때문에 교육은 감당하기 어려운 혼돈을 겪고 있다.

그렇게 착하기만 하고 고분고분하며 헌신적이던 선생님이 어느 날 갑자기 호전적으로 변하고 그 결과 교사와 교육지도자 사이, 교사와 교사 사이, 교사와 학부모, 교사와 학생, 심지어는 학생과 학부모, 학생과 학생 사이가 서로 갈라져 난맥상을 이루고 있다.

이들이 일치단결하여 교육의 우수성을 추구해도 선진국으로 가는 길은 험하고 먼데, 험하고 먼 산길을 오를 생각은 안 하고 겨우 GNP 4,000달러의

* 새교육, 1989(10), 대한교육위원회(현 한국교총).

길목에서 내부 집단 간에 다투고 있는 상황이니 심히 걱정하지 않을 수 없다.

열린 입마다 민주화와 자율화를 부르짖고 있는데 그들의 행동은 비민주적이며, 서류상으로는 민주주의인데 사람들의 살갗에 와 닿는 것은 아직도 민주주의와는 거리가 멀다.

언제나 밑바닥으로부터의 민주주의가 실현될 것인지? 민주주의는 아마 우리의 영원한 도전일지도 모른다. 정치적 민주주의와 교육 민주주의는 일치될 수 없는 것인지? GNP 4,000달러에 맞먹는 GEP(?)(교육총생산량) 또는 GLP(학습총생산량)는 생각할 수 없는 것인지? 스포츠 올림픽에서 금메달만 따면 교육올림픽은 신경 안 써도 국민들은 저절로 튼튼해지는지? 이러한 불균형이 오늘의 교육혼란을 가져왔는지도 모른다.

교육자는 교육의 본질을 찾아 원칙대로 살아가야지, 정치와 함께 춤을 추다가는 손해 보는 것은 언제나 반드시 교육 쪽이라는 것을 명심해야 한다.

오늘의 교육혼란은 빨리 올바른 방향으로 극복되어야 한다. 여기서 주저앉고 만다면 지금까지 너무나도 들볶인 학생들과 바쁘게 만들어졌던 교사들과 열을 내지 않으면 안 되었던 학부모들에게 너무나 미안한 노릇이다.

오늘의 교육혼란을 극복하고 교육민주화를 이룩하기 위해서는 학교가 빨리 옷을 갈아입어야 한다. 그리고 먼저 생각이 살찌고 사고가 전환되어야 한다. 마치 도시계획으로 벼락부자가 된 사람 모양으로 물질적·경제적으로는 잘 살게 되었는데 정신적 교육은 텅 빈 채로 있어서는 모처럼 소유하게 된 물질마저도 온전치 못하게 된다.

그래서 이 글에서는 교육민주화에 따른 학교의 변화를 염두에 두고 ① 교육민주화를 위한 교육자치제에 대하여 간단히 살펴보고, ② 외국의 교육자치제를 개괄적으로 소개하고, ③ 한 발 더 나아가 외국학교의 자치적 운영사례를 제시하여 우리나라 교육발전을 위한 시사점을 얻고자 한다.

2. 교육자치제

우리가 추구하는 교육은 궁극적으로는 민주주의 교육이다. 교육자치는 결국 민주교육을 실현하려는 것이다. 그러면 민주국가에서 추구하는 가치는 무엇인가?

Garms와 Guthrie, Pierce[1]는 민주국가에서 추구하는 가치로서 평등성(equality)과 효율성(efficiency), 자유(liberty), 선택(choice)의 넷을 들고 있는데, 교육은 이들 네 가치를 실현할 수 있는 아주 좋은 수단이라고 그들은 보고 있다.

그렇다면 교육자치제도 교육을 통하여 이들 네 가치를 보장하려는 것으로 볼 수 있다. 그런데 이 네 가치는 상호 독립적인 것이 아니라 상호 관련적이다. 하나의 가치만 강조하다 보면 다른 가치를 잃기 쉽다. 그래서 넷 사이에 조화를 이루어서 넷을 다 최대한 실현할 수 있도록 해야 한다.

평등성은 능력에 따라 균등한 교육을 보장하려는 것으로서 ① 보다 평등하게 교육에 접근할 수 있도록 노력하는 길, ② 재정자원을 보다 균등하게 분배하는 길, ③ 보다 많은 사람이 의사결정에 참여하도록 하는 길을 생각할 수 있다.

첫째, 평등화의 길은 불리한 조건에 있는 사람으로 하여금 교육의 기회를 보장해 주려는 노력이다.

둘째의 재정배분의 균등에는, 교육에서 결손을 보고 있는 사람들에게 보상교육을 제공해 주는 방법, 불리한 학생에게 재정 보조를 해 주는 방법, 불균형의 학교재정과 세금 부담을 바로잡아 주려는 노력 등이 해당된다.

셋째, 의사결정에의 참여를 위해서는 학교조직의 관료화와 대형화에 따라

---

1) Walter I. Garms. James W. Guthrie and Lawrence C. Pierce. School Finance: The Economics and Finance of Public Educ-ation(Englewood Cliffs. N. J.: Prentice-Hall. 1978).

생긴 교사들의 무력감·소외감을 불식시키고 의사결정의 주체로 참여하게 하는 방안을 생각할 수 있다. 계속 참여하지 못하게 되면 집단활동으로 나타나게 되는 것이 외국의 사례이고 이것은 또한 우리도 최근 경험하고 있다.

효율성은 보다 더 생산을 하고, 일정한 자원을 가지고 산출을 극대화하려는 것으로서, 행정에 있어서 ① 유지 ② 성장 ③ 효과성과 함께 보통의 가치 이상의 초가치(metavalue)에 속한다.

효율성을 높이기 위해서 첫째, 여러 가지 기법들이 동원되었다. PPBS, ZBB, PERT, MBO 등이 그 대표적인 예이다. 그리고 CBTE(Competency-based teacher education)라는 것이 있는데, 이것은 교사에게 필요한 전문적 기술(technique)을 완전히 숙달해야만 교사자격증을 주는 제도이다.

그러나 교사에게 더 필요한 것은 객관적인 과학보다도 예술성일지도 모르기 때문에 이러한 운동은 생명이 길지 못했다. 최근 성적에 대한 책무성의 강조로 테스트도 효율성을 알아보기 위하여 자주 활용되고 있다. 재정과 관련하여 학교가 효율적이면 재정지원을 계속하고 그렇지 못하면 중단하기도 한다.

교육재정도 효율성을 높이기 위하여 시·도에서 시·군으로 최근에는 시·군에서 학교 수준으로 내려와 독립적으로 자유스럽게 편성하고 처리할 수 있게 하고 있다.

자유는 여러 대안들 중에서 선택할 수 있는 자유를 말한다. 그러려면 다양성이 보장되어야 하며, 선호의 욕구를 충족시킬 수 있어야 한다. 공교육에서 자유를 증가시키기 위해서는 첫째, 보다 더 다양성을 확대하고 고객의 요구에 대응적이며 둘째, 사립학교를 확대하는 것도 그 한 방안이다(현재 우리나라의 사립학교는 형식적으로만 사립학교이다).

대응성을 높이기 위해서 미국에서는 ① 교육을 지역사회가 통제하도록 하고, ② 비구조적인 영국의 초등학교를 본떠서 여러 대안학교(alternative school)를 설치하고, ③ 계속 행정의 분권화를 추진하고, ④ 한 발짝 더 구체적으로 시민의 교육경영 참여를 보장하기 위하여 학교단위경영제(school site management)를 도입한다. 이 문제에 대하여는 뒤에 가서 더 구체적으로 언급하기로 한다.

선택은 효율성을 통해서 여러 활동을 위하여 자원을 절약함으로써 보장되고, 선택을 보장하는 기회의 균등을 통해서 이루어진다.

중앙의 획일성과 집권화는 평등성도, 효율성도, 자유와 선택도 보장하기가 어렵고 오히려 이에 손상을 준다. 그래서 미국·영국·호주·캐나다 등에서는 중앙에서 주로, 주에서 다시 지방통제로, 이제 여기에도 만족할 수 없어 학교단위경영으로 주민 가까이 다가가고 있다.

그러면 교육자치제란 무엇인가? 한마디로 말해 교육목적 달성을 위하여 주민통제의 민주정신 아래 헌법 31조의 교육의 자주성과 특수성·전문성·정치적 중립성을 보장하는 교육행정제도라고 할 수 있다.

우리는 진지한 평가도 없이 교육자치제가 지상목표인 것처럼 말하고, 교육자치제가 되면 저절로 교육이 잘 이루어질 것처럼 착각하는 것은 경계해야 한다. 사실은 교육자치제에 대한 진지한 평가 후에 채택 여부를 결정했어야 한다. 그러나 이미 일반행정에서 지방자치를 채택하고 있기 때문에 교육자치도 기정사실로 받아들인다고 생각하고 이에 대한 설명을 할 수밖에 없다.

교육자치는 크게 두 가지 측면으로 나누어 생각할 수 있다.

첫째는, 중앙이건 지방이건 간에 일반행정·정치로부터 교육행정과 교육의 분리·독립을 의미한다.

〈그림 13-1〉에서 세로축 Ⅰ로부터 Ⅱ의 분리·독립을 말한다. 즉 헌법 31조의 "교육의 자주성, 전문성, 정치적 중립성은 법률이 정하는 바에 의하여 보장된다"는 말과, 교육법 14조의 "① 국가와 지방자치단체는 교육의 자주성을 확보하며 공정한 민의에 따라 각기 실정에 맞는 교육행정을 하기 위하여 필요 적절한 기구와 시책을 수립 실시하여야 한다. ② 국가 또는 지방자치단체는 교육재정의 안정적 확보를 위하여 적절한 시책을 강구하여야 한다"는 말은 바로 세로축의 분리·독립을 의미한다.

둘째는, 중앙행정(A)으로부터 지방행정(B)으로의 분리·독립을 의미한다.

교육법 15조의 "교육의 자주성·전문성과 지방교육의 특수성을 살리고 지방자치단체의 교육·과학·기술·체육 및 기타 학예에 관한 중요사항을 의결하기 위하여 특별시·직할시·도와 시·군 및 자치구에 교육위원회를 둔다"는 말과 앞의 14조가 바로 중앙으로부터의 지방의 자치를 의미한다. 그래서 광의로는 중앙의 교육자치까지를 포함하지만 협의의 교육자치는 〈그림 13-1〉에서 보는 것처럼 "지방교육자치"를 의미한다.

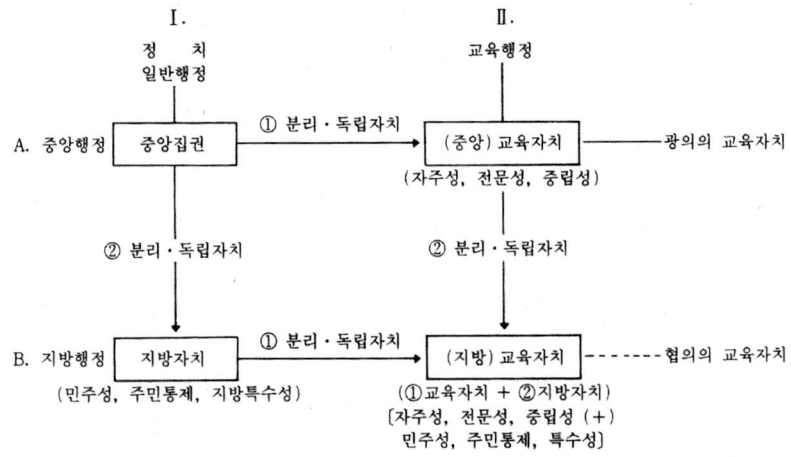

〈그림 13-1〉 교육자치의 개념2)

　결국 교육자치란 근본적으로 교육의 자주성, 전문성, 특수성, 정치적 중립성 때문에 교육전문가들이 자치해야겠다(세로축의 분리)는 것과, 민주정신하에 주민의 자치와 통제, 참여, 지방의 특수성을 강조(가로축의 분리)하는 원리라고 할 수 있다.2)

　여기에 문제가 있다. 교육자의 자치와 주민자치 중에 무엇이 우선하느냐는 문제이다. 후자가 우선이다. 민주국가에서 모든 권한은 국민으로부터 나온

---

2) 주삼환, 한국 새 교육자치제의 문제점과 발전방향. 교육자치제 세미나, 대전시 교육회, 1988, p.35.

다. 교육도 주민의 것이지 교육자의 것이 아니다. 주민이 먼저 갖고 난 나머지가 교육자의 것이다. 여기서 우리 교육자들이 착각하고 있는 점을 바로잡아야 한다.

그동안 국민이 교육에 대하여 잘 모르고(교육비전문가이고) 교육자들이 교육에 대하여 좀 안다고(전문가라고 자처하며) 하여 교육을 너무나 독점하고 전횡했으며, 마음대로 휘둘렀다. 국민들은 교육에 관한 한 목청을 높일 수 없다고, 무슨 짓을 해도 좋으니(때려서라도) 내 자식을 선생님께서 가르쳐 사람으로 만들어 달라고 매달렸던 것이다.

그런데 길러 달라는 사람은 만들어 주지 않고 입시를 위한 암기의 잔꾀만 길러 주었다. 결과적으로 앞에 언급했던 평등성도 효율성도 자유도 선택권도 보장되지 못했던 것이다.

이제 교육을 원래의 소유권자인 국민들에게 돌려주어야 한다. 그리고 소유권자가 주문하는 교육을 교육전문가라고 하는 교육자는 생산해 내야 한다. 국민이 원하는 교육을 해내지 못하면 교육전문가라고 할 수 없거나 교육자들이 직무를 유기하는 것으로 보아야 한다.

아마도 우리 국민들은 우선 현재와 같은 입시교육, 입시지옥, 비인간적 교육을 주문하지는 않을 것이다. 학교와 교장과 교사에게 아동을 맞추지 말고 아이들에게, 학부모에게, 국민에게 학교와 교장과 교사가 맞추도록 노력해야 한다.

교육의 원래 주인이요 주문자요 소비자요 납세자인 국민들이 교육에서 무엇을 원하느냐에 대하여는 외면한 채 교육내부집단끼리 세력다툼을 하고 있는 것 같은 현실에 대하여 개탄하지 않을 수 없다.

학교가 사립학교 재단의 것이니, 교장의 권한과 권위가 어떠니, 교사들이 교무회의서 모든 것을 의결해야 하느니, 교장을 선출하고 임기제로 전문성 없이 돌려가면서 해야 하느니 하는 주장과 갈등들이 국민의 입장에서 보면 가당치도 않은 말들이다.

국민이 지금 당장 원하는 것은 입시지옥이라는 말 자체를 없애고, 지옥으

로 가기 싫어 미리 자살하는 학생이 나타나지 않도록 하고, 콩나물 교실을
없애고, 내 자식이 인간적인 사랑과 대접을 받으며 학교와 배움을 즐거워하
게 하고, 우선 교내서 성폭행이라도 당하지 않고 안전하기를 원할 것이다.

교육자는 더 늦기 전에 국민의 눈치를 보아야 한다. 국민이 노하기 전에,
국민을 제쳐 둔 채 자기들끼리 한 싸움을 멈추고 모두가 제자리로 돌아가야
한다. 교육자치는 주민자치가 우선이고, 다음에 남는 것을 가지고 교육자의
자치를 하는 것이다. 학교가 학생과 학부모, 주민, 국민을 위한 것으로 바뀌
어야 하는 것이다.

3. 외국의 교육자치제

외국의 문헌에서는 교육자치제라는 말 자체를 찾아보기 어렵다. 그 나라의
사정에 맞게 교육을 조직하고 통제하려는 노력이 있을 뿐이다. 그리고 원래
부터 교육자치를 하고 있기 때문에 교육자치제란 말을 구태여 내세울 필요
가 없을지도 모른다.

그러면 다른 나라들의 교육조직과 통제에 대하여 간략하게 살펴보자.

1) 미 국

미국은 철저하게 지방주민의 교육자치를 하는 나라라고 할 수 있다. 미국
에서는 연방정부, 주정부, 지방정부, 학교의 4층 구조 속에서 교육을 파악할
수 있는데, 우선 특징으로 내세울 수 있는 것은 교육이 주정부의 책임 하에
있다는 점이다. 외교, 국방만 연방정부의 책임이고 나머지는 모두 주정부의

책임이다. 그러므로 미국에는 엄격한 의미에서 50개의 각각 다른 교육제도와
자치제를 가지고 있다고 해도 틀린 말이 아니다.

얼마 전까지만 해도 연방정부에 문부성이 없었다. HEW라고 하여 후생·
교육·복지성으로 붙어 있다가 카터행정부 때 처음으로 문부성을 따로 떼어
놓았으나 하는 일은 아주 미약하다. 교육에 관한 통계나 내고 국가 전체를
위한 프로그램을 개설하여 약간의 보조금을 대주고 있는 정도이다.

주에서는 주교육위원회와 주교육장, 주교육국에서 주로 교육을 다룬다. 물
론 주의회, 사법부, 주지사와는 밀접한 관계를 갖고 있는 것은 말할 필요도
없다.

주교육위원회는 주로 비전문가(lay)로 구성되는데, 주지사가 임명하는 주
도 있고 선거에 의하여 선출하는 주도 있다. 인원수·임기 등은 주에 따라
다양한데, 대개 봉사직으로서 보수 없이 실비만 지급받고 있다.

주교육위원회는 주의 교육에 관한 최고정책결정기구이다. 우리가 생각하면
교육에 비전문가인 집단이 중요한 교육에 관한 정책결정을 한다는 것이 걱
정되겠지만 교육전문가들로부터 충분한 자문을 받고 또 무엇보다 중요한 것
은 민의에 따른 결정을 한다는 점이다.

주교육장은 주교육위원회에서 결정한 정책을 집행하는 최고집행관인 동시
에 최고행정관리자이다.

선출 방법도 다양하여, 18개 주에서는 주민 투표로 선출하고, 27개 주에
서는 주교육위원회에서 임명하고, 5개 주에서는 주지사가 임명한다. 임기는
대개 4년이지만 유능하다면 계속할 가능성은 높다.

교육장은 주교육의 총책임자이기 때문에 그 임무는 막중하며, 그 역량에
따라 그 주의 교육의 모습이 달라진다. 주교육위원회가 비전문가 집단이지만
교육장이 유능하다면 원하는 방향으로 결정될 수 있도록 조언과 자문을 할
수 있다.

주교육국은 주교육장의 직무를 처리하는 행정부서로서 ① 학교재정, ② 교
사자격증 발급, ③ 교과서 선정, ④ 수업의 표준 설정, ⑤ 검사와 평가, ⑥

각종 자료의 수집과 배포, ⑦ 연방정부 프로그램, ⑧ 시설과 교통문제들을 다룬다. 우리나라의 교육인적자원부와 시·도 교육청의 업무와 조직을 생각하면 좋을 것이다.

우리나라의 시·군·자치구에 해당하는 지방교육구에도 주 수준과 똑같은 조직을 갖고 있다. 즉 지방교육구가 미국 교육자치의 기본단위이다.

지방교육위원회는 지방교육을 통제할 권한을 주로부터 부여받고 지방의 교육을 책임진다. 교육위원들은 대개 주민에 의하여 직접 선출되는 경향이며, 자격은 최저 연령·학력·거주 기간 등을 법률로 정해 놓고 있다.

교육위원은 주민들의 뜻을 교육에 반영할 수 있는 주민의 대표자이다. 미국의 지방교육위원회는 마을 사람들이 스스로 모여서 자신들의 교육문제를 협의하고 결정하던 전통에서 나와 그야말로 풀뿌리 민주주의로 성장해 왔기 때문에, 관치로부터 출발한 우리의 공교육 통치방법과는 그 출발부터가 다르다.

지방교육위원회의 주요 기능은 지방교육장 선출, 예산 승인, 학교 부지와 학구 결정, 계약 체결, 교육청 직원채용기준 설정, 교육과정 결정 등 지방교육에 대한 기본결정을 한다.

지방교육장은 지방교육위원회의 정책을 집행하는 최고집행관이며, 교육전문가로서 지방교육의 지도자이다. 지방교육장은 교장·교사·장학사 등 전문직원과 비전문직원으로 교육구의 행정을 조직하여 집행한다. 지방교육구는 교육자치의 기본단위로서 재정권, 인사권, 주의 허용 범위 내에서의 조례제정권을 가지고 있다. 각 학교도 많은 자율권을 가지고 있으나 원칙적으로 자치권에서 중요한 인사·재정권을 갖고 있지 않다.

최근 플로리다 주와 캘리포니아 주 일부에서 학교단위의 경영(school site management)이 효율적이라는 보고에 따라 앞으로는 이것이 번져 나갈 경향이다.

이보다 한 발 더 앞으로 나아가, 국민들에게 학교선택의 자유를 줘 학부모가 다니고 싶은 학교에 등록하면 정부가 지불을 보증해 주는 지불보증제(voucher system), 세금보증제(tax credit)를 채택하는 곳도 있다.

학구도 교육구도 없이 자유로이 학교를 선택하게 되면 학교 프로그램을 개선하지 못하는 학교는 문을 닫게 되고, 대신 좋은 프로그램으로 많은 학생이 등록한 학교에서는 줄어드는 학교의 빈 건물을 이용하게 되기도 한다. 확실히 미국은 주민의 입맛에 맞는 교육을 하려고 노력하고 있는 나라이다.

2) 영 국

미국이 철저하게 지방자치, 주민자치제를 채택하고 있는 데 비하여 영국은 중앙과 지방의 공동책임제를 채택하고 있다. 영국은 잉글랜드·웨일즈·스코틀랜드·북아일랜드의 군주국이 합쳐서 영연방(United Kingdom)을 이루고 있다. 잉글랜드와 웨일즈가 같은 제도를, 그리고 스코틀랜드와 북아일랜드가 각각 다른 제도를 택하고 있는 셈이다.

중앙에는 교육과학성(DES)이 있어 조정·지원, 기본 정책 수립의 역할을 하고 나머지는 지방교육행정당국(LEA)의 자치에 맡겨 상호 협력체제를 이룩하고 있다.

교육과학은 ① 법안이나, 백서를 준비하고 ② 교육재정을 배분하고, ③ 교사에 대한 관리를 하고, ④ 국가의 기본적인 교육 수준을 결정하는 일을 한다.

또 하나 영국 특유의 제도는 교육과학성이나 지방교육당국으로부터도 독립적인 여왕이 전문가로 직접 임명하는 칙임시학관제도이다.

약 480명의 교육전문가인 시학관이 각각 전문영역을 맡아 영국 교육의 질을 관리하고 교육과학성 장관이 자문하고 있다. 장관이나 국회의원이 정치가로서 시장성, 선택의 자유, 독립학교와 수업론 등에 관심을 갖는다면, 교육과학성의 관료들은 좋은 행정·효율성·중앙통제와 표준화검사와 시험에 관심을 갖고, 칙임시학관이라는 전문가는 전문주의·교육의 질·인상적 평가에 관심을 갖는다고 할 수 있다.

지방교육의 책임은 우리나라의 시·군 자치구에 해당하는 카운티와 버러

(borough)의 자치기구인 의회(council) 중 한 위원회인 교육위원회(education committee)에 있으며, 지방교육행정을 담당하는 곳은 지방교육 당국(LEA)이다.

1980년 현재 잉글랜드와 웨일즈에 약 105개의 지방교육당국이 있다. 지방의회에서 교육위원을 임명하고, 교육위원회가 교육감(장)(Chief Education Officer)과 지방교육당국 전문행정 직원을 임명하는 체계를 이루고 있다.

1987~88학년도 교육예산은 약 20,000파운드인데, 이것은 정부예산의 약 10%가 넘는다. 이 중 약 4/5는 지방교육당국으로 넘어가는 것으로 보아 중앙과 지방의 비중을 알 수 있다.

지방교육당국의 가장 큰 임무 중 하나는 교육건물을 건설하는 일이다. 중앙의 교육과학성 기준에 의하여 건축전문가(Chief Architect)를 채용하여 필요한 건물을 준비한다. 그리고 교육재정을 마련하는 일이 중요하다. 그리고 국무장관은 지방교육당국이나 학교운영위원회가 비이성적으로 행동한다고 판단될 때에는 시정을 촉구하고, 지방교육당국은 학교의 개폐를 결정한다.

영국의 단위학교의 자율권은 상당한 수준이다. 교과서의 선택과 학교 프로그램은 교장의 재량권에 속하며, 교육내용과 방법은 교사의 전문성에 맡긴다. 1988년 교육개혁법에 의하여 이제 겨우 국가 전체의 전반적인 교육과정(national curriculum)을 형성하려고 하는 것만 보아도 학교가 얼마나 자율권을 가지고 있으며 교사가 어느 정도 전문가인지를 짐작할 수 있다.

영국의 교육의 질에 대한 관이와 통제는 아마 세계가 본받아야 할 것으로 본다. 대학교육에서도 미국이 평등주의·보편주의를 채택하는 반면 영국은 아직도 소수정예주의를 채택하고 있는 것만 보아도 얼마나 철저한 교육을 하고 있는지 짐작할 수 있다.

학교단위경영제(self-managing school)는 미국보다 더 활발하다고 할 수 있는데, 그 원리와 정신은 마찬가지이다. 학교단위로 운영위원회((school council, governing board)를 조직하여 여기서 인사·재정 등 학교운영을 모두 맡는 것이다.

3) 일 본

일본도 우리나라와 마찬가지로 전후에 미국의 영향으로 중앙집권으로부터 지방분권으로, 일반행정으로부터 교육의 분리·독립으로 전환하게 되었다.

우리의 교육제도와 법규가 일본의 것을 본떠서 만들어졌기 때문에 일본의 교육자치제에 대하여 구체적으로 설명할 필요가 없을 것 같다.

교육법도 문구와 단어 몇 개만 다르고 통째로 빌려다 쓰고 있는 형편이다. 그래서 우리는 일본의 교육에서 문제되고 있는 점을 시차를 두고 따라가고 있는 실정이다.

일본의 중앙에는 문부성이 있는데 교육·과학·문화를 담당하고 있다. 다만 특기할 만한 것은 문부성과 도·도·부·현 교육위원회의 관계에서 지도·감독을 하지만 법률에 의한 것이 아니면 행정상·운영상 감독할 수 없게 되어 있어 조장적 행정을 하려고 한다는 면면을 엿볼 수 있다는 것이다.

그리고 중앙에 각종 심의회를 두고 이를 활발히 활용하여 장관의 독단적인 결정보다 전문가 집단의 자문을 충분히 활용하고 있다는 점을 배워야 할 것이다. 이런 집단결정은 세계적인 흐름 중의 하나이다.

지방교육행정은 도·도·부·현 교위와 시정촌교위로 되어 있는데, 민중통제, 지방분권, 일반행정으로부터의 독립이라는 원칙하에 운영되고 있다.

교육위원회는 미국이 의결기관인 데 비하여 일본은 합의제집행기관이라는 점이 다르다. 일본에서의 교육의결기관은 지방의회이다.

교육재정은 지방자치단체의 장이 지방의회의 동의를 얻어 임명한다. 그리고 대부분 비전문가이다. 그래서 교육장은 교육의 전문가이면서 동시에 행정관리 전문가이어야 하는데, 각 교육위원회가 상급기관(도·도·부·현은 문부성, 시정촌은 도·도·부·현)의 승인을 받아 임명하게 되어 있다.

교육과정은 중앙과 지방이 공동 부담하는 형식을 취하고 있는데, 지방 부담의 비율을 늘려 나가고 있다.

이상 미국, 영국, 일본의 교육조직과 통제에 대하여 간단히 소개하였는데

각 나라마다 교육을 주민 가까이 접근시키려고 하는 점, 교육현장에 밀착시
키려는 노력 등을 엿볼 수 있다.

그리고 각 나라마다 자기 나라의 문화와 전통, 가치에 맞는 교육자치제로
발전시켜 나가려는 노력을 엿볼 수 있다.

우리가 다른 나라의 교육자치제를 고찰해 보는 이유는 바로 다른 나라의
것을 참고하여 우리 고유의 것으로 발전시키려는 데 목적이 있다.

4. 외국학교단위의 자치적 운영

이제 좀더 깊이 들어가, 학교단위에서의 자치적 노력의 사례를 살펴보기로
한다.

앞에서 살펴본 것처럼 교육자치의 기본단위는 어느 나라나 시·군단위였
다. 그러나 여러 나라들이 여기서 한 단계 더 나아가 학교단위의 자치를 시
도하고 있다. 이는 분권화, 전원 참여 민주주의라는 세계적인 거대조류의 맥
락으로 볼 수 있다.

영국에서는 재정자원배분에 관한 결정권을 분권화시켜 예산 통제를 학교
에 맡기고, 학부모와 주민의 교육에 대한 접근을 증대시키며, 다양성을 조장
하고, 공립학교를 지방교육당국으로부터 독립적으로 운영하게 하고 있다. 그
래서 평등성, 효율성, 자유, 선택권을 더 보장할 수 있다는 것이다.

학교재정을 지방교육당국을 거치지 않고 학교에 도급으로 일괄 보조를 해
주면 현장과 주민, 학부모, 학생의 요구를 가장 잘 아는 학교운영위원회
(Board of Governors)가 가장 알맞게 사용하여 학교를 발전시킬 수 있다
는 것이다.

1981~82학년도에 세 학교에서 시작하여 1987년에 10개 학교, 1988년

교육개혁법에서는 5년 내에 모든 초·중등학교로 확대하게 되어 있다.

학교운영위원회는 학부모·교장·교사·지역사회인으로 구성하는데 이들이 교장·교사까지도 선발하는 인사권도 가지고 있고, 비용의 90%까지 이들의 결정에 맡긴다.

호주에서도 빅토리아 주에서 협동적 학교경영(Collaborative School Management)3)을 시작했는데, 1983년 호주노동당(Australian Labour Party)이 정권을 잡으면서 분권화정책은 급전하게 되었다. 여기서는 학교운영위원회(여기서는 School Council)에 학부모·교장·교사·지역사회인뿐만 아니라 고등학교에서는 학생 대표까지 참여시키고, 이들에게 학교운영의 모든 자율권을 준다.

이를 위한 장관의 5개 지침 원칙은 ① 학교의 순수한 권위와 책임을 발전시키고, ② 협동적 의사결정과정을 거치고, ③ 학교를 위하여 봉사하고 지원하는 것이 주기능인 관료제가 주민에게 민감하게 대응적이고, ④ 교육산출의 효과성을 가져오고, ⑤ 불리와 차별을 극복한다는 것이다.

협동적 학교경영의 과정은 〈그림 13-2〉에서 보는 것처럼 ① 목표설정과 요구 확인, ② 목적과 전반적 지침을 포함한 정책결정, ③ 계획, ④ 예산, ⑤ 실행, ⑥ 평가의 6단계인데, 그림에서 검은 선은 학교운영위원회인 "정책결정단"이 하고 흰 선은 교사와 직원의 실무자로 구성하는 "프로그램 팀"이 한다.

이러한 노력은 캐나다에서도 시작되고 있다. 앨버타의 에드먼턴에서 "등대"라는 프로젝트로 시작되었는데, 학교단위의사결정(school site decicion-making)에 초점을 맞춘 점에서 원리와 정신은 마찬가지이다.

미국에서도 "school-site management"라는 이름으로 플로리다 주 67개 교육구 중 5개 교육구, 캘리포니아 주 1,100개 교육구 중 61개 교육구에서 비슷한 학교단위자율경영을 실시하고 있다.

---

3) Brian J. Caldwell and Jim M. Spinks. The Self-Managing School London The Falmer Press 1988.

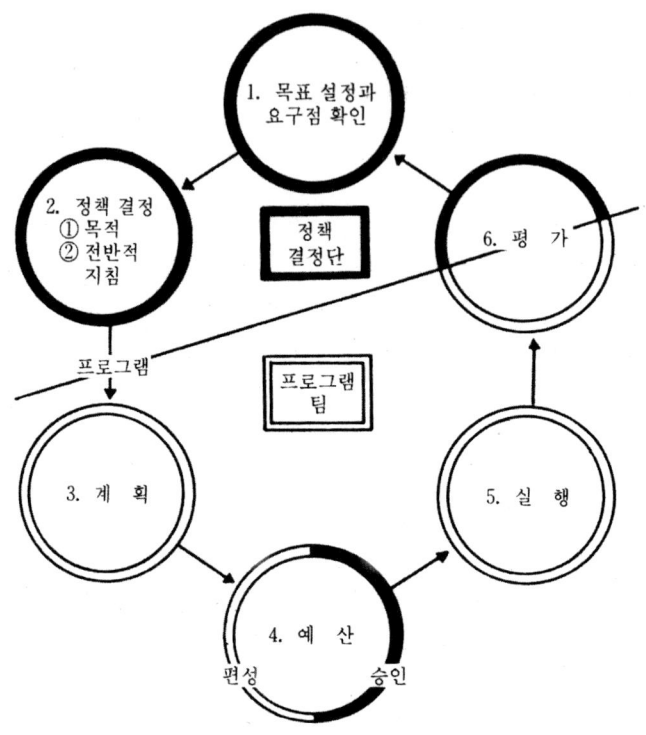

〈그림 13-2〉 협동적 학교경영의 주기

　　이러한 노력은 물론 중앙이나 교육위원회의 법과 정책의 범위 내에서 중
앙으로부터 학교로의 권위의 이양을 의미하며, 좁게는 자원, 넓게는 교육과
정·인사·시설에 이르기까지의 모든 자율권을 학교에 부여하는 것이다.

　　여기서 자원이라 함은 지식(학교의 목표설정에 관한 결정을 포함한 교육
과정에 관련된 결정의 분권화), 기술(교수-학습의 수단과 관련된 결정과 분
권화), 권한(의사결정 권위의 분권화), 자료(시설·설비·소모품의 활용과
관련된 결정의 분권화), 사람(교수-학습 전문직원과 지원봉사직원과 관련된
사람의 배분에 관한 결정의 분권화), 시간(시간배분에 관한 결정의 분권화),
재정(금전의 배분에 관한 결정의 분권화) 등을 모두 포함한다.

이러한 학교단위의 자치와 자율은 어떻게 보면 사립학교 운영형태와 유사하다. 이러한 방법은 ① 평등성·효율성·자유·선택권의 가치를 추구하는 정치적·경제적 이유, ② 분권화와 자율성과 관련된 조직이론, ③ 학교효과성 연구결과, ④ 전문주의의 원리 등으로 보아 앞으로 확대되어 나갈 전망이다.

이러한 학교단위 자율경영보다 한 발 더 나아가 학부모와 주민, 국민에게 선택권을 주는 제도가 앞에서 약간 언급된 지불보증제, 세금신용제, 가정선택제(family choice) 등이다. 어느 학교든지 학부모가 원하는 학교를 선택해서 등록하면 등록 학생 수만큼 그 학교의 재정을 국가에서 보장해 주는 제도이다.

5. 학교는 달라져야 한다.

우리는 지금까지 ① 현재 우리의 교육상황, ② 교육자치제의 개념, ③ 외국의 교육자치제, ④ 외국 학교단위의 자치적 운영 등에 대하여 살펴보았다.

이를 종합적으로 집약하여 볼 때 ① 모든 권한이 밑으로 계속 내려오는 분권화의 경향, ② 주민의 교육 통제와 참여 보장의 경향, ③ 교장·교사의 결정권 확대의 경향 등을 파악할 수 있다.

한마디로 줄이면 민주화의 노력이라고 할 수 있는데, 이런 현상은 세계 여러 나라에서 찾아볼 수 있었다. 이들은 이미 민주화되었다고 보이는데도 불구하고 더 민주화하기 위해서 계속적인 노력을 경주하고 있다.

이에 비하면 우리의 교육은 너무나 경직되고 획일적이며, 교육의 현장과 실무자보다 중앙에 더 초점이 맞춰져 있다.

변혁기라는 이러한 좋은 계제에 학교가 정말 올바른 방향으로 변하여 안정을 찾으면 좋겠다.

이러한 변화를 제대로 수용하려면 우선 교장·교감·장학진 등 일선 교육 지도자들의 수준이 높아지고 교사의 자질과 전문성이 향상되어야겠다. 분권화와 민주화를 수용하고 누릴 수 있는 수준이 되어야 하는 것이다.

제 14 장
누구를 위한 교육자치?*

　우리는 어떤 일에 너무나 열중하다 보면 근본적인 것을 잊어버리는 수가 많다. 수단과 방법에 열중하다 보면 근본적인 목표를 소홀히 하는 경우도 많다.

　먼저 몇 가지 질문으로부터 글을 시작하고 싶다. 누구를 위하여 왜 교육을 하는 것인가? 학생을 위해서, 학부모를 위해서, 주민을 위해서, 그리고 국민을 위해서 교육하는 것이 아닌가? 왜 국가가 교육을 맡아서 하는가? 국가에 필요한 인재를 키우기 위해서? 아니다. 민주국가에서는 개인의 자아실현과 개인의 행복이 먼저이다. 국민 한 사람 한 사람이 가지고 있는 능력을 최대한 발휘하여 자아실현을 할 수 있고 행복할 수 있다면 국가에도 유익한 사람이 되고 국가도 발전하는 것이다. 그런데 가끔 교사나 교장을 위해서 교육하고, 교육장이나 교육감·장관 또는 정당을 위해서 교육하는 것처럼 착각하게 될 때가 있다.

　누구를 위하여, 무엇 때문에 교육자치를 해야 하나? 교육자를 위해서? 교육위원, 교육장(감) 될 사람을 위해서? 어느 정당을 위해서? 교육자치제도

* 교육연구, 1988(1). 지방교육자치에관한법률이 바뀌었으니 확인 요.

결국 학생, 학부모, 주민, 국민을 위한 것이다. 왜 교육자치제를 하나? 학생을 잘 가르치기 위해서, 다른 말로 말하면 교육의 효과를 높이기 위해서이다. 어떻게 교육의 효과를 높일 것인가? 주민자치, 교육의 전문성과 자주성, 정치적 중립성 보장을 통한 교육자치제에 의하여, 교육자치제는 교육을 위한 수단과 방법이지 궁극적 목표는 아니다. 그런데 최근 교육의 효과성 증대라는 근본적인 것을 제쳐 두고 그 수단인 교육자치제의 부분적인 것에 너무나 집착하여 논쟁에 빠졌던 것 같다. 교육자치제의 형식만 갖춰 놓고 효과를 거두지 못하면 무의미하게 된다. 교육자치제로 인해서 우선 학생, 학부모, 주민, 국민에게 얼마만큼 도움이 되느냐를 먼저 생각하고 이를 바탕으로 그 방법적인 측면을 고려해야 한다. 항상 국민을 중심에 놓고 보아야 한다. 그러면 이제 몇 가지 논쟁을 중심으로 하여 생각해 보기로 한다.

첫째, 주민통제, 주민자치의 문제이다. 교육을 누가 통제할 것인가? 정치도 국민이 통제하고 경제도 자유시장경제에 맡겨졌는데 지금까지 교육은 교육자와 교육행정가의 통제 하에 있었다고 해도 과언이 아니다. 의무교육을 받기 시작하면서부터 우리나라의 국민은 자녀교육을 학교(국가)에 맡긴다고 하고 그 순간부터 교육은 교육자와 교육행정가의 통제 하에 들어가고 그 안에서 횡포에 가깝도록 권력을 휘둘러도 학생이나 학부모·국민은 교육에 관한 한 비전문가이기에 항상 약자였다. 새벽에 학교에 나와서 밤 10시까지 남아 있으라고 해도 꼼짝 못했다. 교육전문가가 은행알을 굴리라고 하면 굴려야 했고, 2,000m를 달리라고 하면 죽더라도 달려야 했고, 눈치작전을 하지 않으면 안 되게 만들어 놓고 눈치 본다고 호통을 맞아도 아무 소리 못하고 있어야 했다.

그러나 앞으로는 달라질 것이다. 교육도 국민의 것이고 국민은 교육소비자이기 때문이다. 소비자는 왕이다. 세금을 내고 교육을 사(먹)는데 기왕이면 입맛에 맞는 것을 사 먹어야 할 것이 아닌가? 무게중심이 교육자에게서 국민에게로 옮겨가지 않을 수 없게 된다. 교육소비자인 주민의 대표자(교육위원)가 (교육전문가가 아니더라도) "이러한 교육을 해 달라"고 요청하면 교육

전문가(교육장과 그 직원들)는 요구에 맞추지 않을 수 없게 된다. 그래서 ①
주민의 대표인 교육위원은 가능한 한 주민직선을 해야 대표성이 인정된다.
② 교육자에게는 섭섭히 들릴지 모르지만 교육행정을 전공으로 하는 필자의
양심대로 말하라면, 교육위원은 주민의 이익을 대표해야 하기 때문에 반드시
교육자 중에서만 선출될 수는 없다고 본다. 그 지역의 여러 이익집단을 대표
하는 사람들이 교육위원으로 뽑히게 될 것이다. 물론 일부러 교육자를 배제
할 필요는 없다. 단지 교육자치제는 주민을 위한 것이지 교육자를 위한 것은
아니라는 것이다. ③ 주민이 교육에 관한 결정권을 갖기 때문에 교육위원회
는 의결기관이 되어야 한다.

　둘째, 교육의 자주성과 관련된 문제이다. 다른 말로 표현하면 독립성이다.
일반행정이나 내무행정으로부터의 자주, 독립이라고 할 수 있다. 먼저 인사
의 독립이 중요하다. 이를 위해서도 교육위원은 자주·독립적으로 주민직선
에 의하여 선출되어야 하고 교육위원회 의장도 위원들이 직접 선출해야 한
다는 것이다. 교육장도 독립된 집행자로서 교육위원회에서 선출되거나 주민
에 의하여 직선되어야 한다. 다음은 재정의 독립이 중요하다. 내국세의 일정
비율 이상을 지방교육비로 확보할 수 있도록 규정되어야 한다. 교육재정의
독립이 없는 교육자치제는 아무 의미가 없다.

　셋째, 교육의 전문성과 관련된 문제가 있다. 교육위원의 경우는 교육의 전
문성보다 주민대표성이 더 우선하기 때문에 비전문인이 될 가능성이 높다.
비전문인인 교육위원이 정치적으로 의사결정을 하게 되는 경우가 많다. 그러
나 최고집행자인 교육장(감)은 교육전문가이어야 한다. 비전문 교육위원의
의사결정을 하는 과정에도 교육전문가인 교육장이 자문을 하고 영향력을 많
이 행사하는 것이 바람직하다. 자문을 잘하고 영향력을 많이 미치게 하여 정
치적이기 보다 교육적으로 정책결정이 이루어지도록 유도하는 교육장이 유
능한 교육행정가인 것이다. 그런데 문제는 누가 이러한 유능한 교육전문가이
냐에 있다. 현재로는 교육경력 15년, 20년 가지고 왈가왈부하고 있는 정도이
다. 그런데 20년 동안 학생을 잘 가르쳤으면 교육행정도 잘할 것으로 예측할

수 있느냐에 문제가 있다. 사견을 말해도 좋다면, 가능한 한 교육경력을 7~8년으로 줄이고 대신 교육행정을 석사·박사로 전공하며, 교장·교감·장학사·장학관 등의 실무경력을 요구했으면 한다. 즉 "가르치는 경력"+"교육행정전공 학력"+"교육행정 실무"의 조건이다. 단순히 교육경력만을 요구할 경우는 전문화 시대에 역행하는 모순이 있다. 가르치는 일과 행정 하는 일은 빨리 전문화되어야 할 단계에 와 있다고 본다. 교원의 사기를 내세우는 사람이 있으나 그보다 먼저 교육행정의 효과성을 고려해야 한다.

넷째, 교육의 정치적 중립성의 문제이다. 말할 것도 없이 교육은 정치적으로 중립이어야 한다. 그래서 교육위원과 교육장은 비정당인이어야 한다. 그러나 현실적으로는 교육과 정치가 분리될 수는 없다.

한 가지 덧붙이고 싶은 것은 "자치"라는 의미이다. 교육자치에 관한 모든 것을 획일적으로, 전국적으로 규정해 놓으면 자치의 의미가 없어지고 현재와 다를 바가 없게 된다. 기본골격만 정해 놓고 나머지는 그 지방의 특색과 자치에 맡겨야 한다.

교육자치는 누구를 위해서 왜 해야 하는지를 알고, 주민자치·교육의 자주성·전문성·정치적 중립성과 "지방"자치라는 근본정신을 살려야 한다.

제 15 장
학교단위의 자율경영*

1. 자치의 물결

교육민주화 요구는 정치적 민주화와 함께 가속화되고 있다. 따라서 지방교육자치도 촉진될 수밖에 없다. 그러나 아직도 형식적인 교육자치제법만 서둘러 제정해 놓고는 실천에 옮길 생각조차 않고 있다. 실천도 해보지 않고 교육법을 다시 개정해야 할 입장이다.

그런데 오늘날 세계적인 교육적 이슈가 되고 있는 것은 학교단위의 자치, 자율적 경영의 문제이다. 선진국에서도 교육자치의 최소단위가 우리나라로 치면 시·군단위 정도에 그쳤었는데 이제는 학교단위로 내려가고 있다. 교육위원회가 정책결정을 하던 것을 학교운영위원회가 하고, 재정·인사도 학교단위에서 독립적으로 행사하도록 하는 자율적 학교경영제가 영국·호주·캐나다 미국의 플로리다 주와 캘리포니아 주의 일부·스칸디나비아 등으로부

* 교육행정학 연구회소식, 제27호, 1989(9. 30), 한국교육행정학연구회.

터 세계 여러 나라로 번져 나갈 전망이다.

이는 집권화로부터 분권화, 대의민주주의로부터 참여민주주의라는 거대조류1)의 물결과 함께 설득력을 갖고 있다. 중앙으로부터 지방으로, 지방에서 다시 학교수준으로 분권화되고 있으며, 대표자가 내 의견을 반영하여 대신 교육에 관한 결정을 하던 교육위원회제에 만족하지 않고 학부모, 주민, 교장, 교사, 학생과 가까이 있는 학교단위에서 가능한 한 전원이 참여하여 자기들 마음에 맞는 교육자치를 하는 것이 더 효과성, 형평과 평등, 자유와 선택, 우수성의 가치2)를 보장할 수 있다는 것이다. 학교단위의 자치와 자율적 경영은 실질적인 "내 학교(own school)" 정신에 근거를 두고 있다. 내가 낸 돈을 가지고 필요한 곳에 필요한 자원을 배분하여 내 자식, 내 학생에게 내가 원하는 교육을 하겠다는 자치정신에서 나온 것이다. 물론 지방이나 중앙의 정해진 범위와 지침내에서의 자율적 경영이다.

2. 자율학교 경영

여기서 자율경영학교란 자원의 배분에 관한 결정이 학교수준의 당국자에게 있는 의미 있고 지속적인 일관된, 분권화된 학교라고 정의한다. 자원은 넓은 의미로 쓰여서 지식(학교교육의 목적과 목표와 관련된 결정을 포함한 교육과정과 관련된 결정의 분권화), 기술(교수-학습의 수단방법에 관한 결정의 분권화), 권한(의사결정 권위의 분권화), 자료(시설·설비·비품의 활용에 관한 결정의 분권화), 직원(교수학습에 관한 문제와 교수학습 지원을

---

1) John Naisbitt, Megatrends(N. Y. Warner Books, Inc., 1984).
2) Brain J. Caldwell and Jim M. Spinks, The Self-Managing School(London: The Falmer press, 1988), p.vii.

위하여 직원을 배치하는 문제에 관한 결정의 분권화), 시간(시간의 배분에 관한 결정의 분권화), 재정(금전의 배분에 관한 결정의 분권화) 등을 모두 포함한다.3) 이러한 넓은 의미의 자원에 관한 결정권을 학교에 준다는 것은 거의 모든 면에서의 학교단위의 자치라고 할 수 있다.

이러한 자율학교는 첫째, 과거에 너무나 많은 좌절과 비효과성의 원인이 되었던 비체제적이고 단편적인 과정과는 대조적으로 ① 목표설정, ② 정책결정, ③ 기획, ④ 예산, ⑤ 집행, ⑥ 평가의 순환적인 전 과정을 통합하는 특징을 갖고 있다. 둘째, 교직원·학생·지역사회인으로 구성되는 학교운영위원회가 정책결정의 책임을 담당하는 역할을 분명히 하여, 이들의 적절한 참여를 보장하는 특징을 갖고 있다. 셋째, 이 자율학교는 학교의 중심기능인 교수학습에 초점을 맞추고 또 학교가 원하고 좋아하는 형태의 프로그램을 중심으로 학교경영을 조직하는 특징을 갖고 있다. 넷째, 이 자율학교는 중앙과 지방교육당국의 법과 정책, 우선순위, 조건, 재정의 범위 내에서 운영되기 때문에 우선 중앙당국에 대하여 책무성을 갖고, 다음은 지역사회에 책무성을 갖고 있으며, 마지막으로 학교 프로그램은 학교 내 정책결정집단 또는 운영위원회에 책무성을 갖는다는 특징을 갖고 있다. 다섯째, 법률학교는 과거의 전통적인 중앙집권적 학교운영에서 요구되지 않던 전문적인 지식, 기술, 태도를 요구한다는 특징을 갖고 있다. 자율학교 운영을 위해서는 교직원과 지역사회인의 전문적 개발 프로그램을 필요로 한다.

그러면 왜 이러한 자율학교 경영이 권장되는가? 여러 가지 이유가 있겠지만 ① 정치·경제적, ② 조직이론, ③ 학교효과성 연구결과, ④ 전문주의 등, 네 가지로 요약될 수 있다.

첫째, 과거에는 비교적 획일적이고 중앙집권적인 자원배분으로 ① 평등성, ② 효율성, ③ 자유, ④ 선택을 보장할 수 있다고 믿었는데 이제는 이러한 믿음에 도전하여 획일성과 집권성이 이들의 가치를 오히려 해치고 있는 반

---

3) Ibid., p.5.

면에, 학교 수준에 분권화시키고 일괄보조금을 주고 의사결정에 지역사회를 고도로 참여시키고 학교의 다양성을 조장하는 것이 위의 네 가지를 보장할 수 있다는 정치·경제적 이유에 근거를 두고 있다.

둘째는 조직이론에 근거를 두고 있다. Perrow[4]에 의하면, 집권과 분권의 조화는 일을 하는데 필요한 기술과 사람의 성격에 달려 있는데 공통점이 많을수록 집권화가 좋고 다양성이 요구될수록 분권화가 요구된다고 한다. Peters와 Waterman[5]은 500개 우수기업체를 분석한 결과, 공통적 핵심가치에 대하여는 집권적이고 나머지는 일선현장에 자율권을 준다는 것을 밝혔다. 교육계에서도 마찬가지로 광범한 교육목적과 목표는 집권적으로 결정하고 수단과 방법에 관한 결정은 분권화시키는 것이 효과적이라는 것이다.

셋째, 여러 학교 효과성 연구의 결과에 의하면 교직원에게 교육과정, 수업, 자원배분에 관한 보다 많은 자율과 권위를 부여해 주는 것이 효과적이라는 것이다.

넷째, 교사들이 잘 가르치고 학생들이 잘 배우기 위해서는 교사에게 관료성을 줄이고 보다 더 전문적 자율성을 주고 또 보다 더 지도성을 인정해 주는 전문주의가 자율학교 운영을 뒷받침해 주고 있다. 영국의 1988년 교육개혁법은 ① 국가중핵교육과정 형성, ② 5년 내에 모든 중등학교와 많은 초등학교의 운영위원회와 교장에게 학교예산에 관한 통제권 부여, ③ 다양성을 조장하고 접근 가능성을 증대시킴으로써 학부모의 선택권 증대, ④ 중앙정부로부터 각 학교에 직접 보조금을 줌으로써 공립학교를 지방교육당국의 통제로부터 독립적으로 운영하도록 하는 네 가지에 초점을 맞추고 있는데, ②, ③, ④가 모두 학교로의 분권화를 의미한다.

---

4) Charles Perrow, Organizational Analysis: A Sociological View (Belmont, Ca., Wadsworth, 1970).
5) Thomas J. Peters and Robert H. Waterman Jr. In Search of Excellence: Lessons from America's Best-Run Companies(N. Y.: Harper and Row, 1982).

호주에서도 학교에 정책결정단과 프로그램 팀을 구성하여 ① 목표설정과 요구인식, ② 정책결정(목적과 일반적 지침결정), ③ 기획, ④ 예산(편성과 승인), ⑤ 실행, ⑥ 평가의 과정을 거치는 협동적 학교운영6) 모델이 널리 퍼져가고 있다.

미국에서는 뉴욕주개혁위원회가 학교단위경영(school-site-management)7) 이라는 말을 사용한 이래 캘리포니아 주와 플로리다 주 일부에서 퍼져 나가고 있는데, 같은 맥락이다. 여기서는 더욱이 학부모가 학생을 등록하는 학교에 정부가 지불을 보증하고 세금이 그 학교에 지원되는 학부모 선택권이 철저히 보장되고 있다.

캐나다에서도 10여 년 동안 앨버타의 에드먼턴 공교육구에서 연구된 학교단위 의사결정(school-site decision-making)제도가 권장되어 퍼져 나가고 있다. 그리고 이런 제도는 스칸디나비아 제국에서도 받아들여지고 있는 것으로 알려졌다.

3. 과 제

이 자율학교 경영은 어떻게 보면 정부가 자원을 대주고 대강의 원칙하에 사립학교를 운영하듯이 교장과 학교운영위원회가 나름대로 자기들이 원하는 교육을 하는 것이다. 우리는 시·군단위 교육자치제도가 정착되지 않은 상태이기 때문에 꿈같은 이야기로 들릴지 모르나 사립학교가 많은 여건에서 전

---

6) Caldwell and Spinks, ibid.
7) James W. Guthrie and Rodeney J. Reed, Educational Ad-
 ministration and Policy: Effective Leadership for American
 Education(Englewood Cliffs, N. Y.: Prentice-Hall, 1986).

연 불가능한 것은 아니라고 본다. 여기에는 몇 가지 과제가 따른다.

첫째, 학교에 모든 자원을 맡기는 것이 출발점이다. 법개정이 따라야 할 것이다.

둘째, 학교장과 교직원의 전문적 경영지식과 기술, 태도가 요구된다. 자율경영능력이 없으면 집권형 보다 비효과, 비효율적이다. 그리고 학교에 대한 소유의식, 책임의식이 있어야 한다. 내 학교를 만들기 위해서는 현재의 순환근무제는 제고되어야 한다.

셋째, 주민과 학부모의 참여의식과 교육에 대한 주인·소유의식이 성패의 열쇠가 된다. 우리나라에서는 지금까지 교육자들의 교육독점에 자식을 맡기는 전통과 풍토를 갖고 있다.

이러한 어려움과 과제를 안고 있지만 자율학교경영이 민주주의 가치를 실현할 수 있다면 연구를 통하여 모델을 개발하고 소수 학교에서부터 시험·적용하면서 접근할 필요는 있다고 본다. 사립학교에도 국가가 지원해야 할 시기가 올 것으로 보는데, 외국의 자율학교 경영은 좋은 모델이 될 것이다.

제 16 장
학교장의 직무*

1. 학교장직의 중요성

교육은 여러 단위조직을 통해서 이루어진다. 학급단위, 학교단위, 교육청, 교육위원회, 교육인적자원부가 이들 단위조직과 기관이다. 그러나 학급단위는 수업이 이루어지는 수업집단에 불과할 뿐 단위기관이라고는 할 수 없다. 따라서 학급집단은 인사권과 재정권도 없다. 그래서 교육행정의 최일선 단위기관은 학교라 할 수 있다. 이 학교 현장을 책임지고 있는 자리가 바로 학교장직이다. 교장직은 교육과 행정을 모두 책임지고 있는 자리인 것이다.

학교교육은 교장의 책임 하에 있다. 다른 나라와 마찬가지로 우리나라에서도 교장은 학생을 교육하게 되어 있고, 교감과 교사는 교장의 명을 받아 학생을 교육하게 되어 있다((구)교육법 75조). 말할 것도 없이 학생교육을 지원하는 행정(교무를 통할하고 소속직원을 감독하는)의 책임도 교장에게 있다. 그래서 교장이 어떤 사람이냐, 자신의 직무를 어떻게 파악하느냐는 그 학교의 성공 여부와 학생의 성취에 많은 영향을 준다. 그래서 학교장을 "Key Person"이라고 한다.

또 교육인적자원부와 교육위원회, 교육청의 정책이나 방침도 결국 교장의

---

* 학교자체평가 연수자료, 1988, 한국교육개발원.

손에 의하여 실현되어야 하기 때문에 교장직의 중요성은 아무리 강조해도 오히려 부족하다. 교장은 학생을 직접 지도하기도 하고, 또 교실에서 직접 지도하고 있는 교사를 이끌어 나가야 할 위치에 있다. 교육행정의 기본목표가 교수학습의 향상(주삼환 역, 1986)에 있다고 한다면 교육현장에서 직접 학생을 교육하고 또 이를 지원·행정 하는 교장직은 그 어떤 교육행정직보다도 중요하다.

우리의 교육여건은 여러 면에서 부족한 점이 많지만 현재와 같은 조건하에서도 교장의 능력에 따라서는 더 높은 교육효과를 가져올 수 있다고 본다. 그래서 필자는 교장을 우리나라 교육혁신과 질 향상을 위한 전략적 인물이라 부른다. 학생을 직접 지도하는 교사를 변화시키면 좋겠지만 교사는 숫자적으로도 너무나 많아 교사 한 사람 한 사람을 변화시키기는 어렵다. 양성과정에 많은 투입을 요구하며 기성교사에 대한 변화도 그 범위로 보아 엄청난 투자를 필요로 한다. 근본적으로는 훌륭한 교사를 만드는 것이 우리나라 교육을 성공으로 이끄는 길이지만, 적은 투입으로 짧은 기간에 성과를 올리려는 전략으로는 교장을 변화시키는 일이 보다 효과적이다.

교장을 변화시켜 교육의 효과를 올리려는 전략을 세우기 위해서는 교장의 직무가 명확하게 밝혀져야 한다. 그래서 그 직무를 잘 수행하게 하고, 잘 수행하는지 평가해야 할 것이다. 그런데 교장에게 막중한 책임을 맡기면서도 그 책임과 역할, 기능, 과업이 무엇이며 그 성격이 어떤 것인지 분명하게 밝혀지지 않은 상태에 있다. 교장직을 차지하고 있는 사람도 그들의 직무를 각각 다르게 지각하고 또 교장직의 수행으로 영향을 받는 주위의 여러 사람들도 각각 다르게 기대하는 경우가 많다.

그래서 여기서는 여러 접근을 통해서 학교장의 직무를 규정하려는 시도를 하고, 이런 역할과 기능·과업을 수행하는 데 필요한 자질과 기술이 무엇인지 밝히고, 이들 자질과 기술을 갖추었는지와 또 직무를 제대로 수행하고 있는지 알아보기 위한 교장평가와 학교평가를 관련지어 봄으로써 결론으로 삼고자 한다.

2. 학교장 직무규정을 위한 제 접근

학교장의 직무가 무엇인지 밝히려는 접근에는 여러 가지가 있을 수 있다. 교장의 직무를 규정하기 위한 제 접근에 대하여 언급하기 전에 우선 용어에 대한 약간의 설명이 필요하리라 본다. 직무란 조직이나 기관의 목적달성을 위하여 정해진 각 자리에 부과된 구체적인 활동과 일이라 할 수 있다. 즉 각 지위에 따라 맡겨진 임무이다. 학교장의 직무는 학교장이라는 자리에 따른 임무라고 할 수 있다. 이는 역할이라는 측면에서도 살펴볼 수 있고 또 책임·업무 및 과업과 엄격히 구별하기도 어렵고 또 기능과도 서로 중복되는 개념이라고 본다. 여기서는 교장자리와 지위에 대하여 기대되는 행위에 해당하는 역할과는 약간 구별하여 사용하고 과업영역과 기능은 거의 같은 개념으로 사용하여, 이들 역할과 과업과 기능의 양쪽을 살펴봄으로써 교장의 직무를 파악하려고 한다. 그러면 교장의 직무규정을 위한 몇 가지 접근에 대하여 설명하기로 한다.

1) 법규적 접근

교장의 직무가 무엇인지 법규정을 살펴볼 필요가 있다. (구)교육법 75조 1항에서는 교장의 직무를 아주 포괄적으로 규정해 놓고 있다. "교무를 통할하고 소속직원을 감독하며 학생을 교육한다."에서 "교무통할"은 관리적·행정적 측면이고, "소속직원 감독"은 관리·행정과 장학적 측면이라 할 수 있으며, "학생교육"은 장학과 교육을 의미한다고 할 수 있다. 이는 교장의 권한을 말하는 동시에 교장의 임무이기도 하다. 이를 분해하여 나타내면 〈그림 16-1〉과 같다.

〈그림 16-1〉 교육법상의 교장의 직무

종래에는 행정·관리적 측면을 많이 강조하는 경향이 있었으나 앞으로는 수업장학이 강조되어야 할 것이며, 궁극적으로는 학생을 교육하는 일인데, 이는 장학을 통해서 또는 학생을 직접 지도함으로써 그 목적을 달성한다.

기타 다른 법령에서 좀 더 구체적으로 교장의 직무를 나타낸 곳을 찾아보면 다음과 같다(김세기, 1981, p.156).

① 수업 시종 시각의 결정((구)교육법시행령 65조)
② 비상재해 시의 임시휴업의 결정((구)교육법시행령 67조)
③ 입·퇴학, 전학, 편입학 및 휴업조치((구)교육법시행령 69조)
④ 졸업장 수여((구)교육법시행령 76조)
⑤ 학생징계((구)교육법시행령 76조)
⑥ 재학생의 학적부 작성((구)교육법시행령 78조)
⑦ 전염병환자의 출석 정지 또는 등교 정지명령((구)교육법시행령 105조, 학교보건법 8조)
⑧ 신체검사 등의 실시(학교보건법 7조)
⑨ 학생의 보건관리(학교보건법 9, 10, 11, 13조)
⑩ 교직원의 보건관리(학교보건법 13조)
⑪ 질병의 예방(학교보건법 14조)

이들은 주로 관리적 측면을 상세화 시킨 내용들이다.

2) 역사적 접근

이것은 교장의 직무를 역사적인 변천에 따라 살펴보려는 것이다. 교장직의 시작은 가르치는 교사 중에서 관리적인 일을 겸무하게 하면서부터 시작하여 차차 분화·분리된 것으로 보아야 할 것이다. 미국에서도 도시가 커지면서 학교도 커지고 학년제의 학교가 성립되면서 교장직이 생겨나게 되었다. 당시 교장이 하던 일은 출석기록과 학생 수 보고, 학교재정과 공급, 회계 등의 ①

서기적(clerical)인 일이었다. 그리고 학년제, 분과제로 되면서 ② 관리적 측면이 중시되고 19세기 말에 가까워지면서 ③ 장학과 수업개선의 책임이 강조되었다.

미국학교행정가회(AASA)(1967)는 ① 학생 개개인에 대하여 잘 알고 개인적 관심을 갖고 친절하고 이해심 많으며 체계적인 "미스터 칩스(Mr. chips)의 이미지", ② 모든 교과목에 대하여 다른 교사보다 더 잘 알고 더 잘 가르치리라 기대되는 "수석교사의 이미지", ③ 학교가 커지면서 학생과 교사·재정·공급 등에 관한 많은 자료를 수집하고 처리하며 통계자료를 보고하는 등 행정적인 일을 하는 "행정가로서의 이미지", ④ 1960년대 변화의 시대를 맞아 "변화촉진자로서의 이미지", ⑤ 특히 1980년대에는 단순한 행정을 뛰어넘은 "지도자로서의 이미지"를 강조하는 교장직으로 변천해 왔다고 요약하고 있다.

또 이명주(1988, p.19)는 미국에서 교장직의 변천과정을 〈그림 16-2〉와 같이 요약·제시하고 있는데, 아직도 이들 네 이미지는 살아있다.

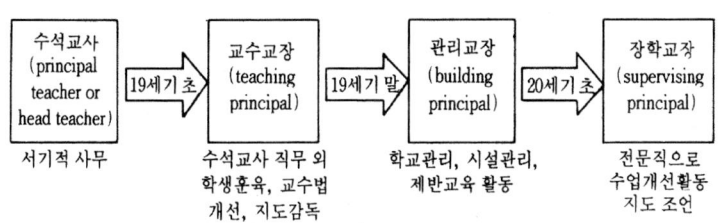

〈그림 16-2〉 교장직의 변천과정

3) 교장의 실제활동 분석

교장의 직무를 규정하기 위한 세 번째 접근으로는 실제 교장이 직무를 수행하고 있는 활동과 활동을 위한 시간배분을 관찰하거나, 면접하거나, 자기보고를 통해서 알아보는 방법을 생각해 볼 수 있다.

미국중등교장회(National Association of Secondary School Princ-ipals)(1978)는 전체 조사대상 1,600명 중 60명의 "효과적인" 교장을 구별해 내고, 이들을 면접하여 2주간을 어떻게 시간계획을 하였으며 또 실제로 어떻게 보냈는지 연구하여 〈표 16-1〉과 같은 결과를 얻었다. 이를 보면 미국 교장의 직무를 어느 정도 파악할 수 있을 것이다.

〈표 16-1〉 교장의 시간계획과 실제 사용한 시간

활 동 영 역	계획된 시간 (격주로) 2주간	사용된 시간 (격주로) 2주간
프로그램 개발(교육과정, 수업지도성)	1	3
인사(평가, 조언, 협의회, 충원)	2	1
학교관리(주간계획, 사무, 예산, 통신, 메모 등)	3	2
학생활동(회의, 장학, 계획)	4	4
교육청(회의, 특수임무, 보고 등)	5	5
지역사회(사친회, 자문집단, 학부모회)	6	6
계획(연간계획, 장기계획)	7	7
전문적 발전(독서, 협의회 등)	8	8
학생행동(기강, 출석, 회의)	9	9

자료: R. A. Gorton and K. E. McIntyre, The Effective Principal, vol.2, The Senior High School Principalship(Reston, Aa: National Association of Secondary School Principals, 1978). Used by permission of the NASSP.

미국 메릴랜드 몽고메리 교육구(1975)에서는 초·중·고등학교 교장을 대상으로 하여 자기보고에 의한 시간사용 추정과 실제 관찰일지에 나타난 시간사용을 비교·연구하였다(〈표 16-2〉 참조).

이 표를 보면, 교장이 어떤 일을 하며 어떤 영역이 중요한가를 알 수 있다. 이 연구결과, 관리적인 일과 수업지도성의 장학적인 일 및 기타의 영역으로 나누어졌는데, 이는 우리나라에서와 비슷하다. 우리나라에서도 교장의 업무를 대개 관리와 장학의 두 영역으로 나눈다.

〈표 16-2〉 교장이 추정한 책임영역에 대한 시간배분과 연구결과

책임영역	각 책임영역에 투자된 시간의 퍼센트					
	초등학교 교장		중학교 교장		고등학교 교장	
	교장이 추정한 시간의 퍼센트	관찰과 일지에 나타난 실제사용시간의 퍼센트	교장이 추정한 시간의 퍼센트	관찰과 일지에 나타난 실제사용시간의 퍼센트	교장이 추정한 시간의 퍼센트	관찰과 일지에 나타난 실제사용시간의 퍼센트
(관리)						
집행적인 일	12	14	10	15	12	15
학생인사	15	17	16	21	12	20
인사	10	7	12	8	13	8
시설과 재정	6	6	6	4	8	4
기타	0	8	0	11	0	8
계	43	52	44	58	45	54
(수업지도성)						
프로그램 개발	14	6	11	7	14	5
프로그램 평가	6	3	6	0	6	1
직원평가	15	7	17	10	16	5
기타	0	3	0	1	0	1
계	35	20	34	17	36	12
다른 학교·지역·교육청과의 연락	6	8	8	5	6	7
홍보: 학교, 지역사회, 정부기관	12	12	10	12	8	17
외부의 전문적 활동	4	3	5	2	4	6
위 항목의 결합된 활동*	—	2	—	2	—	1
개인적인 일*	—	2	—	3	—	3

* 이 두 범주는 자료수집 도구에는 포함되지 않았었다.

자료: *Department of Research. Report of Findings of a Study of the Principalship in Action in the Montgomery County Public Schools(Rockville, MD: Montgomery County Public Schools. 1975).*

교장의 활동을 직접 관찰한 연구로는 Wolcott(1973)의 것이 유명하다. 그는 Ed

Bell이라는 초등교장을 오랫동안 그림자처럼 따라다니며 민속학적으로 관찰·연구하여 한 권의 책을 썼다. Bell 교장은 평상수업일의 하루를 〈표 16-3〉과 같이 보내었다.

〈표 16-3〉 Wolcott에 의한 초등교장의 하루

Ed Bell 교장의 접촉	시간사용(%)
사전계획 된 회의, 협의회	26
심사숙고했지만 사전계획 없는 회의, 협의회	25
우연한 만남	15
전화연락	9
인터컴으로 이야기	1
개인사무	15
혼자, 순회	9
다른 각도에서의 분류	
혼자 보낸 시간	25
언어적 상호 작용 없이 다른 사람과 보낸 시간	6
다른 사람의 의견을 듣는 데 보낸 시간	35
다른 사람에게 말한 시간(정보제공, 질문, 지시)	36

Ed Bell 교장과 접촉한 대상별로 관찰한 사례 수와 보낸 시간의 백분율은 〈표 16-4〉와 같다. 학교장은 많은 사람과 접촉하기 때문에 인간관계기술(human skill)을 필요로 한다.

교장의 직무규정을 위한 몇 가지 접근법에 대하여는 이런 정도로 소개하고, 이제는 이러한 연구에 의하여 밝혀진 역할과 기능에 대하여 구체적으로 제시하고자 한다.

〈표 16-4〉 평상수업일 07~17시 사이에 교장이 상호 작용한 사람
(2주일 동안 12번의 2시간 관찰·기록된 상호 작용의 사건에 근거하여)

항 목	상호 작용을 6일 간격으로 기록했을 때의 사례 수	각 카테고리에 상호 작용으로 보낸 전 시간의 퍼센트
교사와 개인적으로	187	16.3
교사와 집단적으로(소계, 교사와의 모든 상호 작용, 22.1%)	67	5.8
카운슬러	146	12.7

항 목	상호 작용을 6일 간격으로 기록했을 때의 사례 수	각 카테고리에 상호 작용으로 보낸 전 시간의 퍼센트
다른 전문가 직원	81	7.1
비서	49	4.3
다른 비전문가 직원(소계, 교사와의 상호 작용+모든 다른 직원, 50.4%)	48	4.2
학생과 개인적으로	160	14.0
학생과 소집단으로	46	4.0
학생과 전체학급 또는 전교적으로(소계, 학생과의 모든 상호 작용 19.3%)	15	1.3
교생과 수습교사	12	1.0
다른 교장	89	7.8
교육청(교육장 또는 부교육장)	2	2
교육청 직원(교육장, 부교육장 이외 다른 직원)	70	6.1
학부모	97	8.5
지역사회 다른 성인	15	1.3
기타 다른 사람들	63	5.5
기록된 전체사례	1,147	100.1

자료: Harry F, Wolcott. The Man in the Principal's Office: An Ethnography. New York: Holt, Rinehart & Winston, 1973.

4) 교장의 역할 정의와 기대에 의한 접근

교장의 직무를 규정하려는 또 하나의 접근은 역할과 기대에 관한 연구를 검토하는 것이다. 역할이란 자리 또는 지위에 따른 일단의 행위를 말한다. 교장의 역할은 교장직에 대하여 기대되는 행위이다. 교장직에 따른 역할은 ① 교장 자신의 욕구와 태도(사상), ② 중요한 타인(학생, 교사, 학부모, 상급자)의 기대, ③ 여러 가지 사회적 요인(인구적 변화, 경제상태, 정부의 영향, 뉴스매체와 교육공학)에 따라 크게 영향을 받는다(Gorton, 1980). 그래서 교장직을 차지한 사람과 관련자들의 교장에 대한 기대, 교장과 학교를 둘러싸고 있는 사회적 · 환경적 요인에 따라 달라진다.

여러 학자들이 교장의 역할을 제시했는데 Gorton(1983, pp.71~75)은 ① 관리자, ②수업지도자, ③ 교육자(disciplinarian), ④ 인간관계 촉진자(human relations facilitator), ⑤ 평가자, ⑥ 갈등해소자(conflict mediator)의 역할을 들고 있다.

Hencley와 McCleary, McGrath(1970, p.67)는 좀더 세분하여 초등교장의 역할을 말하고 있다. 즉 ① 수업지도자, ② 생활지도자(guidance person), ③ 학생통제자 또는 훈육자, ④ 집단역동 전문가, ⑤ 학교 스케줄의 전문 조직자, ⑥ 외교자, ⑦ 학교관리 용인의 대표자, ⑧ 예산·회계·소모품 공급 책임자(business-man), ⑨ 적시에 정확한 기록을 보존하는 사무관리자, ⑩ 지역사회 내 여러 세력들의 화해조정자, ⑪ 사친회 등 학교 내 다른 집단과 효과적으로 일하는 자, ⑫ 정책결정보조자, ⑬ 혁신주도자, ⑭ 공중과 상호 작용하는 많은 다른 역할수행자를 들고 있다. 그러나 이것도 대부분은 Gorton의 여섯 범주로 묶을 수 있고, 한두 가지가 추가될 수 있을 뿐이다. Blumberg와 Greenfield(1980)는 효과적인 교장의 역할을 ① 행정가, ② 조직자(organizer), ③ 가치관리자(value-based juggler), ④ 진짜 도움을 주는 자(authentic helper), ⑤ 중개인(broker), ⑥ 인간주의자(humanist), ⑦ 촉매자(catalyst), ⑧ 합리주의자(rationalist), ⑨ 정치가(politician)로 규정하고, 효과적인 교장의 3요소로 ① 비전(vision), ② 주도성(initiative), ③ 자원처(resourcefulness)를 들고 있다. 이러한 역할을 하나씩의 장으로 하여 ≪효과적인 교장≫이라는 책의 주요 내용으로 삼고 있다.

Mintzberg(1973)는 행정가의 역할을 크게 ① 대인관계 역할, ② 정보를 다루는 역할, ③ 결정의 역할로 나누어 다음과 같이 10개의 역할을 제시하고 있는데, 교장도 이런 역할을 담당하지 않을 수 없을 것이다.

대인관계역할
　① 명목상의 장(figure-head)
　② 지도자(leader)
　③ 연락자(liaison)

　정보역할

　　④ 청취자(monitor)

　　⑤ 전파자(disseminator)

　　⑥ 대변자(spokesman)

　결정역할

　　⑦ 최고결정자(변화촉진)(entrepreneur)

　　⑧ 혼란처리자(disturbance handler)

　　⑨ 자원배분자(resource allocator)

　　⑩ 협상자(negotiatior)

5) 직무기술에 의한 접근

　완벽하지는 못할지라도 교장의 직무기술서를 작성하려는 시도를 해보면 교장의 직무가 좀더 명확해질 것이다. 또 교장의 직무를 명확히 규정한 최종산물로서 좀 더 분명한 직무기술서가 나와야 할 것이다. 그러나 불행하게도 우리나라에는 아직 이런 시도가 거의 없는 상태이다. 그래서 구체적인 미국 고등학교 교장의 직무기술서에 나타난 교장에 대한 기대를 제시하는 것으로 이 접근을 대신하고자 한다. 물론 이 직무기술서는 한국 교장의 직무와는 차이가 있으나 비교가 될 것이다.

미국 Lake Oswego 고등학교장 직무기술서

　책임: 교장은 담당한 학교의 최고책임자(chief officer)로 임명된다. 학교의 행정과 장학의 장(head)으로서 주법과, 교육위원회 방침, 그리고 교육장과 그의 위임받은 참모의 관할 범위 내에 있는 교육구의 행정규칙과 규제와 일치하는 모든 학교 프로그램의 운영에 대한 책임을 지고 또 행정적 권위를 수행한다.

(1) 일반적 행정책임

　교장은

① 학생학습을 증진시키는 프로그램을 개발하고 유지하며 체제적으로 평가하고 개선시키는 수업지도자로 봉사하며, 또 학생과 지역사회의 요구에 반응한다.

② 교직원의 직무수행의 성장을 격려하는 인사선발, 배정, 장학, 평가 체계를 개발·집행한다.

③ 교육위원회의 모든 방침과 행정규칙, 계약, 학교규칙과 방침의 실행과 준수를 지휘하고 감독한다.

④ 규정과 절차를 실행함으로써 효과적인 학교운영을 관리하고 평가한다.

⑤ 효과적인 의사소통과 참여를 증진하고, 긍정적인 인간관계와 높은 사기를 진작시키는 지역사회와 직원·학생과의 관계 증진을 위한 프로그램을 개발하고 유지한다.

(2) 교육청의 기대

교장은

① 법적으로 또는 교육위원회와 교육장이 요구하는 정확한 기록과 보고서를 준비·유지한다.

② 요구되는 적절한 청 내 교장회, 체육회, 협상회의, 그 외 각종 회의에 참여한다.

③ 학교운영과 필요사항, 문제점에 대하여 행정가로 하여금 알 수 있도록 한다.

④ 질 높은 교육 프로그램의 개발·유지를 보장하기 위해 교육청 행정가와 협동적 노력을 한다.

⑤ 청 내 다른 학교들과 연락관계를 유지하다.

⑥ 여러 프로그램들 사이에 일관된 철학이 존재할 수 있도록 교육과정, 기강, 출석 생활지도, 직원발전과 평가, 학생활동, 지역사회관계를 감독 장학한다.

(3) 인사담당자의 기대

교장은

① Lake Oswego 고등학교 직원에 적용되는 교육청 방침, 계약, 행정규칙과 학교규정을 해석하고 실천한다.

② 교육장이나 청 내 직원의 승인하에 모든 교사와 행정직원의 모집, 채용, 평가, 승진, 보유를 지휘한다.

③ 교육장의 승인 하에 교내 모든 직원에게 구체적 임무와 책임을 부여한다.

④ 학생과 교직원의 사기를 지속적으로 높일 수 있는 학교풍토조성을 위해서 노력한다.

⑤ 교육청 방침과 계약에 따라 모든 진정과 청원을 성취하고 검토한다.

⑥ 교장, 교감, 주요부장에 대한 기대를 상세하게 하는 역할을 정의하는 직원 조직 설계에 대하여 교육장에게 권고한다.

⑦ 모든 행정직, 교수직, 자격증 소지 직원에 대한 연말 평가보고서를 준비한다.

⑧ 교장 부재 시 학교를 책임질 인사에게 권위를 위임한다.

⑨ 직원회, 직원협의회, 학과장(학년부장)회를 조직하고 실시한다.

⑩ 앞으로 채용을 고려할 때 집중적인 장학을 해야 하는 모든 직원에 대해 1차적 평가자가 된다.

⑪ 목표근거의 직원발전 프로그램을 지휘하고 실행함으로써 직원의 전문적 성장과 효과적인 직무수행을 도모한다.

⑫ 성, 인종, 출생지, 연령, 핸디캡에 상관없이 공정하고 평등하게 대할 수 있도록 교내 모든 개인의 권리를 보장한다.

(4) 지역사회의 기대

교장은

① 학교와 지역사회관계 활동에 관한 요구를 확인하고 계획하고 실천하고 청취하고 평가함으로써 의사소통과 참여시키는 효과적인 지역사회-직원-학생관계를 보장한다.

② 모든 학생 프로그램과 활동에 대하여 학부모들이 잘 알 수 있도록 모든 지역사회 관련 출판물을 감독한다.

③ 월간 학부모 소식을 발행하고, 본교 동창회에 참석하고, 모든 교육위원회의에 참석하고, 좋은 지역사회관계 증진을 위한 모든 교육청의 노력에 일반적인 조력을 한다.

④ 고등학교 시민자문회를 조직하고 그 노력을 돕는다.

⑤ 지방신문으로 하여금 학교활동을 다루도록 격려한다.

⑥ 지역사회관계법의 실행기관과 사회복지기관과 협조적 관계를 유지한다.

(5) 수업 프로그램 관련 기대

교장은

① 교육기관의 최우선 기능인 학교의 수업지도자로 봉사한다.
② 계속적인 교육과정의 개발, 평가, 수정을 장학한다.
③ 학교의 학술적 활동과 운동 프로그램 사이의 적절한 강조의 균형을 유지한다.
④ 전문학회에 참석하고 전문단체에 가입하고 전문분야에 대한 최신의 독서를 계속하고 효과적으로 학교 프로그램의 개발에 기여한다.

(6) 학생의 기대

교장은

① 구체적인 기대를 갖고 학생생활지도와 상담 프로그램을 제공한다.
② 학생에 대하여 청취하고 평가함으로써 학생으로 하여금 질 높은 교육을 받을 수 있도록 보장해 준다.
③ 적절한 학생행위를 정하고 유지함으로써 교내에 긍정적인 학습풍토를 제공해 준다.
④ 학생들로 하여금 의사결정과정에 계속적으로 참여할 수 있는 기회를 보장할 수 있도록 학생회의 노력에 대하여 지원한다.
⑤ 학교의 시설과 운동장이 모든 학생들의 건강과 안전기준에 충족되도록 보장해 준다.

(7) 관리적 기대

교장은

① 체제의 절차에 따르도록 다른 사람들을 지시하고 알려줌으로써 프로그램 기획, 예산, 평가, 기록보관, 재정과 회계를 체계적으로 실천하도록 보장한다.
② 연간예산을 편성하고 집행한다.
③ 내적 통제체제를 유지하여 학교에 배당되는 모든 자금이 정당하게 쓰이도록 보장한다.

④ 자금지출요구를 승인하거나 거부한다.

⑤ 학교에서 수행되는 일의 유지와 개선에 대한 계획, 우선순위 결정, 예산 배정, 감시와 청취, 평가를 통해 건물과 운동장 시설을 유지한다.

(8) 책임위양에 대한 기대

대규모 고등학교에서 많은 교장의 책임을 위양하지 않고 교장의 기능을 수행하기는 어렵다. 이 위양은 책임의 포기가 아니라 다른 행정가가 지정된 책임을 분담한다는 의미일 뿐이다. 이런 분담은 행정직무기술서에 윤곽이 정해져야 한다.

우리나라에는 이러한 정도의 상세한 직무기술 내용이 없기 때문에 할 일과 책임소재가 명확하지 못한 형편인데 참고가 될 것으로 본다.

6) 교장의 과업영역과 기능 명료화에 의한 접근

이것도 교장의 직무규정에 의한 한 접근법으로 볼 수 있다. 교장이 수행해야 할 과업과 기능의 영역을 분류해 봄으로써 교장직의 윤곽을 밝히려는 것이다.

Lipham과 Rankin, Hoeh(1985)는 교장의 과업영역으로서 ① 수업 프로그램, ② 교직원, ③ 학생, ④ 학교자원, ⑤ 학교와 지역사회관계를 들고 이에 필요한 임무와 자질을 제시하며, ① 학교의 목표설정, ② 학교의 조직, ③ 교육지도력 발휘, ④ 교육의사결정, ⑤ 교육변화를 주요 개념과 이론으로 하여 ≪교장론≫이라는 책을 구성하고 있다.

Hughes와 Ubben(1978)은 ① 학교와 지역사회관계, ② 교직원인사 발전, ③ 학생인사 발전, ④ 수업 프로그램, ⑤ 사무와 건물관리를 교장의 기능·과업·책임이라고 하여 이들 세 용어를 특별히 구별하지 않고 사용하는데, 교장의 기능을 ① 기관관리와 ② 지도력이라는 질의 두 차원으로 나누어 설명하고 있다. 전자는 학교목표 달성에 필요한 물질과 인사의 획득과 조정·배치와 관련된 활동이고, 후자는 직원의 생산성·창의적 사고·학교조직 목표달성을 위한 효과적인 움직임을 말한다.

Roe와 Drake(1980)는 교장의 과업영역으로 ① 수업, ② 교육과정, ③ 학생, ④ 교직원, ⑤ 지역사회, ⑥ 재정, ⑦ 공간을 들고 있으며, Griffiths(1962)는 ① 수업과 교육과정 개발, ② 교직원인사, ③ 학생인사, ④ 재정과 사무관리, ⑤ 학교시설건물과 봉사, ⑥ 학교와 지역사회관계를 들고 있다. 그 외 Otto와 Sanders(1964), Gorton(1983), 미국남부주교육행정 협동프로그램(SSCPEA), 미국미네소타초등교장회(MESPA)가 제시한 과업영역도 비슷하고, 한두 영역을 강조하기 위해서 세분하거나 합치는 정도이다. 이들을 요약하면 〈표 16-5〉(주삼환, 1985, p.100)와 같다.

우리나라에서 김영돈(1978)은 ① 관리직(행정직) 기능으로서 ㉠ 인적 관리(교직원, 학생), ㉡ 물적 관리, ㉢ 운영관리(교육계획, 교육과정, 학교사무)를 들고, ② 지도적 기능으로서 ㉠ 교직원의 복무에 관한 지도, ㉡ 교육활동 지도를 들며, ③ 대외기능으로서 ㉠ 교육감(장)과의 관계, ㉡ 지방공공단체 및 지역사회와의 관계, ㉢ 육성회와의 관계, ㉣ 동창회와의 관계로 나누고 있는데, 강조점과 비중 면에서 많은 차이가 있다.

한국에서는 본질적인 것보다는 주변적이고 외곽적인 관리적·관계적인 것이 주종을 이루고 있다. 그래서 여기서는 ① 수업 프로그램, ② 교직원인사, ③ 학생인사, ④재정과 시설, ⑤ 학교와 지역사회관계를 학교장의 주요 과업영역으로 정리하고자 한다.

〈표 16-5〉 교장의 과업영역

Lipham & Hoeh	Hughes & bben	Roe & Drake	Griffiths	Otto & Sanders	Gorton	SSCPEA	MESPA
1. 수업 프로그램	4. 교수 프로그램	1. 수업 2. 교육과정	1. 수업과 교육과정 개발	1. 교수	4. 수업과 교육과정 개발	1. 수업과 교육과정 개발	1. 교육프로그램의 개발실천 개선
							2. 수업장학과 학습평가를 위한 협동적 노력

Lipham & Hoeh	Hughes & bben	Roe & Drake	Griffiths	Otto & Sanders	Gorton	SSCPEA	MESPA
2. 교직원 인사	2. 교직원 인사개발	4. 교직원	2. 교직원 인사	4. 교직원 인사	1. 교직원 인사	4. 교직원 인사	4. 직원의 전문적 성장과 개발 조장
3. 학생 인사	3. 학생 인사개발	3. 학생	3. 학생 인사	2. 학생 관리	2. 학생 인사	2. 학생 인사	3. 학생 복지와 봉사의 제공
4. 재정과 시설	5. 사무와 건물시설 관리	6. 재정 7.공간	4. 재정과 사무관리 5. 학교 시설 건물 과 봉사	5. 학교 시설 7. 재무 관리	5. 학교 재정과 사무관리 6. 학교 시설 건물 7. 일반 적 과업	5. 학교시 설 7. 학교 재정과 사무관리 8. 교통 과 수송	6. 행정 팀 구성원으로 서의 책임
5. 학교와 지역사회 관계	1. 학교와 지역사회 관계	5. 지역 사회	6. 학교와 지역사회 관계	3. 지역 사회 6. 조직 구조	3. 지역사 회와 학교 관계의 지 도	3. 지역 사회관계 6. 조직 구조	5. 효과적 인 학교와 지역사회 관계촉진 7. 전문가 로의 향상 8. 계속적 인 전문적 성장

7) 행정과정에 의한 접근

교장의 직무를 밝히는 또 하나의 방법은 학교장이 행정 해 나가는 과정을 살펴보는 것이다. 이는 과업이나 업무의 영역보다는 행정행위나 활동에 관심을 집중한다.

Fayol이 기획(planning), 조직(organizing), 명령(command), 조정(coordinating), 통제(control)의 5요소를 제시한 이래 Gulick과 Urwick이 유명한 POSDCoRB로 세분하였는데, 학교장도 행정가로서 이러한 과정을 거치면서 행정 하는 것은 사실이다.

Gorton(1983)은 문제해결과정에 초점을 맞춰 ① 문제의 확인(problem iden-tification), ② 진단(diagnosis), ③ 목표설정(setting objectives), ④ 의사결

정(decision making), ⑤ 계획(planning), ⑥ 실행(implementing), ⑦ 조정, ⑧ 위임(delegating), ⑨ 주도(initiating), ⑩ 의사소통(communicating), ⑪ 집단활동(working with groups), ⑫ 평가(evaluating), ⑬ 문제해결(problem solving)로 세분했는데, 이를 〈그림 16-3〉으로 나타낼 수 있다.

Litchfield(1956)는 ① 의사결정, ② 구체적 계획(programming), ③ 의사소통, ④ 통제, ⑤ 재평가(reappraising)의 행정과정 주기 중 첫 번째의 의사결정과정을 〈그림 16-4〉와 같이 나타내고 있는데, 이는 문제해결과정과 비슷하다. 이는 둘 다 Dewey의 반성적 사고에 근거를 두고 있기 때문이다.

몇 사람이 제시한 행정의 과정을 살펴보았는데, 교장만을 위한 행정과정을 따로 다룬 것은 없다.

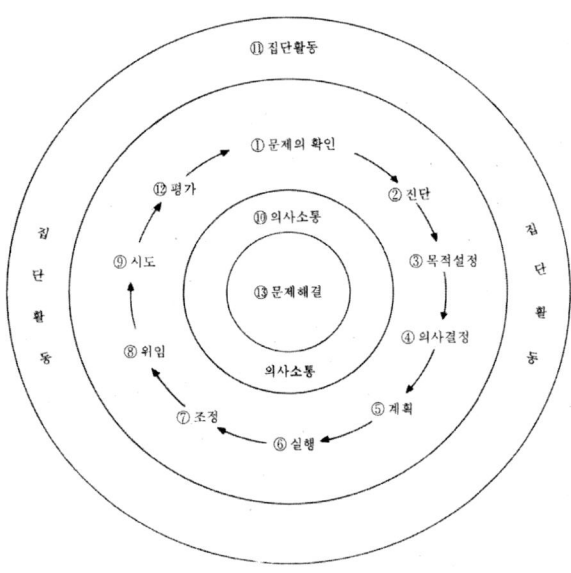

〈그림 16-3〉 행정과정

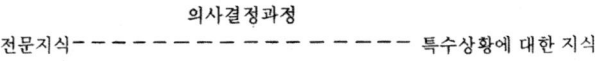

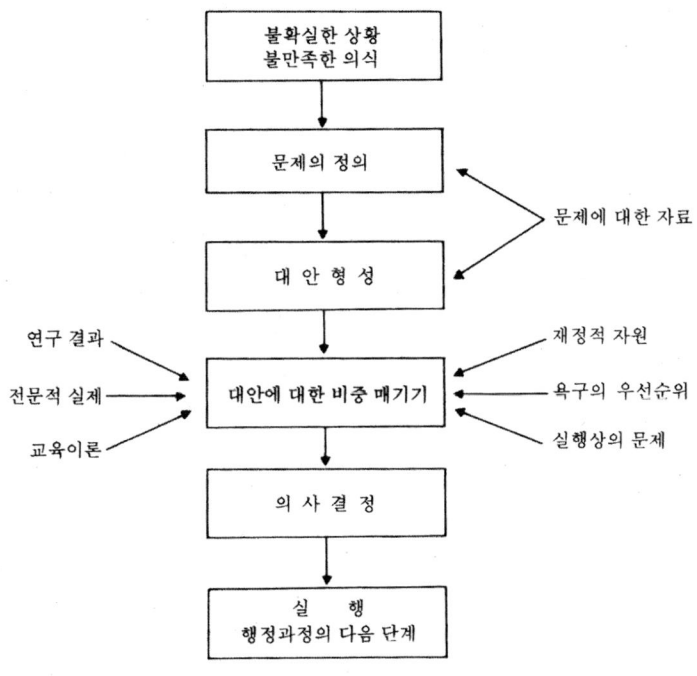

〈그림 16-4〉 의사결정과정의 모델

3. 교장에게 요구되는 자질

앞에서 언급한 교장의 역할이나 책임, 과업이나 기능을 수행하기 위해서는 이에 해당하는 자질(competence)과 기술(skill)이 요구된다. 그러나 교장의 직무가 정확하게 밝혀지지 않은 상태에서 이에 필요한 자질과 기술을 분

명히 하기는 어렵다. 그래서 여기서는 외국의 행정가나 교장에게 요구되는
자질이라고 제시된 것 몇 가지를 소개하는 정도로 그치고자 한다.

자질이란 바람직한 직무수행의 질(a desired quality of job perform-
ance)(Graff and Street, 1956, p.10)이라 할 수 있다. 질이란 그만큼
모호하고 추상적이어서 표현하기 어려운 개념이다. 그러나 1950년대에 행정
가의 Competence 접근을 활발히 하였다가, 행동주의의 물결로 주춤하다
가, 최근에 다시 논의가 활발해지기 시작하고 있다.

행정가에게 요구되는 기술로 Katz와 Kahn은 ① 계획, 조직, 정책결정
등에 주로 필요한 통합적 기술(conceptual skill)과, ② 시설, 재정, 사무
등의 관리에 필요한 전문적 기술(technical skill)과, ③ 사람을 다루는 인
간적 기술(human skill)을 들고 있는데, 이는 고전이 되었으나 지금도 많
은 사람들이 인용하고 있다.

Sergiovanni(1984)는 장학적 역할에 해당하는 자질을 네 개의 영역으로
나누어 제시하고 있는데, 대부분의 항목이 교장에게도 해당된다.

(1) 교육지도성
- 수업목표의 설계
- 수업단원의 설정
- 교육과정의 개발과 수정
- 학습자료의 평가와 선정
- 학습자원의 평가와 활용
- 학습자료의 제작
- 임상장학

(2) 장학지도성
- 건전한 풍토의 조성
- 팀의 형성
- 갈등해소

- 의사결정
- 회합의 계획과 조직
- 인사의 모집과 선발
- 인사배치
- 변화유도

(3) 조직적 지도성

- 현존구조의 개조
- 프로그램의 수정
- 새로운 배치에 대한 청취
- 직원조직 계획의 개발
- 공중에 대한 공표
- 학생기강
- 정책과 절차

(4) 행정적 지도성

Weaver와 Gorton(Duke, 1987)도 학과장에 대한 조사를 통하여 13개의 필수적 기술영역을 제시하였는데, 위에 제시한 항목과 거의 비슷하다. 미국중등교장회(NASSP, 1984)는 성공적인 교장에게 요구되는 12개의 중요한 행정기술(administrative skills)을 개발해 냈는데 ① 문제분석력, ② 판단력, ③ 조직능력, ④ 결단성, ⑤ 지도성, ⑥ 민감성, ⑦ 스트레스 감내력, ⑧ 구두 의사소통 능력, ⑨ 서면 의사소통 능력, ⑩ 관심의 범위, ⑪ 개인적 동기, ⑫ 교육적 가치이다.

미국 플로리다 주는 교장의 자질을 기본적 직무수행과 높은 수준의 직무수행으로 구별하여 제시하고 또 이에 해딩하는 구제적인 행위지표(behavioral indicators)까지 제시하고 있어, 나중에 교장의 직무수행평가에 많은 시사가 될 것이다. 주요 영역으로는 ① 목적과 방향 설정, ② 인지적 기술, ③ 합의과정관리, ④ 질 향상, ⑤ 조직, ⑥ 의사소통으로 나누어 보았다. 많은 참고가 될 것으로 보아 인용하고자 한다(〈표 16-6〉 참조).

〈표 6-6〉 미국 플로리다 주 교장에게 요구되는 자질:
기본적 직무수행과 높은 수준의 직무수행

영 역	직무수행수준	자 질	행 동 지 표
I. 목적 과 방향 설정	높은 수준	1. 적극적 활동지향: 완전히 책임지는 역할을 맡고, 직무상 또는 상황에 따라 일어나는 모든 일에 책임진다. 원인이 될 수 있고 사건이 될 수 있다는 가정하에 행동하는 "내적 통제" 지향으로 변화를 일으키고 목표를 달성한다. 과업수행의 성공과 실패를 책임지고 모든 상황에 책임지는 일상적 범위를 넘어서까지 책임지고 행동을 주도한다. 조직에 대하여 알고 목표달성을 알기 위하여 자신과 타인의 행동을 주도한다. 조직에 대해 알기 위하여 그리고 목표달성을 위하여 자신과 다른 사람의 행동을 주도한다.	① 집단과 과업의 진전에 대하여 또는 자원의 획득과 활용에 대하여 전반적인 책임을 진다. ② 과업달성을 위한 행동이나 제안, 계획을 주도한다. ③ 실패나 장벽에 대한 개인적 책임을 지며, 있을 수 있는 또는 실제의 장벽을 극복하는 방법을 경험을 통해서 배운다. ④ 직원과 학생, 교사에 대하여 최종적인 책임을 진다.
	높은 수준	2. 결단성: 결정을 내릴 때 원기력과 자신감을 나타낸다. 결정을 위한 준비를 하고 판단을 하며 행동을 취하고 결정의 질에 상관없이 자신과 타인으로 하여금 참여하게 한다.	① 이미 내린 결정에 대하여 양면성을 거의 나타내지 않는다 (그러나 대안은 인정한다). ② 결정 시에 강력성과 자신감을 갖는다.
	기본	3. 학교장의 사명에 대한 헌신: 학교에 대한 일단의 가치를 견지한다. 예를 들면 학생의 복지, 직원에 대한 공정성 등 여러 장애가 있지만 행동은 가치와 일치한다.	① 학생의 복지를 증진시킨다. ② 교사와 학부모, 학생의 감정에 대하여 인간적인 관심을 나타낸다. ③ 학생복지가 위협받을 때 인기를 얻지 못할지도 모를 어려운 행동도 과감히 취한다.

영 역	직무수행수준	자 질	행 동 지 표
Ⅱ. 인지 적 기술	높은 수준	4. 상호 관계성 추구: 타인이 갖고 있는 개념과 사상, 아이디어를 발견하고 이해하고 언어로 표현할 수 있다. 다른 사람의 아이디어와 의견에 민감할 뿐만 아니라 다른 사람의 감정과 언어표현을 이해한다고 확신할 수 있게 행동한다.	④ 기회제공, 우선순위 배분, 기강의 조치, 자금배분 시에 공정성의 중요성을 강조한다. ① 다른 사람이 자신의 관점과 아이디어, 감정을 표현하는 것을 음미하여 사용하고 반복하여 사용한다. ② 다른 사람의 아이디어와 개념을 그 사람의 관점에서 발견하고 이해할 수 있다. ③ 다른 사람, 예를 들면 교사나 학생의 관점에 대한 개념의 정확성을 알아보기 위하여 요약된 명료성과 의미를 사용한다.
	높은 수준 높은 수준	5. 정보탐구: 한 사건이나 문제를 이해하기에 이르기 전에 많은 다양한 정보를 탐구하고 수집한다. 환경에 대한 정보를 수집하기 위하여 공식적·비공식적관찰과 탐구, 상호 작용을 한다.	① 결정을 하거나 자원을 약속하기 전에 다양한 출처나 사건으로부터 문제점에 관한 정보를 수집한다. ② 정보탐구의 폭(다양한 출처)을 넓힌다. ③ 적절한 아이디어나 개념에 도달하기 위하여 추구하는 필수 영역(조직 내외의)으로부터 충분한 정보를 수집한다. 충분한 정보를 수집·확보하기 위해 노력한다.

영 역	직무수행수준	자 질	행 동 지 표
	높은 수준	6. 개념형성: 정보에 근거하여 개념과 가설, 아이디어를 형성하는 능력을 갖는다. 정보로부터 아이디어를 추출할 수 있고, 각각 다른 출처로부터 나온 정보의 형태들 간의 관계를 알고 시간이 경과함에 따라 또 지역이 멀리 떨어짐에 따라 다른 정보를 연결시킬 수 있다. 다른 출처로부터 나온 정보에 근거하여 아이디어를 형성하는 논리적 과정을 거친다.	① 시간과 공간에 따라 다른 정보를 이해하기 위하여 개념을 형성한다. ② 사건이나 투입의 시차적 순서에 따른 주체나 형태의 의미를 발견한다. ③ 쟁점이나 문제점을 검토한 후에 진단목적과 인과관계 진술도 명명하고 사용될 수 있는 통찰을 한다. ④ 중요한 사건 간의 관계를 인지하고 관련 사건을 광범한 의미와 연결시킨다.
	높은 수준 높은 수준	7. 개념적 융통성: 문제해결을 논의하거나 의사결정을 할 때 대안이나 다양한 개념, 관점을 활용하는 능력을 갖는다. 사람이나 사건을 다른 관점에서 볼 수 있다. 행동의 대안적 계획이나 코스를 고안해 내고 이에 대하여 찬·반론을 분명히 할 수 있다. 결정에 도달하는 여러 관점으로부터 정보를 수집한다. 하나의 사건을 다양한 관점에서 동시에 볼 수 있는 능력을 갖는다.	① 사건을 다른(다중) 관점에서 동시에 본다. ② 집단상황에서 토의 "테이블"은 다른 집단 구성원의 관점을 갖게 한다. ③ 문제해결과 대화에서 발견되고 사용되는 사건의 다른 관점이나 갈등하는 관점을 갖는다. ④ 계획과 문제해결 시에 사람의 단위(예컨대 학과, 학교) 안에 부하직원이나 관리자와 외부의 중요한 사람의 관점이 있다는 것을 감안한다.

영 역	직무수행수준	자 질	행 동 지 표
Ⅲ. 합의 과정관리	높은 수준	8. 상호 작용 관리: 다른 사람으로 하여금 상호 작용하게 하고 함께 일하도록 자극하고 서로 이해하고 합의에 이르게 하거나 갈등을 해소하고 상호 동의하도록 다른 사람을 격려한다. 다른 사람들 간에 대화를 주도하고 자극하며 자신과 다른 사람의 아이디어를 활용한다. 좋은 집단과정과 촉진기술을 시범 보인다.	⑤ 문제해결 시, 또 개인 간·집단 간 상호 작용 시에 여러 개념을 형성하고 사용한다. ① 집단상황에서 상호 작용하도록 다른 사람을 자극한다. 다른 사람으로 하여금 반응하도록 자극하고 다른 것을 제시하도록 할 수 있다. ② 다른 사람으로 하여금 자신의 관점을 진술할 수 있도록 하고 그 다음에 이들 관점 간의 관계를 논의하고, 또 상호 합의하도록 동기 유발시킨다. ③ 다른 집단과 갈등하는 집단으로 하여금 대화하도록 할 수 있다. ④ 개인 간 상호 작용 시 그리고 집단상황에서 촉진하는 역할을 통합한다.
	높은 수준	9. 설득력: 여러 가능한 수단을 통해서 다른 사람을 설득하거나 영향을 주는 능력을 갖는다. 집단상황에서 집단의 주의와 관심을 끌고 유지하며 정보나 주장을 활용하고 기대하는 행동의 모범을 보이며 다른 사람이 하는 일을 구체화하도록 지시한다.	① 다른 사람으로 하여금 자신의 아이디어나 목표를 지지하도록 영향을 주거나 설득하는 능력을 보여준다. ② 예를 들면 기대되는 행위의 모범을 보이고 정보를 사용하고 직선적으로 전문성이

영 역	직무수행수준	자 질	행 동 지 표
			나 권위를 사용하는 등 다양한 기법을 활용한다. 어떤 기법을 활용하든지 영향을 주는 데 성공을 거둔다.
	기본	10. 이미지에 대한 관심: 학생과 직원이 갖는 인상을 통해서 나타난 학교의 이미지에 관심을 보이고, 학교에 대한 이들 이미지와 공중의 정보를 관리한다.	① 성공에 대한 광고 ② 부정적 반응의 유출에 대한 통제
	기본	11. 전술적 적응력: 예를 들면 일정한 집단에 영향을 주고, 상황에 맞는 상호 작용의 형태를 맞추고, 만일 성공하지 못하면 형태를 바꾸는 등의 특정 전략의 타당성을 진술한다.	① 하나의 활동이 도전하고 있는 것을 지적한다. ② 영향을 주고자 하는 대상에 따라 상호 작용하는 형태를 달리하여 맞춘다. ③ 하나의 전략이 실패하면 다른 전략을 채택하여 전략을 수정한다.
Ⅳ. 질 향상	높은 수준	12. 성취동기: 높은 수준의 내적 작업표준을 진술한다. 개선을 위한 하나의 희망사항으로서 개인목표와 집단목표를 언어로 진술한다. 자신과 집단이 얼마나 잘 하고 있는지에 관한 보다 나은 피드백과 측정을 하고, 자신과 다른 사람의 실수나 실패에 대한 반응이나 장애물에 당면하여 좌절을 나타낸다.	① 전보다 또는 주관적·객관적 표준보다 일을 더 잘 해야 한다는 바람을 표현한다. ② 높은 직무수행 뛰어난, 또는 알려진 것보다 더 높은 수준의 생산성에 대한 기대를 표현한다. ③ 우수한 표준에 도달하는 데 당면하는 장벽에 대하여 좌절감을 표시한다.

영 역	직무수행수준	자 질	행 동 지 표
			④ 진전사항을 평가하고 계획하기 위하여 자신의 생산성과 직무 수행 정도를 측정하고자 한다.
	높은 수준	13. 갈등관리: 다른 사람의 목표 달성의 진전사항에 대하여 시기적절한 피드백을 받을 기회를 갖는다. 위임된 활동을 챙기거나, 생산성의 표준에 도달하였는지에 대하여 다른 사람들에게 주는 정보의 피드백에 대한 조치를 취하는 계획을 제공해 준다.	① 모든 위임되고 할당된 활동을 계획하고 추적 스케줄을 짠다.
	높은 수준		② 관리자와 부하직원의 직무수행을 청취하고 검토하는 스케줄을 짠다.
			③ 개인이나 학과, 학년 수준에서 다른 사람의 일과 진전사항을 관찰하는 데 도움이 되는 활동을 계획하고 주도한다.
			④ 다른 사람의 일이 표준에 도달하지 못했을 때 이를 당사자에게 알려준다.
	기본	14. 발전지향성: 다른 사람의 가능성에 대하여 높은 긍정적인 기대를 하고 교장직무의 고유영역으로서 다른 사람을 발전시키고자 하다.	① 다른 사람의 발전 가능성에 대하여 높은 기대를 갖는다.
			② 다른 사람의 직무를 더 잘하도록 도와주고 또 다른 사람의 발전을 위하여 추적한다.
			③ 다른 사람의 발전활동을 지지하고 인정한다.

영 역	직무수행수준	자 질	행 동 지 표
V. 조직	높은 수준	15. 조직능력: 목표달성의 계획을 확정하고 이를 추진한다. 목표달성의 인적·물적 자원의 활용과 활동계획을 세운다. 직무수행의 과정에 시간, 마감시간, 활동과 자원의 흐름에 초점을 맞춘다.	④ 직원들에게 "타인의 발전"이라는 가치를 고취시킨다. ① 시간 내 계획과 예산 편성을 한다. 연습과 모의역할로 시간과 스케줄에 관심을 보인다. ② 과업을 검토하고 나서 계획을 세운다. 예를 들면 책상 위나 결재함에 올려진 모든 항목을 검토하고 나서 계획과 스케줄을 진행해 나간다. 실제 일에서나 모의 상황에서 이런 형태를 사용한다. ③ 우선순위를 정하여 중요한 문제를 먼저 다루고 높은 우선순위의 문제에 많은 시간을 배정한다. ④ 무엇을 먼저 할 것인지에 대한 논리적 계획을 세우기 위하여 집단활동을 조직하고 회의와 의사소통의 관점을 조직한다.
	기본	16. 위임: 조직목표 달성을 위하여 권위와 책임을 분명하게 그리고 적절하게 위임한다. 조직에 따라, 즉 사람들이 일상적으로 하는 정상	① 일상업무가 아닌 활동을 분명히 위임한다. 위임에서는 권위를 명시해야 한다. 예를 들면 "과업을

영 역	직무수행수준	자 질	행 동 지 표
		적 과업할당에 따라 이 위임은 달라진다. 사람들의 일상적인 일의 위임이 아니라 과제의 위임이다. 즉 정보수집, 제안이나 계획의 개발, 과제의 실행 등이 이에 해당된다.	완성하고 나서 당신의 결정에 대하여 상의해 봅시다"라든지 "첫 번째 단계를 밟아 일을 하고 나서 결정하기 전에 나에게 알려주시오"식으로 분명히 해야 한다. ② 예를 들면 정보수집, 계획, 실행 등 제한된 활동을 위임한다.
Ⅵ. 의사 소통	높은 수준 높은 수준	17. 자기표현: 개방적이고 순수한 방법으로 자신의 아이디어와 다른 사람의 아이디어와 정보를 분명히 발표하는 능력을 갖는다. 개방적 정보제공, 비평가적 방법으로 다른 사람과 아이디어를 나눌 수 있다. 메시지를 전달하기 위하여 기술적·상징적·비언어적 시각자료나 그래프 자료를 효과적으로 활용한다.	① 1 : 1의 관계나 집단 상황에서 분명하고 정보제공적인 방법으로 다른 사람에게 자신의 아이디어를 전달할 수 있다. 기준은 설득이 아니라 표현을 이해하느냐 하는 정도이다. ② 자신의 문제에 대하여 질문하도록 다른 사람을 자극할 수 있다. ③ "동조 요구"나 통제라고 해석되지 않는 방법으로 표현할 수 있다.
		18. 서면 의사소통: 분명하고 간명하며 적절하게 구성된 서면 의사소통을 한다.	① 메모와 편지형태로 의미를 명확하게 표현한다. ② 적절한 어휘를 사용한다.

영 역	직무수행수준	자 질	행 동 지 표
	기본	19. 조직적 민감성: 조직 내외의 다른 사람과 집단에 대한 자신의 행위와 결정의 영향을 의식한다.	③ 정확한 철자와 구두점을 사용한다. ④ 적절하고 정확한 문장과 구절을 구성한다. ① 조직 내외의 다른 사람에게 서면과 구두 반응을 기술적으로 한다. ② 받은 정보가 적절하거나 적절하게 될 수 있을 때 조직 내 사람들로 하여금 정보에 대하여 잘 알 수 있도록 유지한다.

출처: 미국 플로리다 주 교육관리협의회.

Lipham과 Hoeh(1974)는 앞에서 제시한 과업영역에 따라 요구되는 자질을 제시하고 있는데, 이것도 교장의 자격과 훈련·평가에 좋은 자료가 될 것으로 본다.

(1) 수업개선에 요구되는 자질

● 단계 1: 프로그램 적절성 평가

　자질 ① 교장은 교육과정의 변화를 요구하는 사회 내의 추세를 연구하고 해석한다.

　　② 수업 프로그램의 기초인 학습자의 일반적 욕구의 윤곽을 파악한다.

　　③ 당해 학교와 지역사회에 독특한 학습자의 요구사정을 지휘한다.

　　④ 학습자의 요구와 학교의 목적과 목표를 통합한다.

　　⑤ 학습자의 요구와 목적을 맞추기 위하여 현 프로그램의 적절성에 대하여 공식적인 평가를 한다.

● 단계 2: 프로그램 개선 계획

　자질 ⑥ 교장은 수업 프로그램 개선을 위한 대안적 프로그램과 절차 구조를 검토·해석한다.

⑦ 변화 가능성 있는 대안형성을 위하여 연구와 정보를 활용한다.

⑧ 수업 대안의 개발에 다른 사람을 참여시킨다.

- 단계 3: 프로그램 개선의 실천

자질 ⑨ 수업목표 달성을 위하여 직원을 배정한다.

⑩ 수업목표 달성을 위하여 자료와 교구·시설을 조사하고 획득하고 할 당한다.

⑪ 학부모와 지역사회에게 수업변화를 설명한다.

- 단계 4: 프로그램 변화의 평가

자질 ⑫ 프로그램 과정과 산출을 평가하기 위한 도구를 검토하고 권고한다.

⑬ 과거의 학생 성취와 현재의 성취를 비교해 주는 자료를 수집·조 직·해석한다.

⑭ 프로그램의 가능성을 보증하거나 새 수업 프로그램의 후속적인 변화 를 주도한다.

(2) 직원인사 개선에 요구되는 자질

- 단계 1: 새 직원의 확인

(자질 ①, ②는 우리나라와 인사제도가 다르기 때문에 생략)

- 단계 2: 직원의 오리엔테이션

자질 ③ 교장은 신임직원을 교육청, 직원, 학생회, 지역사회에 오리엔테이션 하도록 조정한다.

- 단계 3: 직원배정

자질 ④ 교장은 역할기대와 개인의 욕구성향 간의 일치도를 평가한다.

⑤ 조직목표와 개인목표를 동시에 달성하도록 신임직원을 배치한다.

⑥ 경험 있는 직원을, 조직목표와 개인목표를 달성할 수 있는 지위와 역 할을 맡도록 재배치한다.

⑦ 개인과 하부단위 조직의 목표와 프로그램을 학교와 교육청의 목표와 프로그램과 일치하도록 조정한다.

- 단계 4: 직원발전

자질 ⑧ 교장은 교육적·행정적 과정과 관련된 전문지식과 기술을 새롭게 하 기 위한 발전활동에 종사한다.

⑨ 교실관찰과 협의회를 통해서 직원발전의 체계적 프로그램을 실시한다.

⑩ 학교방문, 전문적 활동, 전문도서관, 교육실습 프로그램, 연수활동과 직원발전활동을 조직한다.

⑪ 직원으로 하여금 직원발전활동 중에서 선택하여 참여하도록 안내한다.

⑫ 집단과 개인의 연수활동을 평가하고 이를 개선하기 위한 방법을 권고한다.

- 단계 5: 직원평가

⑬ 교장은 평가목적과 활동절차에 합의하도록 직원을 참여시킨다.

⑭ 교수의 과정과 산물에 관한 자료를 수집·조직·분석한다.

⑮ 구체적 평가자료에 근거하여 결정을 한다.

(3) 학생인사 개선에 요구되는 자질

- 영역 1: 학생의 가치

자질 ① 교장은 교내 학교의 가치지향성을 분석, 평가, 기술한다.

② 하나의 기관으로서의 학교의 목적과 목표를 검토하고 설명한다.

③ 자신과 직원의 가치지향성을 분석하고 이해한다.

- 영역 2: 학생참여

자질 ④ 교장은 학교 프로그램에 관한 결정에 학생을 의미 있게 참여시키는 조치를 한다.

⑤ 교내에 가능성 있는 교육과정의 계획, 직원조직, 재정지원, 평가를 조정한다.

⑥ 교내의 효과적인 학생회를 위한 운영방침의 개발을 지원하고 자원을 제공한다.

- 영역 3: 학생지도

자질 ⑦ 학생에게 또 학생에 대하여 정보를 제공하는 활동을 개발한다.

⑧ 학생, 교사, 학부모에게 개인적으로 또 집단적으로 상담하는 데 우선순위를 둔다.

⑨ 교내 방침 설정과 절차개발에 참여하며, 학생의 진로지도에 참여한다.

⑩ 학생지도와 전체 교육 프로그램 개선을 위한 기초로 전학생과 현재의 학생으로부터 나온 자료를 활용하고 연구를 주도한다.

⑪ 학생, 교사, 카운슬러, 기타 학생 전문가들 사이의 상호 작용과 이해

를 증진시키는 활동을 조직한다.

⑫ 학교행정에 시사점을 주는 최근의 입법조치와 법원의 판결을 연구하고 이해한다.

⑬ 학교의 목적과 목표, 절차와 조직구성원의 가치, 역할, 행동에 대한 효과적인 변화를 위한 근거로 법적 자료를 활용한다.

(4) 재정과 시설 개선에 요구되는 자질

• 영역 1: 재정자원

자질 ① 교장은 학교의 요구, 목적, 목표를 규명하고 업적으로 측정될 수 있는 수업과 지원적 산출로 바꿔 놓을 수 있다.

② 측정 가능한 목적과 일치하는 프로그램 구조와 형식을 개발하도록 지원을 이끈다.

③ 각 목적달성을 위한 대안을 확인·분석, 비용을 계산한다.

④ 적정 수업대안을 선정하고 채택하도록 권고한다.

⑤ 목적달성에 필요한 적절한 교구와 소모품, 자료를 확보·유지한다.

⑥ 교내 각 프로그램에 대한 요구의 우선순위를 정하는 예산을 마련한다.

⑦ 구입해야 할 교구, 소모품, 자료의 요구를 평가하고 승인한다.

⑧ 학교에서 장기간 필요한 자원을 추정한다.

• 영역 2: 학교시설자원

⑨ 교육청의 교육시설에 대한 장기계획에 교사, 학생, 시민이 기여하도록 조정한다.

⑩ 새로운 수업공간의 양적·질적 요구조건을 결정하도록 직원을 이끌어 나간다.

⑪ 학교를 설계할 때 특별실과 시설의 성격과 배치를 결정하고 기술한다.

⑫ 건축가가 새로운 시설을 계획하는 데 사용할 수 있도록 완전한 교육시방서를 개발하고 전해 준다.

⑬ 수업을 위한 활용성과 융통성을 제공하기 위하여 필요한 변화의 관점에서 계획과 건설을 평가한다.

⑭ 수업을 향상시킬 수 있는 물리적 환경을 제공하기 위하여 관리용인들을 면접하고, 배치하며, 감독한다.

(5) 학교와 지역사회관계 개선에 요구되는 자질

* 영역 1: 지역사회 분석

  자질 ① 교장은 학교의 목적, 목표, 프로그램, 절차의 분류를 위하여 지역의 비전문 자문위원회나 다른 시민 대표들의 일을 조정한다.

  　② 학교의 요구와 기대에 대한 시민의 지각을 체계적으로 평가한다.

* 영역 2: 지역사회와의 관계 분석

  자질 ③ 지역사회 집단활동에 광범위하게 참여하고, 지역사회 조직에 선택적으로 가입한다.

  　④ 교사와 학생, 직원들에게 공공과의 관계에 대한 역할을 강조한다.

  　⑤ 사친회 조직의 지도자와 구성원에게 효과를 높이기 위하여 자문한다.

  　⑥ 학교 내 준전공인들의 정보적 요구를 분석하고 그 요구충족을 위하여 의사소통을 한다.

  　⑦ 의사소통에서 나온 피드백을 체계적으로 받아 내고 분석한다.

  　⑧ 학교의 진행과정과 산출의 평가를 위하여 시민이 사용한 양적·질적 기준을 명확히 한다.

* 영역 3: 지역사회 자원의 활용

  자질 ⑨ 지역사회 전체 자원에 대한 협동적 활용을 위한 혁신적 프로그램과 계획을 개발한다.

  　⑩ 학습실험실로서의 지역사회를 활용하는 교육실습을 격려한다.

4. 교장의 직무규정을 위한 제 접근의 종합

　　교장의 직무를 명확히 하기 위한 몇 가지 접근을 종합하여 볼 수 있다. 학교행정의 목적과 내용, 방법, 요구되는 자질과 기술, 평가라는 관점에서 교장의 직무를 종합해 볼 수 있다.

　　교장이 수행하는 모든 직무는 "학습의 향상"에 있으며, 이는 교육철학과 관련되며, 근본적으로 왜 교육하느냐 하는 질문(why)에 대한 대답이 된다. 이런 목적이 결정되면 행정의 내용(what)에 해당하는 과업·역할·책임·기능 등이 결정되고, 이러한 일을 하기 위한 방법(how)으로 행정과정과 기술·자질이 요구되며, 이들을 종합적으로 평가하게 될 것이다. 학교행정의 목적은 "학습향상"에 있고 교장의 과업으로는 앞에서 제시한 Lipham 것을 따르고, "행정과정에 의한 접근"에서 인용했던 Litchfield(1956)의 과정을 대입하고, 다른 접근들도 Faber와 Shearron(1970, p.223)의 그림에다 표시하면 〈그림 16-5〉와 같다.

학교는 학교의(장기적) 목적과 목표달성을 위해서 현재로부터 미래를 향하여 나아간다. 학교가 얼마나 효과적이냐 하는 것은 "학교조직의 성취"와 "학교조직의 유지"라는 측면에서 볼 수 있다. 조직의 성취는 생산성, 교육비용, 혁신적 프로그램의 채택, 학생 성취 수준 등이 해당되며, 조직유지는 직원과 학생의 만족도, 동기, 사기와 같은 변인이 해당된다.

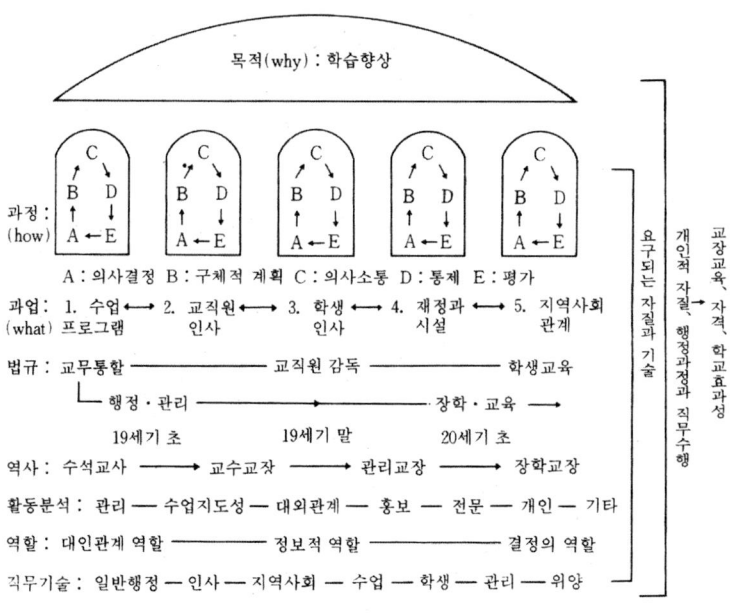

〈그림 16-5〉 교장직무를 보는 제 관점

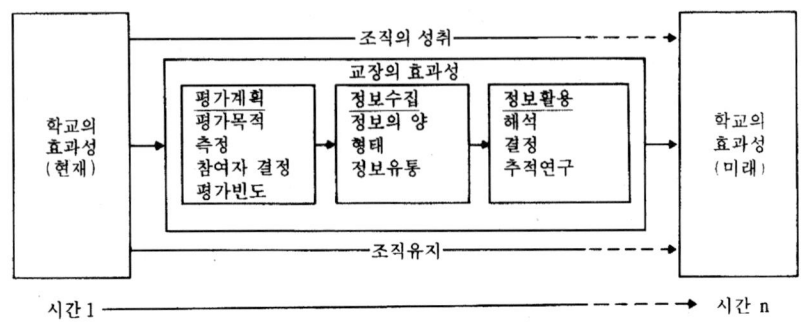

〈그림 16-6〉 학교장 평가 과정 모형

교장이 효과적인 학교를 만드느냐 아니면 학교가 효과적인 교장을 만드느냐에는 논란이 있을 수 있는데, 그만큼 양자는 밀접한 관계에 있다. 그래서 교장의 효과성 평가와 학교의 효과성 평가는 분리해서 생각하기 어렵다. 학교와 교장의 효과성을 평가하기 위해서는 〈그림 16-6〉(Lipham, Rankin and Hoeh, 1985, p.299)에서와 같이 ① 평가계획을 세우고, ② 정보를 수집하고, ③ 그 정보를 활용하여 판단하는 3단계를 거친다.

계획단계에서는 평가의 목적과 측정수단, 평가에 참여할 사람, 또 얼마나 자주 평가할 것인가를 계획한다. 평가의 목적으로는 ① 학교의 목적과 목표의 변경, ② 절차의 수정, ③ 프로그램 실행, ④ 인사적 채용과 승진, ⑤ 학교 관련자 보호, ⑥ 역할배분의 변경, ⑦ 행정행위의 변경 또는 개선, ⑧ 해고, ⑨ 역할수행에 대한 보상 등을 생각해 볼 수 있다. 교장의 직무수행 측정방법으로는 ① 질문지, ② 체크리스트, ③ 면접, ④ 관찰척도, ⑤ 녹화, ⑥ 시간대 표집, ⑦ 중대사건방법, ⑧ 기타 직·간접표집방법, ⑨ 행위분석과 요약방법을 생각할 수 있다. 교장평가를 위한 참여자는 교장의 상급관청 직원으로부터 부하직원, 교장 자신, 교육위원, 동료교장, 교사, 학생, 학부모, 주민자문위원회에 이르기까지 교장을 아는 전원이 포함될 수 있다. 평가의 시기와 빈도는 목적에 따라 달라지겠으나 형성평가, 총괄평가를 포함하여 정기적으로 이루어지도록 계획해야 한다.

평가계획이 수립되면 계획대로 정확한 정보자료를 수집해야 한다. 정보수집 시 고려해야 할 것은 적정한 정보의 양과, 정보의 형태와, 정보의 출처와, 정보의 유통이다.

정확한 정보가 수집되면 이를 근거로 하여 결정과 판단을 내리는 단계가 따른다. 정보자료를 해석하고, 결정을 내리며, 중요한 것은 피드백을 제공해 주어 교장의 행위를 바꾸는 추적활동이다.

이는 교장평가 과정의 기본모형이라 할 수 있으므로 이 모형에 따른 구체적인 예시가 계속 연구되어야 할 것이다.

앞에서 제시된 교장평가의 기본모형을 떠나서 현실적인 문제를 몇 가지 측면에서 생각할 수 있다.

교장의 직무와 평가와 관련지어 보면 두 가지 입장에서 생각해 볼 수 있다. 하나는 학생의 학업 성취를 평가하고 교사의 직무수행을 평가해야 하는 입장이며, 다른 하나는 자신의 자질과 직무수행 그리고 학교의 효과성에 대하여 평가를 받아야 하는 입장이다.

학생 성취도 평가에 대하여는 다른 교육평가 책에서 많이 다루고 있으므로 여기서는 생략하기로 한다. 교직원 평가에 대하여도 다른 곳에서 많이 언급하고 있는데, 특히 ① 학교교육목표에 의하여 평가가 이루어져야 하므로 평가항목이 학교마다 그리고 해마다 가변적일 수 있다는 점, ② 교사의 주 업무인 가르치는 일에 비중이 주어져야 한다는 점, ③ 평가의 목적이 인사적 결정을 위한 것보다는 교사의 발전과 교수기술 향상에 초점을 맞춰야 한다는 점, ④ 교사평가에 교사 자신이 참여할 수 있어야 한다는 점, ⑤ 학생, 학부모, 동료교사로부터도 반응을 받을 수 있다는 점, 그리고 ⑥ 교사평가의 윤리성과 공정성 등을 특별히 강조하고자 한다.

교장 자신도 평가를 받아야 한다. 현재 우리나라에서는 공식적으로 교장을 평가하는 일은 없으나 교장 자신의 발전과 학교의 효과성을 위해서 반드시 필요하다고 본다. 평가자는 자기 자신이 되어야 할 입장이며 교사와 학생, 학부모, 교육청으로부터도 반응을 받고 자료를 수집할 수 있으리라 본다. 평가항목으로는 개인적으로는 자질적 측면과 앞에서 언급한 직무수행의 측면이 되어야 할 것이다.

학교 효과성 평가는 바로 교장평가와도 직결되는데, 앞에서 언급한 모든 영역들을 모든 관련자로부터 자료를 수집하여 종합적인 평가를 할 수도 있고 필요한 부분마다 필요한 때 실시하는 부분적 평가도 있을 수 있다.

여기서는 학교장의 직무를 한마디로 규정하기보다는 다원적으로 접근하여 보았으며, 교장의 자질과 평가와 약간 연결지어 보는 것으로 그치고자 한다.

참고문헌

김세기, 학교경영의 현대화, 서울: 교육출판사, 1981.

김영돈, 학교경영의 이론과 실제, 서울: 익문사, 1978.

이명주, "교장의 직무수행을 위한 시간사용에 관한 실증적 연구", 충남대 교육대
학원 석사학위논문, 1988.

주삼환(역), 미국의 교육행정, 경기:한국학술정보(주), 2005.

주삼환, "교장의 직무 명료화를 위한 하나의 시도", 교육발전논총, Vol.7,
No.1, 충남대 교육발전연구소, 1985.

Blumberg, Arthur and Greenfield, William, The Effective Principal:
Perspectives on School Leadership, Boston: Allyn and Bacon,
1980.

*Department of Research, Report of Findings of a Study of the Prin-
cipalship in Action in the Montgomery County Public Schools,
Rockville MD.: Montgomery County Public Schools, 1975.*

Duke, Daniel L., School Leadership and Instructional Improvement,
New York: Randome House, 1987.

*Faber, Charles F. and Shearron, Gilbert F., Elementary School Ad-
ministration: Theory and Practice, New York: Holt, Rinehart
and Winston, 1970.*

Florida Council on Educational Management, Tallahassee, "Florida
Principal Competencies".

*Gorton, Richard A., School Administration and Supervision: Leade-
rship Challenges and Opportunities, Dubuque, IA: WM. C.
Brown, 1983.*

Gorton, R. A. and K. E. Mc In Tyre, The Effective Principals, vol.2,
The Senior High School Principalship, Reston, VA: National
Association of Secondary School Principals, 1978.

*Graff, Orin B. and Street, Calvin M., Improving Competence in Ed-
ucational Administration, New York: Harper & Brothers, 1956.*

Hencley, Stephen P. and McCleary E. Lloyd, The Elementary School

Principalship, New York: Dodd. Mead & Co., 1970.

Hughes, Larry W. and Ubben, Gerald C., The Elementary Principal's Handbook: A Guide to Effective Action, Boston: Allyn and Bacon, 1978.

Krajewski, Robert J., "Secondary Principals Want to be Instructional Leaders," Phi Delta Kappan, Sept. 1978.

Lake Oswego High School, "Principal Job Description."

Lipham, James M. and Hoeh, James A. Jr., The Principalship: Foundations and Functions, New York: Harper & Row, 1974.

Robb E. Rankin and James A. Hoeh, Jr., The Principalship: Concepts, Competencies, and Cases, New York: Longman, 1985.

Litchfield, Edward H., "Notes on a General Theory of Administration," Administrative Science Quarterly, June 1956.

Mintzberg, Henry, The Nature do Managerial Work, New York: Harper & Row, 1973.

Otto, H. J. and Sanders, D. C., Elementary School Organizations and Administration, New York: Appleton-Century-Crofts, 1964.

Roe, William H. and Drake, Thelbert L., The Principalship(2nd ed.), New York: Macmillan Publishing, 1980.

Rosenberg, Max. "School Principals Should Teach," Phi Delta Kappan, Vol.63, No.9, May 1982.

Sergiovanni, Thomas, Hand book for Effective Department Leadership, (2nd ed.)Boston: Allyn & Bacon, 1984.

Snyder, Karolyn J. and Robert H. Anderson, Managing Productive Schools: Toward An Ecology, New York: Academic Press College Division, 1986.

Wiles, Jon and Bondi, Joseph, Supervision: A Guide to Practice, Columbus: Charles E Merrill, 1980.

Wolcott, Harry F., The Man in the Principal's Office: An Ethnography, New York: Holt, Rinehart and Winston, 1973.

제 17 장
학교장의 자질과 철학*

1. 글머리에

초등교육에서 젊음을 불태우고 뼈대가 굵은(1964~1978, 15년) 저로서 교장 선생님들이 어려움에 처해 있을 때 정말 찾아가 뵙고 싶을 때가 많았습니다. 그러나 그것은 마음뿐이었고 실지로 도움을 드리지 못했습니다. 그러나 그동안 저는 국회 진술을 통해서, 강연이나 강의를 통해서, 그리고 각종 글과 책을 통해서 교장의 중요성을 강조하고 또 교장을 옹호하는 입장에서 왔었습니다. 그래서 저는 교장들로부터 무엇을 받았느냐는 오해의 항의전화도 받은 적이 있습니다. 그러나 이는 교장 선생님들께 아부하고 잘 보이기 위해서가 아니라 교육행정 학도로서, 특히 장학론과 교장론, 초등교육행정에 관심을 갖고 공부하는 학자적 양심에서였습니다.

교장 임기제니, 선출제니, 교무회의 의결기관화니, 교육법 75조가 악법이

* 서울 초등교육, 1989(12), 서울시 초등학교 교장회.

라는 교사들의 주장에 저는 단호하게 반대 입장을 취해 왔고, 그러한 신념에는 지금도 변함이 없습니다. 이는 교장 선생님들을 위해서가 아니라 우리나라 교육의 장래를 걱정해서였습니다. 우리나라 교육의 먼 앞날을 위해서는 교장의 수준과 자질을 더욱 높이고 더욱 전문화시켜야 하며, 교장의 권위와 자율권을 깎아내리기보다는 오히려 더 높여 주어야 한다고 굳게 믿기 때문이었습니다.

그런데 교사들이 왜 그런 주장을 하고 극단으로까지 치닫게 되었느냐에 대해서는 생각해 볼 필요가 있습니다. 왜 무리한 주장을 하고, 불법·초법·무법·탈법행위까지 하게 되었다고 생각하십니까? 가장 큰 원인은 정치적 바람이었다고 봅니다. 정치하는 사람들이 큰 법을 뒤엎고 혁명을 하며 교육을 정치적으로 이용했으니 교사들이 작은 법을 어기고 달려드는 것을 어렵게 생각하겠습니까? 경제적 바람도 교사들을 너무나 실망시켰고, 교장 선생님들께서도 교육이 경제적으로 지나치게 소외되었던 것을 아마 지금도 시인하면서 서운하게 생각하고 계실 것입니다. 그동안의 교육행정의 비위에도 큰 원인이 있었다고 봅니다. 저 자신도 평교사로서 15년을 근무하면서 뼈에 사무치도록 억울하고 분한 감정도 있었습니다. 그러나 저는 이를 스스로 초월하고 겉으로 나타내려 하지 않았을 뿐입니다. 교사들이 말을 않는다고 아무렇게나 다루어도 되는 것으로 착각했던 것은 잘못입니다. 여기에 교육지도자인 교장 선생님들도 책임감을 느끼지 않을 수 없을 것입니다. 그런데 안타까운 것은 지금 이 시점에도 일부 교장 선생님들 중에는 옛날의 생각을 바꾸지 못하고, 세상이 어떻게 돌아가고 젊은 선생님들이 무엇을 생각하고 있는지를 모르고 있다는 사실입니다. 교장인 자신이 젊은 교사 시절에 윗사람들에게 했던 대로 현재의 교사들이 당신에게 해 주기를 기대하고, 옛날 그 당시의 교장처럼 행동하는 여러분의 동료교장이 아직도 존재한다는 점을 염려하지 않을 수 없습니다. 아마도 교장단 스스로가 서로 견제하고, 연수도 하고, 생각도 바꾸게 하기 위해서 저에게 이런 글을 써 달라고 부탁도 하는 것으로 이해됩니다.

또 하나 안타까운 것은, 한창 전교조가 시끄러울 때 이들과 대립하여 교장단이 성명전을 벌이는 것이었습니다. 어른 된 입장에서 이들 교사와 맞붙으면 무슨 꼴이 되겠습니까? 정치적으로 종용해도 바보스럽게 차라리 당하고 있기를 저는 기대했습니다. 그랬으면 오히려 교사들이 교장의 곤란한 입장을 동정하고 이해해 주었을지도 모릅니다. 어떠한 일이 있어도 교사와 교장 사이가 갈라져 가지고는 우리 교육을 제대로 해낼 수는 없습니다. 다시 안 볼 사람은 없습니다. 층계에 올라갈 때 만났던 사람을 내려올 때 다시 만나기 쉽습니다.

참으로 어려운 시기입니다. 어렵다고 교육을 포기할 수는 없습니다. 교육을 포기하지 않는 한 교장의 지도력을 포기할 수는 없습니다. 이런 혼란기일수록 더욱 여러분의 강력한 지도력을 필요로 합니다. 교육의 소유권이요 주인인 학생과 학부모, 국민을 보호하기 위해서라도 교장의 책임을 다해야 할 것입니다. 그리고 무질서를 방조하는 것이 참으로 교사를 위하는 길이 아님을 교사들에게 알려줘야 합니다. 학생을 교육할 책임은 교장인 여러분에게 있습니다.

교육재정은 부족하고 학생 수는 많아 우리의 교육여건은 악조건이지만 똑같은 조건에서도 우수한 교장이 운영하는 학교의 효과성은 훨씬 더 높아질 수 있습니다. 그래서 저는, 교장직은 우리나라 교육발전의 열쇠라고 그동안 외쳐 왔습니다. 교사 한 사람 한 사람이 우수하면 더욱 좋겠지만 현재 우수한 교사를 확보하려면 더 많은 시간과 재정과 어려움이 따르기 때문에 우선 교장의 질을 높이는 데 노력하는 것이 우리나라 교육발전의 전략이 되어야 할 것입니다. 그래서 저는 교장을 우리나라 교육발전의 주요 인물(key pearson)이요 전략적 인물(strategic pearson)이라고 불러왔습니다.

저에게 주어진 제목이 "자질과 철학"이지만 잘못하면 딱딱하고 싫증을 일으키기 십상이기 때문에 평소에 하고 싶었던 말 몇 가지로 대신하고자 합니다.

2. 세상이 요동을 치며 변하고 있어요

첫눈이 내릴 때 "창 밖에 눈이 내리고 있어요."라는 외침처럼 "교장 선생님, 교장실 밖 온 세상이 요동을 치며 변하고 있어요." "왜 내가 교장 해먹을 만하니까 하필이면 온 세상이 바뀌느냐"고 반문해 봐도 아무 소용없다는 외침이 고막이 터져라 들려오고 있습니다. 정치, 경제, 교육, 교사, 학생, 학부모가 모두 옛날 그대로가 아니에요. 과거에 사형언도를 받고 연금 당했던 당시의 정치범들이 야당 당수가 되고, 보리혼식조사부에 철저히 교장 도장을 찍었었는데 요즘은 쌀이 남아돌아간다고 하지 않아요? 요즘은 왜 몸에 좋은 보리혼식검사를 하지 않느냐고 물어보면 정신이상자라고 할 거에요. 중공 오랑캐는 다 어디 갔느냐 물어봐도 소용없어요. 오랑캐, 괴뢰라고 가르쳤던 교사들은 어쩔 수 없이 결과적으로 이미 거짓말쟁이가 되어 버리고 말았어요. 교사도 학생도 이미 옛날의 교사, 학생이 아니에요.

세상이 온통 이렇게 바뀌고 있는데 교장 선생님만 바뀌지 않아서 되겠어요? 손으로는 자가용차를 운전하면서 머리에는 갓을 쓰고 몸에는 도포를 입고 있어서야 되겠습니까? 또 자가용 운전대를 소고삐쯤으로 착각해서는 큰일입니다. 젊은 교사들보고는 책 읽고 공부하고 연수받으라고 하면서 교장은 공부는 안 하고 관제연수나 받았으니 뒤떨어질 것 아닙니까? 젊은 교사들과 똑같이 공부해도 나이 먹고 눈 어두워 뒤떨어지기 쉬운데 그나마도 포기하면 뒤진 생각을 가지기 쉽습니다. 교사들은 4년제 대학을 나오고, 방통대를 나오고, 석사·박사에 도전하는데 나이를 핑계로 공부하기를 포기하면 이들과 어떻게 대화하여 지도할 수 있겠습니까? 정부도 교장의 학력을 먼저 올려놓고 교장의 자질을 향상시키기 위해 정책적으로 노력했어야 하고, 교장 자신들도 자기발전을 위해서 더 노력했어야 합니다. 정부가 교장에게 교대·방통대 입학의 기회를 안 준 것은 상대적 교육기회박탈이라고 할 수 있습니다. 교장이 젊었을 때는 사범학교밖에 없어서 더 다니고 싶어도 못 다녔기 때문입니다.

교장 선생님이 먼저 공부해야 합니다. 진짜 공부하기 어려우면 공부하는 체라도 해야 합니다. 젊은 교사들이 밤새워 공부하고, 의식화 교육을 하고, TV토론 준비를 하는데 교장들은 공부는커녕 토론준비도 안 하니 당연하고 분명한 것까지도 밀리는 꼴을 국민들에게 보여줬던 것입니다. 더구나 전교조 교사들은 밥줄을 내놓고 연구할 때 우리는 그들을 지도하고 장학할 연구에 게을렀던 것입니다.

교사들보고 학생들의 성적은 정확하게 매기라고 하면서 교장들은 교사의 근무평정을 엉터리로 매기고 비밀로 해도 괜찮겠습니까? 우리가 정확하게 근무평정을 하려 해도 잘못을 저지르고 죄를 짓게 마련인데 미리부터 잘못을 저지르려 한다면 더 큰 벌을 받게 됩니다. 교사라는 인간을 이렇게 아무렇게나 등수 매겨도 되는 것입니까? 서울시 초등학교 교장회만이라도 모두 단결하여 이를 시정해야 할 것입니다. 이런 것은 제가 하나의 예로 제시한 것에 불과합니다. 이제 세상이 변하듯이 우리의 사고도 전환이 되어야 합니다. 선진국이 되기 위해서는 물질이 선진이기 이전에 정신과 생각이 먼저 선진이어야 합니다.

이제 교장회의 모습도 바뀌어야 합니다. 친목의 단계, 관제의 단계의 옷을 벗어 버리고 학술의 단계, 자발의 단계의 옷으로 갈아입어야 합니다. 스스로 모여서 논문도 발표하고, 연수도 하며, 교장회 학회지도 월간이 어려우면 계간으로라도 내야 합니다. 다른 나라에서는 교장들이 박사까지 하면서 노력하는 판인데 기만 원의 회비를 아낄 때가 아닙니다. 전교조 교사들이 스스로 익명으로 자금을 모으고 자교육수를 두어 지혜를 짜내는데 우리들은 이 반면에 얼마나 노력했습니까? 모든 교장들이 학술적으로 스스로 뭉치기 어려우면 마음에 맞는 젊은 교장들끼리라도 뭉쳐서 "초등교장론"을 학문적으로 연구해야 할 때가 왔다고 봅니다. 늦기 전에 이에 시간적·금전적·정력적인 투자를 할 가치가 있다고 봅니다. 그리고 젊은 교장 선생님, 장학사(관), 연구사(관)들은 석사학위에 만족하지 말고 박사에 도전하고 또 정부에 대하여도 이에 상응하는 대우를 해 달라고 계속 촉구해야 할 것입니다.

3. 교육의 나침반은 교장의 손에

학교교육의 책임은 학교장에게 주어져 있습니다. 그것이 (구)교육법 75조 1항입니다. 그런데 학교교육에 책임을 질 수 없는 소위 상부라는 곳에서 우리 교장 선생님들에게 너무나 많은 지시를 해 왔습니다. 그 지시들을 착실하게 이행하다 보니 젊은 교사들의 비난의 대상도 되었던 것입니다. 무리한 정치적·행정적 지시에 장단 맞춰 정신없이 춤을 추다가 갑자기 춤곡이 바뀌면 망신당하는 것은 언제나 교장 선생님들 쪽입니다. 지시를 받더라도 여러분들의 철학과 교육신념으로 소화시키고 번역·해석해서 행정행동으로 옮겨야 합니다.

또 ① 교육이론과 과학적 지식, 그리고 ② 여러분이 오랫동안에 걸쳐 얻은 귀한 경험과 지혜를 ③ 올바른 교육철학과 신념, 가치관으로 걸러 내서 ④ 행정행위로 옮길 때 그 행정은 올바르게 될 것입니다. 여러분은 오랫동안의 귀중한 경험이라는 강점을 갖고 있습니다. 여기에다 공부와 연구노력에 의한 교육이론과 지식을 덧붙이고, 올바른 철학을 정립할 때 존경받는 학교행정가가 될 것입니다. 결국 행정이라는 것은 ① 여러분의 철학과 신념이 ② 개인의 동기·욕구를 중심으로 한 인간체제와, ③ 여러분의 학교, 교육구청, 교위를 중심으로 한 여러 가지 상황의 조직체제와, ④ 그보다 더 넓은 정치체제를 뚫고 겉으로 뛰쳐나온 ⑤ 행정행위라고 할 수 있습니다.

교육에 관하여 국민으로부터 권한을 위임받은 국가는 여러분들을 믿고 한 학교라는 배를 책임지고 항해하여 나가도록 나침반을 맡긴 것입니다. 항해를 하기 위해서는 방향감이 있어야 합니다. 배를 어디로 어떻게 끌고 갈 것인가를 결정해야 합니다. 이 방향감이 바로 철학입니다. "신은 도대체 나에게 무슨 힘을 주었기에 몇 천 명, 몇 만 명의 어린이와 선생님, 학부모, 넓게는 국민의 운명까지 걸머진 이 배의 키와 나침반을 맡겼는지 모르겠습니다." 교장의 주위에 많은 사람들이 있는 것 같지만 때로는 함장인 교장은 외로운 결정을 해야 할 것입니다. 그러나 파도를 타면서 내가 원하는 방향으로 배를 끌고 가서 안전하게 목적지에 정박시키는 모험과 스릴, 재미가 없다면 무엇 하러 그런 어려운 나침반을 맡았습니까? 남이 지시해 주는 대로, 직원들이 가자는 대로 갈 바에는 일찌감치 자리를 내주고 편안한 생활을 추구하는 것이 나을지도 모릅니다.

교장의 제일 중요한 임무는 어린이의 인간상을 그리고, 그에 맞춰 학교교육의 목표를 설정하고, 이에 따라 구체적인 연간목표를 설정하고 계획을 수립하는 일입니다. 그런데 교장 선생님들 중에는 이 가장 중요한 교육목표설정과 교육계획을 등한히 하거나 포기하고 연구부장이나 교무부장에게 맡겨버리는 경향이 있습니다. 이는 나침반 없이 항해하는 것과 같은 위험한 일입니다. 열심히 학생을 가르치고 일하는 것도 중요하지만 무엇을 위해서 왜 하느냐 하는 것은 보다 더 근본적인 문제입니다.

교장으로서 중요한 일은 방향감을 갖고 비전을 제시하여 ① 어떤 상을 그리고, ② 이를 위하여 주도하며, ③ 풍부한 자원의 원천이 되어 주는 일입니다. 비전은 기관을 유지하고 그 자리에 살아남기 위한 것이 아니라 개선과 성장으로 지향하는 것을 의미합니다. 기관장으로서 비전을 제시하지 못하면 지도자로서는 치명적인 결격사유가 됩니다. 교장으로서 하는 일이 많지만 핵심은 ① 교육목표를 설정하고, ② 이 목표를 달성할 수 있는 교육과정과 프로그램을 결정하고, ③ 교직원을 조직하고, ④ 학생에 대한 봉사를 하고, ⑤ 이를 위하여 행·재정·시설을 지원하고, ⑥ 지역사회의 협력을 얻어내는 일이라고 할 수 있는데, 이 모든 일의 근원은 교육목표로부터 나오며, 교육목표는 다시 교육철학에 바탕을 두게 되므로, 여러분의 교육철학은 모든 활동의 근원이 됩니다.

4. 학교장의 보람

막중한 책임과 어려운 일을 도맡은 교장은 어디서 그 대가와 보람을 찾을 것인가? 그 첫째는 앞에서 말한 대로 어린이를 교장이 원하는 대로 교육시키고, 하나의 기관을 내가 원하는 방향으로 이끌고 나간다는 것입니다. 그런데 이것마저도 아래·위에서 도전해 오고 있습니다. 선생님들은 제멋대로 교육을 하겠다고 하고, 누구의 간섭도 안 받는 전문가라고 떠들어대며, 인기투표를 하거나 돌려가면서 나침반을 쥐겠다고 도전해 옵니다. 위에서는 자격증을 주어 학교를 맡겨 놓고도 못미더워 실질적인 권한도 주지 않고 시시콜콜 지시하고 명령하여 도전해 오고 있습니다. 이러한 위아래의 도전을 물리치고 교장 고유의 보람을 맛보기 위해서라도 우리는 공부하고 연구하며 교장회를 중심으로 단결하는 길밖에 없습니다.

둘째는 남을 도와주어 성장하고 발전하게 하고 그 발전으로 기뻐하는 모습을 옆에서 지켜보는 보람을 찾아야 할 것입니다. 행정은 전적으로 봉사입니다. 행정은 결국 다른 사람을 움직여 교육목표를 달성하는 것입니다. 교사와 학생을 도와주고 지원해 줌으로써 교육목표점에 접근하고, 그들에게 봉착한 장애물을 제거해 줌으로써 그들이 기뻐하는 모습을 지켜볼 때 우리는 간접적인 보람을 느끼는 것입니다. 이제 교장은 가진 것도 없고 옛날처럼 무리하게 휘두를 것도 없습니다. 이제 교장은 맑은 투명유리 속에서 투명행정, 공개행정을 해야 하고, 전원참여의 행정을 하지 않을 수 없습니다. 이제 교장이야말로 무명교사 중 무명교장이 되어야 합니다. 학부모와 국민이 주는 공을 모두 교사에게 돌려주는 한 차원 더 높은 기쁨을 맛보아야 할 것입니다. 이제 훈장을 힘없는 교사에게 돌려주는 통 큰 교장의 보람을 찾아야 할 것입니다.

셋째는 일하는 기쁨입니다. 우리는 일을 안 할 때 행복한 것이 아니라 억척같이 일에 미칠 때 더 많은 행복을 느낍니다. 지금 교사들이 잡무라고 불평하는 대부분의 일들은 사실은 교장·교감·서무가 해야 할 것들입니다. 행정가들이 해야 할 일들을 가르치는 전문가들인 교사들에게 교무분장이라고 하여 모두 떠맡겨 놓고는 교장은 "외로운 성주"로 앉아 있게 된다면 문제가 아닐 수 없습니다. 학교가 워낙 크니까 어려운 일이지만 입·퇴학이라든지 시간표

계획 등 거의 모든 일을 교장·교감이 비서나 사무직원과 함께 해야 할 일들입니다. 미국 교장의 별명을 "key boy"라고 하는데, 이것은 학교의 열쇠라는 열쇠는 모두 교장이 움켜쥐고 실질적인 학교 살림을 하는 데서 온 별명입니다. 그렇기 때문에 웬만한 정력 갖고는 교장의 임무를 해내기가 어렵습니다. 내가 할 일을 남에게 짐을 지워 놓고도 미안한 생각도 없이 당연한 것으로 생각하고 있는 것은 아닌지 다시 한번 생각해 볼 필요가 있습니다.

5. 나를 찾아서

현대인들은 정신없이 바쁘게 살다 보니 이 세상에서 가장 귀중하고 가까운 나를 잃고 타인지향적으로 살다 황혼에 접어드는 수가 많습니다. 학생들과 교사들보고는 잘 되라고 열변을 토하면서 정작 자기 자신의 잘 되기 위한 노력은 하지 않는 경우가 많습니다. 학생들과 교사의 발전을 위해서 노력하는 것도 중요하지만 자기발전, 자기성장을 위해서도 노력해 주십시오. 교육자로서 3, 40년 동안 입만 사용하여 발산만 하고 눈과 귀로 충전해 주는 일에 소홀하다 보면 머리는 비게 됩니다.

남을 사랑하기 전에 진정 자신을 먼저 사랑하고, 자신을 먼저 존중하고 귀하게 대해 주십시오. 내가 나 자신을 사랑해 주지 않는데 그 누구 다른 사람이 나를 사랑해 주겠습니까? 나 자신을 진정 아끼고 귀중하게 여기며 사랑하는 사람이라야 남도 귀하게 여기고 이웃도 내 몸같이 사랑하게 됩니다.

우리는 인생을 한번밖에 살 수 없습니다. 언젠가는 내 교직과 생활을 정리하고 마침내는 인생까지를 정리해야 할 때가 올 것입니다. 우리가 연습으로 살아보고 다시 고쳐서 진짜 살 수는 없습니다. 한번밖에 살 수 없기 때문에 우리의 생은 더욱 값지고 귀중한 것입니다. 우리가 교육자생활을 마지막 정리해야 할 때 우리는 무엇으로 위안을 삼을 것인가? 그동안 내 입으로 쏟아 놓은 그 많은 아름다운 말들은 다 어디 갔는가? 제자와 후배들의 귓전을 울린 말들은 다 어떻게 되었는가? 많은 생각들을 하게 될 것입니다.

마지막으로 받을 수 있는 가장 큰 위안이 있다면 "하늘을 우러러 한 점 부끄럼 없이" 살았다는 점일 것입니다. 이런 위안을 받을 수 없다면 정말 괴로울 것으로 생각됩니다. 교장을 했느냐 못했느냐, 오래 했느냐 짧게 했느냐가 그리 중요할 것 같지는 않습니다. 정말 잊지 못할 존경하는 스승, 존경하는 교장으로 생각하고 모시는 제자와 후배교사들이 얼마나 있느냐가 교육자생활의 마지막 평가일지도 모릅니다. 그때는 돈을 얼마나 벌었느냐, 얼마나 높은 자리에 있었느냐가 중요한 평가의 기준이 되지는 못할 것입니다.

교육자는 존경이라는 티 없이 맑은 이슬을 먹고 삽니다. 밑에 있는 사람, 주위사람으로부터 존경을 못 받으면 아무리 높은 자리에 올라가도 모두 허사입니다. 존경받는 교장이 되지 못할 바에는 교장자리에 아니 올라감만 못합니다. 우리가 높은 산으로 올라갈수록 다른 사람에게 많이 노출되듯이 높은 자리에 올라갈수록 잘잘못이 드러날 확률은 높아집니다. 낮은 데 있을 때는 아무렇지도 않던 것이 높은 자리에 오를수록 손가락질과 구설수에 오르게도 됩니다. 그래서 우리는 나 자신을 살피는 일에 부지런해야 합니다. 이제부터라도 나 자신을 속이지 말고, 나 자신에게 충실하기 위해 진정한 나(진아)를 찾아 나서야겠습니다.

교장 선생님, 1983년인가, 서울시 교위 강당에서 임상장학에 관한 이야기를 가지고 뵌 이래 정말 오랜만인 것 같습니다. 교장 선생님들께서 어려움을 당할 때마다 정말 안타까운 마음으로 곁에서 지켜봐 왔습니다. 그러나 막상 뵙게 되니 무슨 말부터 꺼내야 될지 몰라 말도 글도 다듬어지지 못했습니다. 그러나 우리 교육, 수도교육의 발전을 바라는 순수한 마음만은 이해하여 주셨으면 합니다.

① 세상이 요동치며 변하고 있는 이때에, ② 우리에게 주어진 나침반의 방

향을 잘 잡고, ③ 열심히 일하여 스승의 보람, 행정가의 보람, 생의 희열을 느끼시고, ④ 이 세상에서 가장 가까운 나를 찾으시기 바랍니다. 이제 저도 저 자신을 찾아 떠나야 할 시간입니다.

　행정가의 철학에 대하여 더 관심이 있으신 분은 좀 어려운 책이지만 제 이름의 《교육행정철학(한국학술정보)》, 《리더십의 철학(한국학술정보)》, 을 구해 보십시오.

제 18 장
교육계획은 학교경영의 나침반*

　　나침반 없이 항해하는 선장을 상상할 수 있는가? 나침반은 준비했더라도 이를 보지도 않고 기분 내키는 대로 항해하는 선장이 있다면 누가 이 배를 탈 것인가? 교장은 수천, 수만 명의 학생교육을 이끌고 나가는 선장에 비유할 수 있다. 여기서 나침반은 그 해의 "교육계획서"이다. 교장에게 있어서 교육계획서는 선장에게 있어서 나침반처럼 중요하다. 수천, 수만 명의 학생교육을 책임지고 있는 교장이 방향감도 없이 출발한다면 그를 따르는 수많은 교직원과 학생, 학부모는 불안하지 않을 수 없다. 현장에서 보면 형식적인 교육계획서를 작성·제출하고는 타성에 의하여 학교가 움직여 나가는 현상을 많이 볼 수 있다. 금 학년도에는 학교교육계획서가 선장의 나침반과 항해계획서처럼 유용하게 쓰일 수 있도록 준비하고 활용하기를 권고하고 싶다.

　　세계 거의 모든 나라가 경제침체기에 접어들어 각 나라의 교육도 시련을 겪고 있다. 우리나라와 같이 경제적으로 흥청거리고 있는 나라도 몇 나라 안 된다. 다른 나라에서는 모든 것이 줄어들고 있다. 이들은 교육이, 학교가 어

떻게 살아남느냐에 초점이 맞춰지고 있다. 우리는 원래 교육재정이 약했지만 그래도 계속 번성하고 있는 상황이라 할 수 있다. 이러한 어려운 경제상황과 모든 것이 줄어들기만 하는 상황에서 교장은 짜임새 있는 학교경영계획을 갖고 경영해 나가지 않으면 안 되는 입장에 있다. 전과 같이 되는대로 살림해 나가다가는 학교 문을 닫아야 하는 형편에 있는 나라들이 많다는 것을 기억하고, 우리는 이때를 호기로 삼아 교육의 국제경쟁력을 길러야겠다. 한 방울의 재정적 누수도 없이 모두 교육의 효과를 올릴 수 있도록 학교경영계획을 치밀하게 세우기를 권고하고 싶다.

배는 선장 혼자서 움직일 수 없다. 많은 사람의 협동적 노력에 의해서만 목표한 다음 항구에 닻을 내릴 수 있다. 학교장 혼자서 또는 몇몇 부장교사의 손에 의해서 아무리 좋은 교육목표와 교육계획이 세워졌다 하더라도, 많은 교사와 학생, 학부모가 동의하고 협조하지 않으면 그 목표와 계획은 무의미하게 된다. 세워진 목표와 계획은 대부분 교사의 손에 의하여 실천되어야 하기 때문이다. 여기서 중요한 것은 교육목표와 계획은 전 직원의 참여에 의하여 수립되어야 한다는 것을 암시한다. 전 직원이 동의하고 참여하는 교육목표와 교육계획이라야 성공할 수 있다는 점을 강조하고 이를 권고한다.

누구를 위하여 교육계획을 세우고 학교경영계획을 세우는가? 물론 교장이 보기 위한 나침반이라고 하였다. 또 교사가 알고 그 방향에 맞춰 실천·노력해야 할 것이므로 교사를 위해서도 필요하다. 그러나 궁극적으로는 학생을 위한 것이라는 사실을 잊어서는 안 된다. 학교의 모든 교육활동은 학생을 위한 것이다. 교육활동을 위한 모든 계획을 세울 때에는 우선 학생의 입장과 시각에서 한번 생각해 보고 바라볼 것을 권고하고 싶다. 지금까지는 교장의 입장, 교사의 입장, 학교의 입장, 국가의 입장에서만 일방적으로 교육을 바라본 감이 있다. 그런데 같은 교육현상이라도 학생의 입장과 학부모의 입장, 교육소비자의 입장에서 바라보면 많이 다르게 보이고 때로는 정반대로 보이기도 한다. 학생과 학부모는 국가에 세금을 내고 교육을 사는 교육소비자이다. 이제 교육소비자의 구미에 맞는 교육을 팔기 위한 교육계획과 학교경영계획을 세워야 한다. 교육이 계속 독점기업, 독과점품목으로 안주할 수만은 없다. 독점기업과 독과점품목 때문에 질이 떨어지는 것은 너무나 당연하다. 금년도 학교교육계획과 경영계획은 진정 학생을 위한 계획이 되고 또 그렇게 실천되기를 기대한다.

전직원이 참여하고 학생을 위한 학교경영계획을 세우더라도 경영자의 철학이 들어가야 한다. 학생교육은 교장이 하게 되어 있고 학교의 모든 책임은 교장이 지게 되어 있다. 다만 교사의 손을 빌려서 학생교육을 하고 있을 뿐이다. 철학이 없는 학생교육은 상상해 볼 수 없다. 그러므로 학교경영계획 속에는 학교장의 철학이 스며들어가야 한다. 또 이런 철학을 가지고 하나의 기관을 움직이고 학생을 교육하는 재미로 교장을 하는 것이다. 그럴 수 없다면 무슨 재미로 교장을 하겠는가? 국가는 교장의 그런 철학을 믿기에 교장자격증을 주어 하나의 기관을 맡기고 학생교육을 맡긴 것이다. 교장을 믿고 학교교육을 맡긴 이상 정부는 지나치게 간섭해서는 안 될 것이다. 현 상황에서는 지나친 지시사항과 재량권제한으로 나름대로의 신념과 철학을 펴기가 어렵게 되어 있다. 신학년도에는 말로만이 아닌 실지로의 학교장 중심 학교 경영이 될 수 있기를 기대한다.

학교경영계획은 추진과정에서 변경될 수 있고 또 변경될 수 있어야 한다. 특히 요즘과 같이 상황이 급변하는 속에서는 학년 초의 계획대로 추진될 수는 없다. 한번 세운 계획은 계속 수정·보완되면서 추진·실천되어야 한다. 그러나 현실을 보면 너무나 즉흥적으로 변경되고 있는 느낌이다. 갑자기 학생이 동원되기도 하고 수업이 단축되기도 하고 계획되지 않은 행사가 끼어들기도 한다. 시장바닥의 구멍가게도 열고 닫는 시각을 정확히 맞추어 가고 있는 세상인데 수천, 수만 명을 교육하는 학교가 즉흥적으로 움직여서는 안 된다. 학교에서 이루어지고 있고 또 앞으로 이루어질 일을 학부모들이 투명 유리로 내다보고 또 예측할 수 있도록 학교가 운영되어야 한다. 학교교육계획은 변경될 수 있으되 너무나 기분 내키는 대로 운영되지 않는 한해가 되기를 기대한다.

학교는 어린이와 젊은이의 귀중한 시간을 다루고 있다. 시간은 생활이고 또 생명이다. 귀중한 생활과 생명에 해당하는 이들의 시간을 귀중하게 다루는 데 신경을 집중하는 교육계획을 권고한다. 인생의 황금기에 해당하는 이들의 시간을 너무나 가볍게 다루거나 절실하게 필요하지도 않은 곳에 허비하게 만들고 있는 것은 아닌가? 젊은이의 시간은 가장 귀중한 자원이다. 성인들은 이들 자원을 통제하고 있다. 학교 현장에서 이들 자원이 허비되는 것을 많이 볼 수 있다. 정말 젊은이들의 학교시간과 원격조정 되고 있는 가정시간이 밀도 있게 사용되도록 통제하고 있는가? 무턱대고 학교에 많이 잡아매 놓는다고 해서 교육이 이루어지는 것인가? 세계 젊은이들의 시간자원 싸움에서 우리의 젊은이들이 이길 수 있는가? 가장 가치 있는 일에 가장 귀중한 젊은이의 시간자원을 바칠 수 있도록 금년도 교육계획을 설계하기를 기대한다.

인간의 지혜를 동원할 수 있는 한 최대한 정성을 들여 치밀한 계획을 세우고, 최선을 다하여 이를 실천할 때 교장 노릇하는 재미, 교육하는 재미도 있고 생의 의미도 발견하는 한해가 될 것이다.

제 19 장
변환기의 교육행정*

변환기의 한국 교육을 행·재정의 관점에서 조명해 보기로 하겠다. 지금이 변환기라는 데는 의심의 여지가 없다. 정치적으로 죄인이었던 사람이 영웅으로 나타나고, 그렇게 당당하고 훌륭해 보이던 사람이 대신 감옥에 들어가 앉기도 한다. 또 그동안 억눌렸던 수많은 욕구들이 한꺼번에 봇물 터지듯이 분출되어 나오고 있다. 서울 시내의 자동차 수가 불어나듯 우리의 경제도 변화하고 있다. 덕분에 20분에 달릴 수 있는 거리를 1시간 10분 걸려 출근하기도 한다. 100V의 전압이 220V로 변환하는 것을 실감하고 있다.

멀리 떨어져 있던 사우나탕이 집 가까이 파고들고, 먹자산업·관광산업이 흥청대고 있다. 밤 10시의 훈계를 못 듣게 된 우리의 청소년들을 모두 버릴까 걱정이다. 까딱하면 그들도 그곳으로 따라가겠다고 해도 이제는 말릴 길이 없다.

한 인간이 자라면서 질풍노도와 같은 격정기를 겪듯이 우리의 정치·경제·사회도 격정의 변환기를 겪게 되는 것일까? 사람에게 이 격정의 변환기

* 교육개발 제10권 제6호(통권 57호), 한국교육개발원.

가 중요하듯이 우리 사회에도 이 변환기는 아주 중요하다. 이 시기를 잘 넘기느냐 그렇지 못하느냐가 흥망의 갈림길이 될지도 모른다. 이런 때 몇 가지를 생각해 볼 필요가 있다.

첫째, 정치·경제·사회의 변화의 속도를 교육이 따라가지 못하고 있다. 변화 속도에 균형을 잃고 있다. 균형을 잃은 배는 가라앉기 쉽다. 서울 시내 자동차 수가 아무리 불어나도 달동네 사람과는 아무런 상관이 없고 오히려 이들에게 불편을 주듯이 학교 밖은 요동치듯 바뀌어도 학교 안은 여전히 낙후되어 있다. 변화의 소외지대, 사각지대이다. 집안의 가구가 변하듯 학교의 비품과 시설도 바뀌어야 할 것이 아닌가? 정치·경제의 발전에 걸맞은 교육 투자를 해야 한다. 은행에 다니는 아버지는 냉·난방이 된 방에서 사무를 보는데 그 아버지의 어린 딸은 선풍기도 없는 곳에서, 조개탄 연기 나는 교실에서 인생의 1/3, 1/2의 시간을 생활해야 한다. 뭐가 잘못된 것 아닌가? 아무리 어른이 돈 벌고 돈을 만진다고 해도 어린 딸을 제쳐 두고 자기 방만 챙겨서야 되겠는가? 챗길 담배꽁초는 길바닥에 내던져서 어린 아이들이 챙기며 줍고 다니게 하고, 아무리 돈 벌기 바쁘다고 해도 가끔은 자녀교육을 생각해야 할 것이 아닌가? 부자가 된 다음에 자녀교육을 생각하면 그때는 이미 늦다. 경제 성장한 다음에 그 돈으로 국민교육을 하겠다고 하면 때를 놓치게 된다. 88올림픽에서 4등 하는 동안 수학 올림피아드에서는 꼴찌에 가까웠고, 같은 올림픽이라도 "장애자 올림픽"의 성적은 낮다.

형과 삼촌이 다니는 대학은 청소부가 청소해 주고 그 동생과 조카는 초등학교에서 언 손으로 먼지를 닦아내야 한다. 대학생은 데모를 하고 초등학생은 데모를 못해서인가? 아니면 대학생은 투표권이 있어서인가? 아니면 어려서 청소를 많이 했기 때문인가? 교육재정의 균형 배분이 요구된다.

둘째, 이런 때일수록 바꿀 것과 바꾸지 않을 것을 잘 분별해야 한다. 축구 경기 중에 골키퍼와 센터 포드를 맞바꿀 때 신중해야 하는 것처럼 이런 변환기일수록 흥분을 가라앉히고 제2, 제3의 도약을 위해서 냉정과 이성의 칼날을 갈아야 한다. 이런 때 앓던 이를 시원히 빼다 하더라도 반드시 전문가인 치과의사로 하여금 빼게 해야 한다.

어려서 공부를 많이 해야 하는 것은 너무나 당연하다. 그러나 황금의 청소
년기를 송두리째 빼앗아 가며 외우게 하는 교육방법과 입시제도는 시급히
바꿔야 한다. 창의적이고 자유분방한 생각도 할 수 있게 하고, 심지어는 노
는 방법도 알게 해야 한다. "노세 노세 젊어서 놀아, 늙어지며는 못노나니"는
분명 옳은 일면이 있다. 그러나 정력은 젊어서 기르고 또 비축하면서 쓰게
해야지 입시에 탕진하게 해서는 선진국의 대열에 끼기 어렵다. 아이들을 짓
이겨 놓고 녹초를 만들어 놓고 있는 일을 교육으로 착각해서는 안 된다. 기
를 세워 주는 교육을 해야 한다.

교육시설, 교과서 등 교육여건과 수업 방법도 최소한 GNP 3,000~6,000
달러의 수준에 맞게 바꾸어야 할 것이 아닌가? 모든 죄를 "콩나물교실"이 뒤
집어썼었는데, 학생이 줄어든 농촌의 작은 학급에서도 수업 방법이 달라진
것이 없다고 한다. 교사가 바뀌지 않았기 때문이다. 교사가 바뀌지 않은 것
은 교사교육과 장학이 바뀌지 않았기 때문이다. 교사교육의 변화와 혁신에서
도 변화의 사슬, 변화의 연결고리가 있다. 하나의 변화를 위해서는 제3, 제4
의 변화를 예측해야 한다.

이사 갈 때 짐이 많다고 버리거나 헐값에 팔아 버리고는 후회하는 수가
많다. 우리는 지금까지 교육에서 너무나 많은 아까운 것들을 버렸다. 우리의
아름다운 전통을 교육으로 지키고 유지하지 못한 말과 놀이, 역사적 기록물
들은 지금 사라지고 나면 영원히 되찾기 어렵다. 불과 30~40년 전의 교육
기록들을 찾아보기 어려운 실정이다. 이런 변환기에 영원히 보존해야 할 것
을 쉽게 버리지 않도록 세심하게 주의해야 한다.

셋째, 이런 변환기일수록 각자가 맡은 자리와 역할, 분수를 지켜야 한다.
가르치는 사람과 배우는 사람, 행정 하는 사람은 각자 분담한 역할과 책임,
전문영역을 갖고 있다.

행정 하는 사람이 잘못한다고 가르치는 사람이 하겠다고 덤벼드는 것은
단거리선수가 장거리도 자신 있다고 하는 것과 다를 바 없다. 교사가 교장을

선택하게 해 달라고 하는 논리가 학생으로 하여금 자기가 배울 교사를 선택
하게 해 달라는 논리로 확대되지 말라는 보장이 없다. 군인이 사장도 하고
학장도 할 수 있다고 하면 학생을 가르치던 교사와 교수가 사단장을 하겠다
는 주장을 어떻게 막을 것인가? 질서 있는 변화라야지 뒤죽박죽의 혼돈이
되어서는 안 된다. 이런 변환기일수록 원칙과 원리, 본질이 무엇이냐를 따지
고 챙기며, 이를 찾으려는 사람도 있어야 한다. 목청 높은 사람이 반드시 다
옳은 것은 아니다. 군인도, 경찰도, 판·검사도, 성직자도 못 믿고, 정직한
어린 새싹을 계속 키워 내는 교육자마저도 못 믿게 된다면 이 사회는 누구
에게 희망을 걸 것인가? 각자 제자리로 돌아가야 한다.

넷째, 바꿀 것은 장기적 안목에서 완전하게 바꿔야 한다. 그때그때 땜질하
다 보면 우리의 교육은 누더기가 되고 선의의 피해자가 많아진다. 변화를 하
려면 철저하게, 완전하게 해야 한다. 고교 평준화, 과외 금지, 실험 대학,
교육세, 입시제도처럼 엉거주춤하게 되면 피해는 늘어나게 마련이다.

한글세대와 한자 세대, 객관식 세대와 주관식 논문 세대 간의 단절과 갈등
을 어떻게 처리할 것인가? 12년간의 교육을 받고도 자기 나라 대중신문을
못 읽는다면 뭔가 잘못된 것이다. 흑백논리를 하게끔 훈련시켜 놓고 그게 나
쁘다고 하면 누구의 잘못인가? 철저하게 마감 손질까지 해야 할 것이다.

다섯째, 변화를 설명하고 정당화시켜야 한다. 설명 없이 중공 오랑캐와 빨
갱이 크렘린, 괴뢰정권이 하루아침에 색깔이 바뀌면 교사들은 아이들 앞에서
어쩌란 말인가? 어제까지 한 말은 모두 거짓말이 되지 않았는가? 교육행정
가들은 교사의 바람막이가 되고 방향제시자가 되어야 할 것이다.

제 20 장
교육관계법 개정의 방향*

1. 서 론

서론에서 몇 가지 교육관계법 개정에 관한 여러 주장들의 모순에 대한 이야기를 하고, 개정의 기본전제 또는 원리원칙을 제시하고, 본론에 들어가서 행정조직의 문제와 교육법, 그리고 몇 가지 관심분야에 대하여 의견을 진술하고 나서 결론을 맺고자 합니다.

1) 모순된 주장들

이 자리에 계신 (구)문공위원들께서는 교사 경험을 가지신 분도, 또 교장으로 그리고 재단이사장으로 직접 사학을 운영하신 분도, 한 도의 교육을 책임진 교육감을 지낸 분도, 또 교수로서 교육학을 강의하셨던 분도 있기 때문

---

* 제21차 (구)국회문공위원회 교육법 개정을 위한 공청회 발표 요지, 1982. 2. 11. 당시 기록과 발표 원고를 보고 다시 정리한 것임.

에 아마 현명한 판단을 하실 수 있으리라 믿고 또 그렇게 기대합니다.

그런데 지금까지 여러 집단들이 주장하는 것을 들어 보면 모두 다 일리가 있고 옳은 말인 것 같은데, 이들 주장에는 몇 가지 모순이 들어 있는 것을 발견할 수 있습니다.

첫째, 교수재임용제 폐지와 교장임기제 실시 주장의 모순.

교수재임용제·교수임기제가 나쁘고 병폐가 있다고 이의 폐지를 주장하면서 교장만은 일정한 임기로 끊어내야겠다는 주장은 서로 모순되고 있습니다. 교수재임용제가 얼마나 훌륭한 제도입니까? 미국 같은 나라에서는 이 제도로 교수들이 열심히 연구하고 잘 가르치며 학문발전, 대학발전, 교수 개인의 발전을 가져오고 있습니다. 우리나라에서도 잘만 운영하면 이상적인 좋은 제도입니다. 그런데 이것이 정치적으로 악용당해 왔습니다. 교장도 교수와 같은 교원인데, 교수보다도 더 힘이 없는데 교장임기제가 악용당하지 않으리라는 보장이 있습니까?

교장임기제를 하자면서 교사임기제는 왜 안합니까? 교장에게 임기가 필요하다면 교사도 4년마다 임기로 하여 잘못하는 사람은 끊어내야 합니다. 교장임기제 주장에는 모순이 있습니다.

둘째, 교직, 교육행정의 전문성 주장과 교장 임기제, 선출제, 교사의 로동 3권 주장의 모순.

전문성을 내세우면서, 교장직을 전문성 없이 보직으로 돌려가면서 나눠 먹기식으로 하자는 주장은 모순됩니다. 가르치는 전문가와 교육행정하는 전문가는 이제 더욱 분화되고 전문화되어야 합니다. 그런데 교장직을 보직으로 임기를 끊어서 돌려 가면서 하고, 더구나 선출해서 하자는 이런 모순이 어디 있을 수 있습니까? 또 교사들이 전문직이라고 목청을 높이면서 노동3권을 주장하는 그런 모순된 주장을 하고 있습니다. 전문직은 스트라이크를 하지 않습니다. 의사와 변호사, 목사가 파업하는 모습을 상상해 보세요. 우리 사회가 어떻게 되겠습니까?

셋째, 정치적 중립의 주장과 교사의 정당활동 허용과 그리고 교육관계법을 선거공약으로 내거는 모순.

교육의 정치적 중립을 내세우면서 교사의 정당활동 허용을 부르짖고, 교육관계법개정을 선거공약으로 내걸어 정치바람을 타게 만든 모순이 있습니다.

넷째, 교사의 신분보장 주장과 교장의 신분보장 무시의 모순.

교사의 신분보장을 정치적으로 해결하려 하고 교권을 주장하면서, 교장의 교권과 신분은 보장해 주지 않겠다는 논리는 어떻게 설명해야 합니까?

다섯째, 교장자격과 교장선출제의 모순.

교장의 최저 자격을 교직경력 15년 이상이어야 한다고 하면서 교장을 선출하겠다는 것도 모순입니다. 15년 경력자가 없으면 어떻게 선출할 겁니까?

여섯째, 교사의 교장선출과 교장의 교사임명, 사학의 이사회는 무능해지는 모순.

교사들이 모여서 교장을 선출하고 또 선출된 교장이 교사를 임용하고, 국가로부터 학교설립·운영을 허락받은 이사회는 쑥 빠져 버리는 이런 모순이 있습니다.

일곱째, 자율성 주장과 미세한 법제정의 모순.

교육의 자율성을 주장하고 강조하면서 직원들의 회의인 교무회의까지 교육법이라는 교육의 모법으로까지 세세하게 규정해 달라는 것은 모순입니다. 이렇게 직원회의까지 법으로 규정해 놓고 무엇을 자율 하겠다는 것입니까?

여덟째, 교육자치와 교사자치의 모순.

이런 모순이 또 있습니다. 교육의 소유권자요 주인은 주민입니다. 민주국가에서 모든 권한은 국민으로부터 나오기 때문입니다. 이러한 교육자치를 내세우면서 교사들이 의결해서 모든 것을 결정하는 교사자치를 해야 된다는 주장은 모순입니다. 교육자치는 주민, 학부모의 권한이 우선이고 그다음 나머지를 가지고 교육자들이 자치하는 것입니다.

아홉째, 기타 무리한 주장의 모순.

교장이 소속직원을 감독할 수 없고, 교사가 교장의 감독을 안 받겠다면 소속직원을 누가 감독해야 합니까? 선생님들은 누구의 감독을 받기를 원합니까? 전혀 아무 감독도 안 받고 교사 마음대로 하겠다, 그렇게 해도 되는 겁니까? 4년제 대학 나오면 전문가니까 누구의 감독도 안 받아야 되는 겁니까?

이러한 모순들을 여러 위원님께서는, 각 집단들이 제각기 주장하는 것들이 옳다고 하더라도, 아마 현명하게 가름하셔서 판단하고 결정하실 수 있으리라 믿습니다.

2) 법개정의 기본전제 또는 원칙

이렇게 제각기 자기주장이 옳다고 목청을 높이고 주장이 각기 다를 때 여러 위원님들은 어떻게 결정해야 하겠습니까? 이렇게 혼란스러울 때는 원리 원칙대로 해야 말이 없습니다. 여기서 원리와 원칙을 찾아야 할 것입니다. 제자리, 근본적인 것을 찾아야 합니다. 이제 저는 원리와 원칙을 말씀드리려 하는데, 그 전에 저의 개인적 배경을 먼저 말씀드리는 것을 용서해 주십시오. 저는 평교사, 초등학교 교사로 15년 반을 근무했습니다. 그렇기 때문에 그동안 교사들이 억눌렸던 것을 제가 몸으로 체험했습니다. 이런 억눌림이 뼛속에 스며들어 있습니다. 지금도 그것을 잊지 않고 있습니다. 그렇기 때문에 교사를 위한 것이라면 무엇이든지 하고 싶은 것입니다. 교사로 근무하면서 이래서는 안 되는데 하면서 자주 공부하다 보니까 교육행정도 공부하게 됐고, 또 어떻게 하다 보니 교육행정을 공부하는 교수가 되어 버렸습니다.

교육행정을 공부하다 보니 저는 어떤 편견에서, 즉 교사라는 편견에서 이야기할 수는 없습니다. 이런 충정을 말씀드리면서 교육관계법 개정의 원칙을 제시하고자 합니다.

첫째, 국민과 주민, 학생과 학부모를 위한 교육이며 교육관계법이라는 생각과 관점에서 개정에 접근(철저한 주민자치, 교육수혜자 보호, 공교육의 책무성 강조).

국민과 주민을 위하는, 학생과 학부모를 위한 교육이라는 것, 그런 교육관계법이라는 것을 추호도 잊어서는 안 되겠습니다. 이것을 다 제쳐 놓고 법개정을 해서는 안 되겠습니다. 그런데 지금 국민과 학부모가 전교협이 주장하는 그런 법개정을 절실히 원하고 있습니까? 기왕에 교육자치를 하려면 철저한 주민자치를 해야겠습니다. 교육에 관한 권한을 주민들에게 돌려줘야겠습니다. 지금까지는 교육자들이, 우리가 전문가이니까 우리 마음대로 하겠다고 휘둘러 왔습니다. 정치가 절대왕권에서 국민에게로 넘어갔고, 경제가 봉건영주에서 자유시장경제체제로 넘어갔습니다. 종교가 유일신에서 신앙의 자유로 넘어갔는데 교육만 유일하게 아직 교육자의 독단과 전횡으로 남아 있습니다. 교육만은 교육전문가인 우리들만이 해야겠다는 생각을 바꿔야 합니다. 교육은 교육자의 자치가 아닙니다. 교육에 관한 권한을 우선 주민들에게 돌려줘야겠다는 그런 생각입니다.

둘째, 교육의 본질추구와 질 향상에 초점.

그다음에 또 하나 말씀드리고 싶은 것은 교육의 본질을 추구하는 방향, 어떻게 하면 교육의 질을 높여 세계의 국제무대에서 경쟁력을 기르느냐 하는 방향으로 교육법 개정의 초점을 맞춰야 합니다. 우리의 아이들이 미국의 아이들이나 다른 나라 아이들하고 1대1로 맞섰을 때 우리가 이겨낼 수 있어야 선진국을 따라잡습니다. 이런 교육의 본질, 질 향상을 제쳐 놓고 어떤 집단을 생각하는, 어떤 집단을 위한 교육법 개정이 되어서는 안 된다고 봅니다. 지금까지 교육이 뒷받침해 주어서 그래도 경제와 산업, 공업이 발전할 수 있었다고 봅니다. 그래서 경제, 산업 쪽은 상당히 발전했는데, 정작 교육 쪽은 뒤쳐져 있습니다. 이제는 경제 쪽이 교육을 지원하고 뒷받침해서, 교육을 한 단계 더 높이 끌어올려 다시 도약의 발전으로 삼아야 할 것입니다. 이런 의미에서, 법개정은 해야 할 것입니다.

셋째, 교육의 자주성, 전문성, 독특성과, 지방교육의 특수성, 정치적 중립성, 대학의 자율성을 보장하는 방향의 법개정.

교육의 자주성, 전문성, 독특성, 지방교육의 특수성, 정치적 중립성, 대학의 자율성 등 근본적인 것을 보장하는 방향으로 교육관계법이 개정되어야겠습니다. 아까도 모순을 조금 지적했습니다만 여기에 정치적 중립을 내세우면서 교육이 압력단체의 영향을 받고, 정치적 선거공약으로 내세우고 그래서 교육이 정치바람을 타야 되는 이런 안타까움이 있습니다. (① 정치적 중립성을 내세우면서 교육관계법 개정을 선거공약으로 내걸고, 압력단체와 투표자 수를 의식하여 개정의 방향을 설정하는 것은 잘못이다.)

그리고 교육도 전문화되어야 하고 교육행정도 전문화되어야 한다고 봅니다. 그래서 가르치는 전문가와 교육행정 하는 전문가는 분화될 수 있고 또 발전될 수 있는 방향으로 법개정의 방향을 생각해 주셔야겠습니다. (② 교육과 교육행정의 전문화 추세의 방향에 맞춰야 한다. 가르치는 전문가와 교육행정전문가, 사무행정전문가로 전문화).

다음은 자주, 자치, 자율, 지방교육의 독특성을 내세우면서 전국 획일의 교육자치, 전국 획일적인 학교를 만드는 법까지 만들어 준다면 이것은 모순입니다. 다양성, 학교마다 다르게, 지방마다 다르게 할 수 있는 여지를 남겨줘야 될 것입니다. (③ 자주, 자치, 자율, 지방교육의 독특성을 내세우면서 전국 획일의 교육관계법으로 미세한 부문까지 묶어 놓으려는 우를 범해서는 안 된다. 큰 덩어리의 기본골격만 전국적으로 정해 주고 나머지는 지방교육자치, 학교단위의 자율에 맡겨 다양성을 인정해야 할 것이다.)

넷째, 미세한 법의 제정보다 운영의 묘를 살리는 방향.

미세한 법의 제정도 물론 중요합니다. 그러나 그 운용의 묘가 더욱 중요하다고 봅니다. 정말 지금까지 교육법이 잘못되어서 문제가 되었다고 봅니까? 아니면 운용을 잘못해서 문제가 되었다고 봅니까? 정치가 자주 교육자들보고 춤을 추자고 했습니다. 우리하고 같은 춤을 추자고 해 놓고서 몽땅 잘못한 것을 교육자들에게 몰아붙인다면 무엇이 문제입니까? 경직된 법보다는 신축성 있는 운용을 우리는 생각해야 될 것으로 봅니다. 미세한 부분까지 법으로 묶어 놓는다면 언젠가는 후회할 때가 다시 올 것입니다. 그렇게 후회하지 않도록 해야겠습니다. (④ 경직성보다 신축성을 인정해야 한다. 이 시점에서 세세한 부문까지 묶어 놓는다면 나중에 자율을 잘못해 후회하게 될지도 모른다.)

2. 개정의견

1) 행정조직

가. 정부조직법

그러면 본론으로 들어가서 개정의 의견을 말씀드리겠는데, 개정의 의견은 행정조직과 관련된 문제와 교육법, 그리고 제가 관심을 갖는 분야에 제한하여 말씀드리겠습니다.

정부조직법에서 우선 교육인적자원부가 지금까지 하나씩 떼어 준 점을 지적하고 싶습니다. 과학기술처로 떼어 주고, 문공부로 떼어 주고, 체육부로 떼어 주었습니다. 이렇게 따로따로 떨어져야만 우리나라 정치가, 행정이 잘 되는 것입니까? 위원님들, 한번 생각을 깊이 해 주시기를 부탁드립니다. 제 생각으로는 이것들이 합쳐질 때 더 유기적이고 협조적으로 잘 이루어질 수 있으리라 봅니다. 그리고 정부를 작은 정부로 만들고자 하신다면 이것들을 다시 합치도록 하는 것이 좋을 것입니다. 위에서 이렇게 갈라진 것들이 지방, 학교, 이렇게 밑으로 흘러가서는 마치 실개천이 모여 냇물을 이루듯이 다 하나로 합쳐집니다. 지방교육위원회에 가서는, 또 교사들 입장에서는 교실에서 이 냇물을 모두 받아 내야 합니다. 갈래갈래에서 흘러내려 온 것을 선생님들은 모두 받아 내야 합니다. 그러니까 잡무로 허덕이고, 가르치는 일을 제쳐 놓고 그런 일들을 해내야 합니다. 한번 심각하게 생각해 주시기를 부탁드립니다. (① 교육인적자원부→교육·과학·문화·체육부로 통합, 부총리급으로. ㉠ 관련분야의 유기적 협조, ㉡ 중앙은 분리되어 있고 지방교육위원회에서 통합되어 교육·과학·기술·체육·학예에 관한 업무를 관장하게 됨-교육법 15조 1항, 서울특별시·직할시·도교육위원회 직제 1장 1조.)

이미 많은 당에서도 주장하고, 또 여러 기구와 단체, 부서에서 주장한 것입니다만 교육인적자원부의 실장 하나만 교육전문직으로 보하게 되어 있는 것은 개정되어야 합니다. 모든 실장과 국장, 담당관과 과장도 교육공무원 중에서 할 수 있도록 문을 열어 놓고, 실제로 이들을 임용하느냐 않느냐는 그때의 행정 책임자가 결정할 일입니다. 문을 열어 놓도록 하실 것을 말씀드리고 싶습니다. (② 2조 6장 실장 1인과 담당관만 교육공무원으로 보할 수 있게 되어 있는 것→모든 실·국장, 담당관, 과장도 교육공무원으로 보할 수 있게, 교육인적자원부직제도 동시 개정해야.)

나. 교육인적자원부직제

교육인적자원부직제에 있어서 대학정책실이 왜 이렇게 커졌는지 모르겠습니다. 대학에 관한 업무가 실로 비대해졌는지 그 이유를 모르겠습니다. 4년제와 2년제를 포함하여 모든 고등교육에 관한 일을 고등교육국으로 묶고, 오히려 강조해야 할 점은 보통교육이라고 봅니다. 보통사람의 시대에 보통교육이 강조되어 보통교육실로 바뀌어야 옳다고 봅니다. 기왕에 실을 하나 놔둔다면 유치원, 초·중등교육을 묶어 보통교육실에서 담당해야 할 것입니다. (① 대학학정책실과 교직국 등 통합→고등교육국으로, 오히려 보통교육국에서 보통교육실로. 대학, 사범대, 교육대, 전문대에 관한 모든 업무를 고등교육국으로 통합하고 오히려 보통교육을 강조하는 방향).

고등교육국은 줄여서 대학자율에 맡기고 대학은 협의체를 중심으로 스스로 운영할 수 있도록 배려하는 것이 좋지 않겠느냐는 입장입니다.

또 하나는 국가고등교육위원회를 설치하는 문제입니다. 초·중등교육은 지방교육위원회가 있어서 위원들이 집단적인 사고에 의하여 어떤 교육정책을 결정합니다. 그런데 고등교육에 관해서는 위원회가 없습니다. 그래서 앞으로는 국가고등교육위원회를 설치하여 집단사고에 의하여 우리나라 고등교육정책을 결정하도록 하는 것이 좋겠습니다. 지금은 교육인적자원부장관과 대통령이 단독으로 결정하게 되어 있습니다. 물론 정책실 전문가들의 의견을 들어서 합니다만 국민의 뜻을 모으는 국가고등교육위원회가 있었으면 좋겠다는 것입니다. (② 국가고등교육위원회 설치. ㉠ 국가고등교육에 관한 정책을 논의하고 정책을 수립하여 장관과 정권이 바뀌어도 일관성 있게 정책을 추진할 수 있도록 한다. ⓛ 초·중등교육은 지방교육위원회가 집단적 사고에 의하여 정책을 결정하지만 고등교육은 장관과 대통령이 단독으로 결정하게 되어 있어 중앙에 집단결정기구가 필요하다. 중앙교육심의회의 고등교육분과위원회를 분리·발전시켜도 좋음).

다. 시·도, 시·군·자치구교육위원회 직제

시·도, 시·군·자치구교육위원회의 직제 개편에 대하여 말씀드리겠습니다. 지금까지 여러분들이 지적했습니다만 현재 모든 것이 일반행정직 중심으로 행정이 이루어지고 있습니다. 그동안 이런 공청회도 거치지 않고 그때그때 편리한 대로 법을 고치는 사람들이 끼어 넣은 것이 결과적으로 일반행정직 중심으로 모든 것이 결정되게 되어 있습니다. 그래서 이제는 교육전문직 중심으로 바뀌어야겠습니다. 예를 들면 현재 시·도교육위원회가 학무국과 관리국으로 나뉘어져 있는데 학무과와 관리과나 서무과로 개편되든가 아니면 학무부교육장과 관리국장 또는 초등교육국장과 중등교육국장, 관리국으로 나누든지 하여, 어쨌든 교육전문직 중심으로 행정이 이루어지도록 개정하는 것이 좋겠습니다. (일반행정직 중심 → 교육전문직 중심. 예컨대 현재의 학무국·관리국 체제에서 학무국·관리과; 학무부교육장·관리국장; 초등교육국·중등교육국·관리국 체제로.)

2) 교육법

이제 교육법으로 넘어가겠습니다. 이에 대하여는 여러 사람들이 주장했기 때문에 제가 더 논의하지 않고 간단히 항목만 제시하겠습니다.

(1) 17조 교육위원 간선 → 주민직선(교육에 관한 주민자치 정신 살려야).

교육위원회는 주민자치정신을 우선 내세운다면 직선해야 하겠습니다.

(2) 20조 교육위원의 비정당원(현행대로 강조).

그리고 교육위원회는 비정당원으로, 현행대로 두는 것이 좋겠습니다.

(3) 26조(교육위원회의 의결사항)→독립의결기관으로 하여 조례제정권, 인사권, 재정권을 독립적으로 가지고 있어야 함(27조 이하 모든 조문을 독립의결기관으로 개정).

교육위원회를 독립의결기관으로 해야 합니다. 그러나 여기에는 약간의 문제가 있습니다. 하나의 지방자치단체에 지방의회와 교육위원회의 독립된 두 개의 의결기관을 둔다는 문제입니다. 이 두 의결기관의 의결이 서로 상충될 때 어떻게 할 것이냐 하는 문제인데, 이것을 잘 조화시키는 방향에서 독립적인 의결기관으로 해야만 교육의 자주성을 확보하여 자치를 할 수 있다고 저는 봅니다. (한 지방자치단체에 두 개의 독립된 의결기관을 둔다는 모순이 있다. 독립된 조례제정과 재정·의결이 서로 배치되고 갈등을 일으킬 때 어떻게 조정할 것인가를 해결해야 한다.)

(4) 51조(시·도부교육장) 일반직국가공무원→교육전문직으로, 당해 교육장이 임명하도록.

시·도부교육장에 대하여는 대한교련에서도 강력히 주장한 것입니다만 교육전문직으로 보하게 해야겠습니다. 어떤 사람은 교육장이 전문직으로 보하게 되니까 부교육장은 일반직으로 해도 되지 않겠느냐는 논리를 전개하기도 합니다만 교육장의 유고시에는 부교육장이 교육장을 대리하도록 되어 있다는 점에서 주의해야 합니다. 그리고 교육장도 임기가 있지만 부교육장은 임기도 없고, 또 지방자치제를 주장하는 마당에 국가공무원으로 부교육장을 보하는 데 문제가 있고, 부교육장이 교육장을 대리하는 경우 국가공무원이 교육장이 되는 결과가 생깁니다.

(5) 교무회의, 교수협의회의 의결기관화→반대. 각 학교의 자율로.

최근 이슈가 되고 있는 교무회의, 교수협의회의 의결기관화에 대하여 저는 반대입니다. 물론 앞에서도 말씀드린 것처럼 교사의 의견, 학부모의 의견,

학생의 의견을 존중하고 받아들여야 한다는 점에 대하여는 저는 전적으로 찬성입니다. 그렇다고 학교일을 모두 교사들이 의결해서 처리해야 한다고는 보지 않습니다. 초·중등학교는 학교가 자치의 단위가 아닙니다. 자치의 단위는 시·군·자치구교육위원회입니다. 그렇기 때문에 학교에 의결기관을 둘 수도 없습니다. 설사 둔다 하더라도 교육위원회의 의결과 교무회의의 의결이 상치될 때 어떻게 할 것입니까? 다만 사립학교는 국가로부터 사립재단이사회가 학교를 설립해서 운영하도록 위임받았기 때문에 이사회가 의결기관이 됩니다. 그런데 사립학교에서도 선생님들이 의결을 또 하겠다 하면 어떻게 됩니까? 여기서도 상치되는 일이 생깁니다. (초·중등교육은 학교단위의 자치가 아님. 교육위원회의 의결과 교무회의 의결이 배치될 것임.)

그리고 앞에서도 말씀드린 것처럼 학교의 자율성을 강조하면서 교무회의, 직원회의까지 법으로 정해야 한다는 것은 모순된 주장입니다. 이런 문제는 학교에 맡겨야 자율이 된다고 생각합니다. (법으로의 획일화 말고, 각 학교의 자율성을 강조해야 할 것임.)

또 학교단위에는 사실상 재정권도 인사권도 없습니다. 자치의 단위가 아니기 때문입니다. 이것은 주민들의 대표기관인 교육위원회가 가지고 있습니다. 그런데 모든 것을 교사들이 의결하겠다는 것은 월권입니다. 교사들은 가르치는 전문가이기 때문에 어떻게 하면 잘 가르치느냐에만 관심을 기울여야 합니다. 어떻게 하면 잘 가르치느냐 하는 문제를 다수결로 의결해서 결정하자는 것입니까? 그것은 그렇지 않다고 봅니다. 교무회의에는 의결해야 할 것도 있고, 심의해야 할 것도 있으리라 봅니다. 이런 교무회의 문제는 학교에다 맡겨 주면 교장이 학교를 어떻게 운영하느냐에 따라 달라질 것으로 봅니다. (학교단위에는 재정·인사권 없음. 무엇을 의결할 것인가?)

교무회의 의결기관화 주장에도 모순이 있습니다. 가르치는 일에 대하여는 전문영역이니 참견하지 말라고 하면서 학교업무에는 참견해야겠다면, 남의 전문성 침해라는 논리적 모순이 드러납니다.

선생님들은 학교조직의 목적에 동의했기 때문에 그 조직의 일원으로 가입한 것입니다. 그래서 교육위원회에 고용이 된 것입니다. 그런데 이제 고용이 되고 나서 우리가 모든 것을 의결해서 하겠다는 모순이 지금 나타나고 있습니다. 이제 학교라는 하나의 배가 항해를 하고 있는데 선원의 결정에 모든 배의 운명, 나침반을 맡길 것입니까? 축구팀을 운영하는데 축구선수들에게 모든 전략과 전술을 내맡길 것입니까? 또 그렇게 하는 팀이 이길 것이라 확신합니까? 심각하게 생각해야 할 것입니다. 학교단위에서 결정을 하도록 해야만 한다면 오히려 학부모가 결정하도록 해야 옳을 것입니다. 학부모가 세금과 수업료를 내고 교육을 받고자 하기 때문에 자신의 입맛에 맞는 교육을 해달라고 결정해서 교사들에게 주문해야 논리적으로 맞을 것입니다.

여기서 대안으로 제시하고 싶은 것은, 선생님들이 학교운영에 참여하려면 대의기구와 전문위원회 활동을 통해서 하도록 하는 것입니다. 대의기구를 통해서 교장과 협의하고, 예결위원회 같은 전문위원회를 통해서 학교가 재단·교장과 협의하고 건의함으로써 참여할 수 있도록 하는 것입니다. 아마 현명한 교장과 재단이라면 교사의 대의기구와 전문위원회를 충분히 활용하리라 봅니다.

학교의 통제·운영관계를 〈그림 20-1〉(〈그림 2-4〉와 동일함)과 같이 나타낼 수 있습니다. 이에 대하여 잠시 설명하고 다음 문제로 넘어가겠습니다.

민주주의 국가에서 모든 권한은 국민으로부터 나온다는 것은 너무나 잘 아는 상식입니다. 교육에 관한 모든 권력의 근원도 주민에게 있습니다. 주민들이 다 교육에 참여할 수 없기 때문에 대표자인 교육위원을 뽑아 자신들을 대신하여 교육을 맡아달라고 교육위원들에게 위임하는 것입니다. 이 교육위원회가 정책결정기구이고 통치기구입니다. 여기에서 교육에 관한 조례제정권과 인사권, 재정권을 가져야 하는 것입니다. 그런데 우리나라 현행 교육법에는 교육위원 반 이상이 교육경력을 가진 이들로 구성하게 되어 있지만 사실은 주민을 대표하려면 교육에 대하여는 비전문가들이 됩니다.

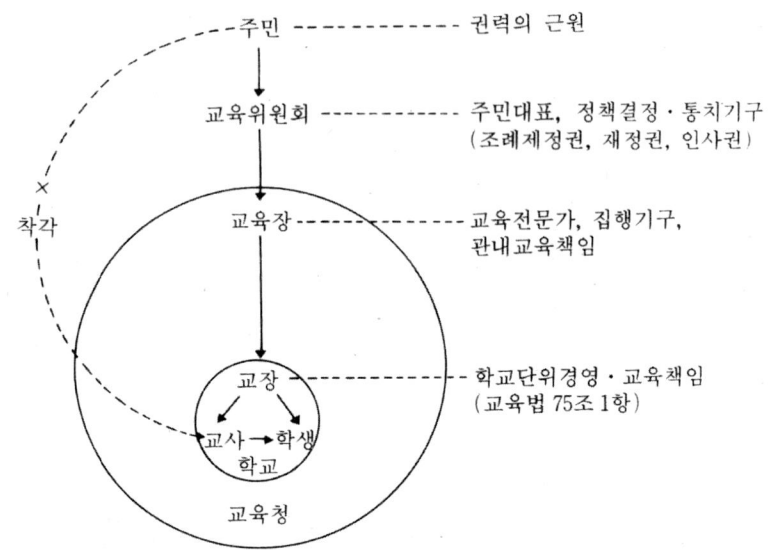

〈그림 20-1〉 학교통제의 권한과 권위의 위임관계

　이들이 교육에 관한 정책결정·의결은 할 수 있지만 교육에 대하여 비전문가이기 때문에 교육을 직접 집행할 수 없어서 교육전문가인 교육장을 선출하여 시·군·자치구의 교육을 맡아 집행해달라고 부탁하고 그 집행권을 교육장에서 위임한 것입니다. 그래서 앞에서 말씀드린 것처럼 학교(공립학교)에는 자치권이 없는 것입니다. 사립은 완전히 자치할 수 있도록 되어야 합니다. 사립학교는 형식상으로 시·군·자치구교육청 안에 들어가 있기는 하지만 사립학교 스스로 자치할 수 있도록 해 주어야 합니다. 일단 국가가 설립자에게 위임했고 국가를 대신해서 학교를 운영해 달라고 권한을 위임했기 때문입니다. 그 대신 믿고 맡겼는데 잘못을 저지르면 당연히 국가는 설립재단에 책임을 물어야 할 것입니다.

　그러나 대학은 학교가 자치의 단위입니다. 앞에서 말씀드린 것처럼 대학에는 교육위원회가 없습니다. 그래서 대학자치라는 말이 성립됩니다.

　교육장은 교육청 내의 교육을 혼자서 다 할 수 없기 때문에 자질과 자격

을 갖춘 교장을 뽑아 한 학교의 교육을 책임지고 해 달라고 맡기고 주민·
교육위원으로부터 받은 권한을 물려주는 것입니다. 교장은 다시 이것을 교사
들을 구성하여 학생교육을 하는 것입니다. 이것이 바로 교육법 75조, 교장
은 "학생을 교육"하고 교감과 교사는 "교장의 명을 받아 학생을 교육"하게 된
것입니다.

그런데 현명하신 위원님들께서 결정하실 일이 있습니다. 한 학교의 교육을
교장이라는 한 사람에게 책임지도록 맡길 것이냐, 아니면 교사 한 명 한 명
에게 따로따로 다 책임을 나누어 맡길 것이냐 하는 중요한 결정을 해야 합
니다. 그런데 교사들은 학부모들과 가까이 있고 교장은 학부모들과 멀리 떨
어져 있으니까 학부모 한 사람 한 사람이 교사인 자기들에게 교장을 거치지
않고 직접 권한을 위임받은 것으로 착각하고 있다는 사실입니다. 〈그림
20-1〉에서, 주민으로부터 교사에게로 직접 이어진 점선은 잘못된 것입니다.
이것이 교사들의 착각이고, 이런 착각에서 교무회의 의결기관화나 교장선출
제의 발상이 나오게 되는 것입니다.

이런 논리에 의하여 교사들이 학교운영에 관한 결정을 하는 것이 아니라
학교를 운영할 수 있는 자격을 갖추고 또 책임을 위임받은 교장이 하게 되
어 있는 것입니다. 교사들은 75조 1항을 악법이라고 하면서 교사가 전문가
인데 누구의 명을 받아서 학생을 교육하느냐고 하지만, 여기서 "명"이란 권
한의 위임, 책임관계를 의미하는 것에 불과한 것입니다. 그리고 어쩔 수 없
이 교장은 학교교육을 혼자서 다 할 수 없기 때문에 교사 한 사람 한 사람
에게 학급과 교과를 맡겨서 학생교육을 하게 되는 것입니다. 그 표현이 "명"
을 받아서 학생을 교육한다고 되어 있기 때문에 교사들은 모든 것을 교장의
명을 받아서 하는 것으로 오해하고 기분 나빠하는데, 설명드린 것처럼 이것
은 책임관계, 권한의 위임관계 때문에 그렇게 표현되어 있으며, 교사는 교장
의 감독을 받게 되어 있는 것입니다. 그리고 "감독"이라는 것도 기분 나쁜
표현이지만, 이 세상의 모든 사람은 다 그 누군가의 감독을 받게 되어 있다
고 생각해야 될 것입니다.

(6) 학교장선출제 → 반대(권한의 위임관계, 전문성약화, 교육위원회 임명시 교사와 학부모의 의견을 반영하는 방향으로).

여섯 번째로 학교장선출제에 대한 의견을 말씀드리겠는데, 결론적으로 반대 입장입니다. 조금 전에 말씀드린 대로 교사 한 사람 한 사람에게 주민이 교육에 관한 권한을 맡긴 것이 아니라 주민→교육위원→교육장이 교장에게 학교교육을 맡긴 것이기 때문에 교사는 교장을 선출할 수 없습니다. 국민이 교장의 자격과 인품을 믿고 맡긴 것입니다. 이에 대한 대안으로서 제가 말씀드리는 것은 교육위원회가 교장을 임명할 적에 교사대표와 학부모대표가 참여하고 교육청의 장학전문 인사담당과 교육의 주인인 주민대표인 교육위원이 공동으로 참여해서 교장임명을 결정하는 방식입니다.

(7) 학교장임기제 → 반대(신분보장, 전문화, 정치적 악이용, 교수재임용제 폐지론과 배치, 무능자 도태와 인사순환의 문제는 다른 차원에서 해결).

학교장임기제도 반대입니다. 우선 지금까지 교직의 특권이 65세까지 정년을 보장받을 수 있다는 것이었는데, 임기제로 잘라낸다는 것은 이 특권을 스스로 없애자는 것이나 다를 바 없습니다. 교장이 4년마다 눈치 보고, 8년으로 그만둬야 한다면 학생교육·학교운영을 제대로 하겠습니까? 어떤 위원님들의 개정안에 의하면 교장이 될 수 있는 최소 교육경력이 15년이었는데 제일 빨리 된 교장이 15년에 되었다고 해봅시다. 첫 임기 4년이면 19년, 다시 4년이면 23년, 23년에 교직을 떠나야 하는 결론이 나옵니다. 교장 했다가 다시 평교사로 돌아가게 하거나 장학직으로 가게 한다는 것도 전문성이라는 면에서 당치도 않은 소리입니다. 교장 하던 사람을 평교사로 돌아가라는 것은 축구 감독하던 사람을 다시 선수로 공차라는 것과 마찬가지입니다. 그러면 결국 교직자의 신분안정이 안 되는 23년으로 잘릴 수 있는 가능성을 내포하고 있습니다. 오히려 교장이나 장학직, 교육장은 별도로 양성하여 더욱 전문화시킬 수 있는 법을 제정해야 할 것입니다.

〈여기서 시간부족으로 진술을 마쳤는데, 나머지는 원고를 중심으로 진술하려고 했던 내용을 기술한다.〉

(8) 교원의 정당가입→반대(교육의 정치적 중립 해칠 우려 있어서, 현행 78조 고수).

교원의 정당활동은 이상적으로는 가능할지 모르나 현실적으로는 불가능하다고 보아 반대 입장입니다. 또 교원 스스로가 교육의 정치적 중립을 요구하고 있으면서 동시에 정당활동을 주장하는 것은 모순입니다.

(9) 교원의 단결권, 단체교섭권, 단체행동권 문제→신중하게 검토.

대개 전문직은 단체행동을 하지 않는 것이 원칙이나 단결·단체교섭을 하다 보면 막다른 골목에서 행동으로까지 옮겨가지 않을 수 없게 됩니다. 외국에서도 단체협상을 하다가 의견이 맞지 않으면 처음에는 조정자(mediator)가 조정을 하게 됩니다. 여기서도 협상이 이루어지지 않으면 중재자(arbitrator)가 들어와 중재를 하게 됩니다. 조정과 중재에도 불복하여 막다른 골목에 이르게 되면(impasse) 단체행동이 금지되어 있다 하더라도 호전적인(militant) 교직단체가 어쩔 수 없이 행동으로 옮겨가지 않을 수 없게 됩니다. 그렇지 않으면 불만족하더라도 중재의 결정을 달게 받아들여야 할 것입니다. 전문직의 특성과 교직윤리, 우리나라의 유교문화적 풍토로 보아 교사들이 단체행동만은 안했으면 좋겠지만 그동안 막강한 국가권력에 의하여 연약한 교사의 의사가 제대로 반영되지 않았던 점을 생각하면 교사들에게 강력한 힘이 주어져야 한다는 것만큼은 분명히 밝히고 싶습니다. 그동안 교사들의 의견을 너무나 무시하고, 조용히 있다고 해서 그리고 숫자가 많다는 이유만으로 보수나 복지 면에서 외면당했던 점을 고려하면 교사들이 강력한 단체를 구성하고 강력한 힘을 확보하는 것이 좋을 것입니다. 그러나 교사들이 단체행동권을 따냈다 하더라도 이 최후의 보도를 잘못 사용하면 교사들의 입장은 초라하게 되고 더구나 국민과 주민, 학부모, 학생들의 박수를 받지 못하면 교사들은 설자리를 잃게 될 것입니다.

(10) 75조(교장, 교감, 교사의 임무) → 현행 고수, 문구만 부드럽게 변경 (원장, 대학총장에 관한 조문도 같은 논리).

앞에서도 설명드린 대로 교장이 교무를 통할하고 소속직원을 감독하고 학생을 교육하게 된 것은 권한의 위임관계를 나타낸 것으로 그대로 두고 표현만 달리했으면 합니다. 어떤 개정안을 보면 교장에게 교무통할과 학교대표로 제한 것이 있었는데, 이는 교장에게서 학생교육권을 박탈하고 하나의 일반행정직으로 전락시키는 것으로서 선출제·임기제를 주장하는 논리와도 모순되고 있습니다. 결국 필요한 곳에서 편리한 주장만 하고 있는 셈이지요.

(11) 80조(교육회) → 복수 교직단체 허용. 복수의 단체 중 교사가 자유로이 선택하여 가입하게.

오늘날 하나의 교직단체인 교육회가 제대로 제 기능을 발휘했더라면 교육관계법 개정의 문제가 이제서 제기되지도 않았을 것입니다. 복수의 교직단체로 갈라져 힘이 약화될지도 모른다는 우려를 할 수 있으나 그렇다고 하나의 단체로 독주하게 만들어 줄 필요는 없다고 봅니다.

(12) 84조(각급 학교의 지휘감독) → 국·중·고교 모두 일관성 있게 시·군·자치구의 관할하에 두도록(사립학교법 4조의 감독청에 관한 조문도 같이 개정).

현재 고등학교는 시·도교육위원회의 관할하에 있도록 떼어 놓았는데, 왜 그렇게 했는지 그 이유를 모르겠습니다. 중등교육, 보통교육이라는 의미에서 일관성 있게 같은 관할하에 두는 것이 원칙일 것입니다.

(13) 학부모 단체 → 학교와 교육위원회에 요구하고 협의할 수 있도록(주민자치).

학부모단체가 학교와 교육위원회에 필요한 사항을 요구하고 협의할 수 있도록 하는 제도적 장치를 하는 것은 좋다고 봅니다. 오히려 지금까지 소홀히 되었던 학부모들의 의견을 받아들이도록 노력하여야 할 것입니다.

(14) 128조의 6 → 사립대학에도 방송통신대학 과정을 설치하여 원격교육을 할 수 있도록.

방송통신교육을 꼭 국가만이 할 수 있는 것은 아닐 것입니다. 앞으로 더 연구해야겠지만, 사립대학도 통신과정을 열어둘 필요가 있을 것입니다.

3) 교육공무원법

이제 교육공무원법 중에서 최근 이슈가 되었던 두 가지에 대해서만 언급하기로 하겠습니다.

(1) 11조(신규채용) → 최소한 대학의 부교수 이상은 정년까지 보장되도록. 각 대학의 실정에 맞게 적용하도록(대학의 자율).

아무리 좋은 제도라도 악용되면 문제입니다. 지금까지 교수재임용제도가 정치적으로 악용되어, 그 반작용으로서 이 제도를 없애자는 주장이 거세게 나오고 있는 것입니다. 그리고 모든 교원에게 임기제가 적용되지 않고 있는 점을 감안하면 대학에도 똑같은 형평의 원리가 적용되어야 할 것입니다. 그래서 최소한 부교수 이상만이라도 정년까지 임기가 보장되도록 하여야 한다고 봅니다.

(2) 24조(총장 임용) → 각 학교의 자율에 맡겨야(원칙으로 국립에서는 대통령, 사립에서는 이사회가 임명하되 교수들의 의견이 충분히 반영되게 하고, 이런 원칙 이외에는 각 대학의 자율에 맡김).

총장 임용과 선출방식까지 법으로 규정해 놓는다는 것은 대학자율이라는 정신에 위배됩니다. 이것도 과거의 잘못에 대한 반작용으로 나온 현상이지만, 원칙은 각 대학에 맡겨야 할 것입니다. 현재 많은 학교에서 시행되고 있는 교수직선만이 최선의 방법은 아니라고 봅니다.

4) 사립학교법

사립학교법에 대하여는 시간이 없으므로 일반적인 방향만 제시하고자 합니다.

(1) 개정되는 교육법, 교육공무원법의 정신에 맞게 교수재임용제는 각 학교의 자율에 맡기고, (2) 관할 감독청도 앞에서 지적한 대로 시·군·자치구 교육청에서 사립 초·중·고등학교까지 일관되게 관할하도록 하고, (3) 사립학교의 자율성이 보장되고 또 적극적으로 사립학교를 육성·지원해 주는 방향으로 개정되어야 할 것입니다.

5) 지방교육재정교부금법

제3조(교부금의 종류와 재정규모)의 보통교부금과 특별교부금을 모두 일정비율로 확실히 확보할 수 있도록 하는 것이 좋겠습니다. 재정학보가 안 되면 교육자치는 공염불이 되고 맙니다. 교육재정을 확실히 확보할 수 있는 방안을 강구하여 주십시오.

3. 결 론

이 외에도 좀 더 깊이 검토할 것이 많겠으나 제한된 시간 내에 진술해야 하기 때문에 몇 가지 많은 사람들의 관심의 대상이 되는 부분에 대해서만 말씀드렸습니다. 마지막으로 몇 가지를 부탁드리는 것으로 결론을 맺고자 합니다.

첫째, 교육관계법을 충분히 검토한 후에 틀림없다고 확신이 될 때 확실히, 분명하게 개정하고 또 모든 관련집단들이 승복할 수 있도록 하여 주십시오. 개정법에 많은 사람들이 승복하거나 수용하지 않는다면 건드리지 않은 것만 못합니다.

둘째, 구법의 제정정신과 제정의도를 충분히 파악하여, 반드시 개정할 필요가 있는 것인가를 먼저 검토한 후에 개정작업에 착수하여 주십시오. 그 법의 정신을 모른 채 표면에 드러난 것만 보고 함부로 악법이라고 몰아붙이는 것은 옳지 않다고 봅니다. 또 법이 잘못된 것인지 아니면 운영이 잘못된 것인지를 충분히 검토하고 나서, 운영을 잘 하면 될 수 있는 것을 구태여 고쳐 놓고 또 운영을 잘못하게 되면 고치나마나일 것입니다.

셋째, 기왕에 법을 개정하려면 세계적인 거대한 흐름과 교육의 질 향상이라는 본질적이고 궁극적인 목표를 끝까지 놓치지 않도록 하여 주십시오. 본질적·궁극적인 것을 제쳐 두고 표면적이고 부분적인 것에 너무 집착하는 우를 범해서는 안 될 것입니다.

마지막으로 교육관계법의 개정은 교사나 교육행정가보다도, 또 어느 정당보다도 먼저 국민과 학부모, 학생의 편에 서서, 이들이 무엇을 원하는가를 파악해서, 또 이들을 위한 법이라는 생각을 가지고 접근해 주실 것을 부탁드립니다.

장시간 고맙습니다.

색　　인

인 명 색 인

내 용 색 인

●저 자 소 개●

주삼환(朱三煥)

●약력●

서울교육대학 교육학과 졸업
서울대학교 교육대학원 교육행정 전공(교육학석사)
미국 미네소타 대학교 대학원 교육행정 전공(철학박사)
전 서울 시내 초등학교 교사 약 15년
   한국교육학회 회원, 한국교육행정학회 회장(1999)
   미국 오하이오 주립대학교 객원교수(2003~2004)
현 충남대학교 인문대학 교육학과 교수

●저서 및 역서●

『사회과학이론입문』(공역, 한국학술정보(주), 2005)
『한국교육행정강론』(한국학술정보(주), 2005)
『질의 교육과 교육행정』(한국학술정보(주), 2005)
『수업분석과 수업연구』(공저, 한국학술정보(주), 2005)
『교육행정철학』(역, 한국학술정보(주), 2005)
『미국교육행정』(역, 한국학술정보(주), 2005)
『입문 비교교육학』(역, 한국학술정보(주), 2005)
『임상장학』(역, 한국학술정보(주), 2005)
『교육행정사상의 변화』(한국학술정보(주), 2005)
『위기의 한국교육』(한국학술정보(주), 2005)
『교양 인간관계론』(공역, 한국학술정보(주), 2005)
『우리의 교육, 몸으로 가르치자』(한국학술정보(주), 2005)
『전환시대의 전환적 교육』(한국학술정보(주), 2006)

『장학: 장학자와 교사의 상호관계성』(역, 한국학술정보(주), 2006)
『허즈버그의 직무동기이론』(역, 한국학술정보(주), 2006)
『대안적 교육행정학』(공역, 한국학술정보(주), 2006)
『전환적 장학과 학교경영』(한국학술정보(주), 2006)
『교육행정 특강』(한국학술정보(주), 2006)
『올바른 교육행정을 지향하여』(한국학술정보(주), 2006)
『교장의 리더십과 장학』(한국학술정보(주), 2006)
『교장의 질 관리장학』(한국학술정보(주), 2006)
『지방 교육자치와 대학자치』(한국학술정보(주), 2006)
『장학의 이론과 기법』(한국학술정보(주), 2006)

『전환기의 교육행정과 학교경영』(한국학술정
　보(주), 2006)
『고등교육연구』(한국학술정보(주), 2006)
『교육개혁과 교장의 리더십』(한국학술정보(주),
　2006)
『교육조직연구』(한국학술정보(주), 2006)
『선택적 장학』(한국학술정보(주), 2006)
『리더십의 철학』(공역, 한국학술정보(주), 2006)
『장학 연구』(한국학술정보(주), 2006)
『교육행정 및 교육경영』
　(공저, 학지사, 2003, 개정판)
『미국의 교장』(학지사, 2005)
『교육이 바로 서야』(원미사, 2002)
『교육행정 및 교육경영』
　(공저, 삼광출판사, 1995)
『장학론』(공저, 한국교육행정학회, 1995)
『장학론』(공저, 한국방송통신대학, 1991)
『인간자원장학론』(공역, 배영사, 1987)
『장학론: 선택적 장학체제』
　(역, 문음사, 1986)
『장학론』(공역, 학문사, 1984)
『교육정책의 새로운 방향』
　(역, 교육과학사, 1983)
『교육학개론』(공저, 정민사, 1983)
『장학론』(갑을출판사, 1982)
『신장학론』(역, 교육출판사, 1979)

교장의 질 관리 장학

• 초판 인쇄	2006년 4월 1일
• 초판 발행	2006년 4월 1일
• 지 은 이	주삼환
• 펴 낸 이	채종준
• 펴 낸 곳	한국학술정보㈜
	413-832, 경기도 파주시 교하읍 문발리 526-2
	파주출판문화정보산업단지
	전화 031) 908-3181(대표) · 팩스 031) 908-3189
	홈페이지 http://www.kstudy.com
	e-mail(출판사업부) publish@kstudy.com
• 등 록	제일산-115호(2000. 6. 19)
• 가 격	21,000원

ISBN   89-534-4960-X 93370 (Paper Book)
             89-534-4961-8 98370 (e-Book)